MAGIE UND MYSTIK
IM 3. JAHRTAUSEND

6. BUCH

EMIL STEJNAR

DER ADEPT FRANZ BARDON

Wer war er? Was lehrte er? Wohin führt sein Weg?

STEJNAR VERLAG

Das vorliegende Buch ist Teil eines einzigartigen Lehrkurses der Magie und Mystik. Emil Stejnar hat mit seinem Werk die Magie und Mystik aus der mittelalterlichen Welt der Wunder in die moderne Welt der Wissenschaft geführt. Seine Thesen und Forschungsergebnisse werden auch in akademischen Kreisen anerkannt.

2. überarbeitete Auflage

Umschlaggestaltung & Satz: Rittberger+Knapp
Umschlagmontage aus: ©AdobeStock/agsandrew

ISBN 978-3-900721-15-2

www.stejnar-verlag.com

Die Bücher der "Magie und Mystik im 3. Jahrtausend" bieten eine seriöse, umfassende Einführung in das Gesamtgebiet der Esoterik und Geisteswissenschaften. Die Instruktionen und Erkenntnisse, die zuvor nur wenigen ausgewählten Personen zugänglich waren, wurden durch die Veröffentlichung der nun vorliegenden 13 Bände einem großen, begeisterten Leserkreis bekannt. Stejnar beweist, Esoterik kann spannend, intelligent und in der Praxis im Alltag ungemein hilfreich sein.

Die Bücher der "Magie und Mystik im 3. Jahrtausend" umfassen 13 Bände. Jeder Band ist in sich abgeschlossen und behandelt ein wichtiges Thema.

1. BUCH: Das Buch der Meister und seine Erben
2. BUCH: Exerzitien für Freimaurer
3. BUCH: Die Vier Elemente
4. BUCH: Außerkörperliche Erfahrungen
5. BUCH: Astrologie
6. BUCH: Der Adept Franz Bardon
7. BUCH: Das Schutzengelbuch
8. BUCH: Der Thebaische Kalender
9. BUCH: Diät-Yoga
10. BUCH: Andy Mo
11. BUCH: An der Pforte zur letzten Latern
12. BUCH: Träumen kann gefährlich sein
13. BUCH: Gnosis Tantra Quabbalah

Den Antrieb eurer Regung gibt der Himmel,
nicht jeden, sag ich, aber gäb er jeden, so habt ihr doch das
Licht für Gut und Böse, habt freies Wollen,
das nur mühsam zwar den ersten Kampf
mit den Gestirnen aushält, doch dann,
bei guter Pflege immer siegt.

Dante, "Göttliche Komödie"

INHALT

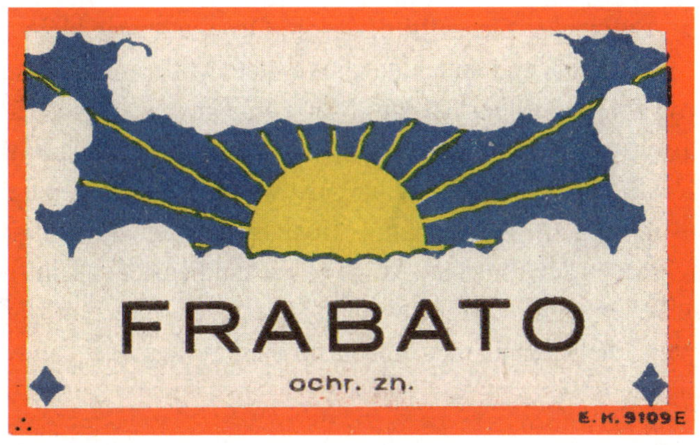
FRABATO
ochr. zn.
E. K. 9109 E

DIE SONNE DURCHBRICHT DIE WOLKEN

Das Göttliche offenbart sich wie eine ewige Sonne. Die Sonne durchbricht die Wolken. **Das Licht siegt über die Finsternis.** Das war Franz Bardons Leitmotiv und bildet, symbolisch dargestellt, sein geistiges Wappen.

Bardon machte dieses Mysterium zu seinem persönlichen Logo und verwendete das Symbol der Sonne auch für magische Zwecke.

Er verschenkte dieses Bild, das im Original etwas kleiner ist, an seine Freunde und Patienten als Amulett. Mit dem Einverständnis von Franz Bardons Tochter Marie Spickova stelle ich dieses von positiven Kräften durchdrungene Mandala, das bisher noch nie veröffentlicht wurde und nur ganz wenigen Freunden zugänglich war, an den Beginn meines Buches, das dem Andenken an Franz Bardon gewidmet ist. Möge es wie ein Fenster in seine mentalen Welten wirken. Möge es allen Lesern den Weg zum wahren Adepten erhellen und Stärke geben auf diesem Weg zu einem wachbewussten ICH.

WARUM DIESES BUCH

Es gehört zur hermetischen Tradition, dass alle fünfzig Jahre das gesamte okkulte Wissen dem Denken und der Erkenntnisfähigkeit der neuen Generation angepasst wird. Vor fünfzig Jahren wurden die Werke von Franz Bardon herausgebracht. Seither beschäftige ich mich damit und folge diesem Weg. Meine Erfahrungen habe ich in den Meisterbriefen und Meisterbüchern beschrieben, die mit diesem Band nun abgeschlossen sind. Sie werden die Magie und Mystik ins dritte Jahrtausend führen. Aber die Werke von Franz Bardon bleiben trotzdem weiter aktuell. Auf diesem Fundament wird auch in Zukunft die Geisteswissenschaft ruhen. Bardons Bücher werden auch in den nächsten hundert Jahren die drei tragenden Säulen der Hermetik sein.

Es sind jedoch einige Erklärungen nötig, damit auch die junge Generation mit den Gedanken von Franz Bardon richtig umgehen kann. Seit es das Internet gibt, wird dort eine Menge Unsinn über Franz Bardon, seine Magie und die Genien verbreitet, sodass es nötig erscheint, einiges richtig zu stellen. Auch wenn diese wenigen Kritiker Bardons noch jung und unerfahren sind und vermutlich seine Bücher gar nicht gelesen haben, ist der Schaden, den sie anrichten, größer als die Bedeutungslosigkeit der anonymen Schreiber. Denn auch die Besucher in den einschlägigen Foren sind zumeist jung und unerfahren und lassen sich noch leicht von ihrem Weg abbringen. Sie landen dann, wie viele andere neugierige Suchende, bei einem der vielen Scharlatangurus oder den Praktiken einer Pseudo-"Magie", von der sie sich rascher und leichter magische Erfolge versprechen, und versinken im astralen Sumpf des okkulten Aberglaubens. Das soll mit diesem Buch über Franz Bardon und seine Lehre verhindert werden.

Aber auch alte, erfahrene Esoteriker sind von den vielen neuen Erkenntnissen, die uns die moderne Naturwissenschaft vermittelt, verwirrt und wissen nicht mehr, woran sie glauben sollen. Dieses Buch soll die Lücke schließen und die Werke von Franz Bardon mit dem Gedankengut dieses neuen Jahrhunderts verbinden.

Ich bin zwar nach wie vor der Meinung, man sollte über den Weg, den Franz Bardon weist, nicht reden oder diskutieren, sondern ihn gehen. Doch da Bardon selbst erwähnte, er habe seine Werke 600 Jahre zu früh veröffentlicht, ist es kein Wunder, dass sich vorerst auch viele Theoretiker mit seinen Büchern beschäftigen und diese, weil sie sich nicht praktisch mit ihnen auseinander setzen, falsch einschätzen. Es gibt namhafte Verfasser, die auf akademischem Niveau über Esoterik schreiben und sich trotzdem nur theoretisch mit Magie und Mystik beschäftigen. So kam es dazu, dass die falsche Behauptung, Franz Bardon sei ein Schüler von Quintscher, Sättler oder Weinfurter gewesen, sogar als Eintragung in einem Lexikon nachträglich sanktioniert wurde.

Aber auch für Theoretiker ist der Weg, den Franz Bardon beschreibt, eine praktische Lebenshilfe, wenn man, wie ich diesem Buch noch erklären werde, seine Gedanken in den Alltag integriert. Das Ziel ist nämlich nicht, magische Macht zu erlangen, sondern die Geist- und Seelenschulung. Viele Praktiker, die das nicht beachten, sind nach einigen Monaten enttäuscht und glauben, sie machen etwas falsch. Aber in einem Jahr ist noch keiner ein Adept geworden. Für den "Weg zum wahren Adepten" nimmt man sich am besten sein ganzes Leben lang Zeit. Wer dabei gewisse Regeln, auf die ich noch hinweisen werde, beachtet, wird – auch ohne Adept zu sein – die Macht des Geistes kennen lernen.

Ich werde also Fragen, die immer wieder auftauchen, beantworten und falsche Behauptungen, die verbreitet werden, richtig stellen. Da ich einige der Themen bereits in Briefen an Freunde und in verschiedenen Interviews und Artikeln behandelt habe, zitiere ich der Einfachheit halber gleich aus diesen Texten. Wenn dadurch manches mehrmals zur Sprache kommt, soll das nicht stören, sondern wird das Thema noch besser ausleuchten.

Ich möchte mit diesem Buch kein wissenschaftliches Werk herausbringen und verzichte daher auf Fußnoten und Texthinweise. Ich garantiere aber, dass alles, was ich schreibe, aus seriösen

Quellen stammt. Meine Informationen habe ich aus Gesprächen mit Personen, die Franz Bardon persönlich kannten, zum Beispiel mit seiner Tochter Marie Spickova, mit seiner engen Mitarbeiterin Maria Pravica, mit dem Sohn seines Freundes Quintscher, Ing. Ernst Quintscher, und mit Oskar Kozil, der Bardon begleitete, als dieser als Hypnotiseur und Hellseher Vorstellungen gab und Vorträge hielt. Auch von Annemarie Aeschbach, die noch immer den Schweizer Illuminaten-Orden, die Psychosophische Gesellschaft und einen Orden, dem Franz Bardon angehörte, leitet, bekam ich wertvolle Informationen. Vieles entnehme ich auch aus dem regen Briefwechsel, den ich über Jahre mit Bardons Witwe pflegte, und aus Briefen, die Bardon an Freunde, Bekannte und Verleger schrieb. Ich selbst bin Franz Bardon auf der grobstofflichen Ebene dieses Planeten nicht begegnet.

Man bezeichnet mich zwar als Nachfolger Franz Bardons, was mich sehr ehrt, aber das, was ich lehre, unterscheidet sich trotzdem in manchen Bereichen von seiner Hermetik. Ich schöpfe auch aus anderen Quellen, nicht zuletzt aus der eigenen Praxis und Inspiration, und ich setze auch andere Schwerpunkte und Ziele. Ich habe nicht nur die Fehler bei den Genien-Namen korrigiert, sondern Bardons Werke von verschiedenen Seiten ausgeleuchtet und damit, wie mir viele meiner Leser bestätigen, noch verständlicher gemacht.

Gerade deshalb betrachte ich Franz Bardon als meinen Lehrer. Denn ohne seine Werke wäre die "gnostische Hermetik", die ich in meinen Meisterbüchern beschreibe, nie begründet worden. Erst nachdem Franz Bardon das uralte Geheimnis des verlorenen Wortes erklärt hatte und mit dem "vierpoligen Magneten" einen Universalschlüssel zum Verständnis sämtlicher magischer Systeme offen legte, war es möglich, die Geheimnisse der alten Traditionen zu enthüllen und damit zu arbeiten. Meine Bibliothek umfasst ein paar tausend zum Teil sehr alte, seltene und wertvolle Werke. Ich hatte Zugang zu den geheimsten Logenarchiven, erhielt beeindruckende Initiationen und Weihen. Aber es waren die Instruktionen des Franz Bardon, die mir meinen Weg erhellten und es mir ermöglichten, eigene Erfahrungen zu sammeln und Inspirationen aus anderen Sphären zu erlangen.

Die Zukunft wird es bestätigen: Franz Bardon war der bedeutendste Verfasser auf dem Gebiet der Magie und Mystik. Er hat mit seinen Werken die Geisteswissenschaften für die nächsten Jahrhunderte geprägt. Möge mein Buch seine Hermetik besser ausleuchten und dazu beitragen, dass man seine Werke schon heute und nicht erst, wie er selbst einmal meinte, in 600 Jahren richtig versteht.

Franz Bardon hat der Menschheit einen Weg zum Verständnis der Magie und Mystik, den "Weg zum wahren Adepten", erschlossen.

Einiges aus meinem ursprünglich für dieses Buch vorgesehenen Text lasse ich weg, da inzwischen das Buch "**Erinnerungen an Franz Bardon**" (erschienen im Verlag Dieter Rüggeberg) von Lumir Bardon (Franz Bardons Sohn) erschienen ist. Ich empfehle, auch dieses Buch zu lesen. Und natürlich sollte man sich auch die drei Werke, die Franz Bardon selbst verfasst hat, wieder vornehmen:

"Der Weg zum wahren Adepten"
"Die Praxis der magischen Evokation"
"Der Schlüssel zur wahren Quabbalah"

Emil Stejnar, Wien, am 1. Mai 2010

AUS EINEM INTERVIEW IN "GNOSTIKA"

("Gnostika", Januar 1999)

Sie gelten als Nachfolger Franz Bardons, halten Sie ihn für einen Eingeweihten?

Ja sicher. Was immer man sich unter einem Eingeweihten vorstellt, Bardons magische Fähigkeiten sind unbestritten, er hat sie oft genug demonstriert, das wurde mir von verschiedenen Menschen bestätigt, es gibt da eine Menge Anekdoten. Das war auch der Grund, warum er ein so dramatisches Schicksal erleben musste. Jeder Eingeweihte, der die Richtigkeit seiner Lehre mit Wundern untermauert, also die Macht des Geistes über die Materie beweist, beweist damit auch, dass es eine andere Welt als die grobstoffliche gibt, und verstößt gegen das Gesetz der Schöpfung, das aus sehr wichtigen Gründen die Ebenen trennt. Er setzt sich damit dem gerechten Ausgleich, der Strafe des "Herrn dieser Welt" aus, dem bekanntlich sehr viel daran liegt, dass die Menschen glauben, diese Welt sei die einzige Daseinsgrundlage. Die Macht der wesenhaften Kräfte, die die Naturgesetze der Materie überwachen, ist ja auch auf diese Welt beschränkt und wirkt nicht auf den feinstofflichen Ebenen. Im persönlichen Seelengarten und jenseits davon, im so genannten Jenseits, und auf den Ebenen der Hierarchien lässt einen nicht die Gravitation in den Abgrund stürzen, sondern höchstens die Angst.

Es gibt auch die Geschichte, Bardon habe sich im zwölfjährigen Frantisek Bardon inkarniert und dafür dessen Karma auf sich genommen.

Das hat die Frau Votavova verbreitet, weil sie ihren Guru mit Jesus gleichsetzen wollte. Bardon selbst hat das nie behauptet. Seine Witwe schrieb mir aber, dass ihr Bardons Mutter erzählt habe, er wäre eine Totgeburt gewesen und die Hebamme habe ihn erst nach zwei Stunden zum Leben gebracht. Die ganze Karmatheorie würde sich ja selbst widersprechen, wenn so eine Tauschbörse für schlechtes Karma in Mode käme. Sein Karma muss schon jeder selber durcharbeiten, damit er die beherrschten und geläuterten Wesenszellen auch wirklich selbst beherrscht und in seinen Lichtleib einbauen kann.

Aber auch wenn es so gewesen ist, dass Bardon den Körper des kleinen Frantisek übernommen hatte (von anderen Geistern nimmt man ja auch an, dass sie das können und Menschen "besetzen" und "besessen" machen), wäre er mit den Genen, mit den vorhandenen Veranlagungen und körperbedingten Eigenschaften des Jungen konfrontiert gewesen und hätte da eine Menge Arbeit "an sich" gehabt, das unter Kontrolle zu bringen. Wenn man das als Übernahme eines Karma betrachtet, man könnte genauso Erbsünde dazu sagen, so habe ich dagegen nichts einzuwenden.

Es heißt, Bardon sei ein Schüler Wilhelm Quintschers gewesen und habe aus dessen Werken abgeschrieben, ohne auf ihn zu verweisen. Woanders wieder ist zu lesen, dass er ein Schüler Karl Weinfurters war. Wissen Sie Näheres darüber?

Bardons Vater war ein Schüler Weinfurters. Das hat mir Frau Pravica, die, so wie Frau Votavova, Weinfurter sehr nahe stand, einmal erzählt. Aber als Bardon Kontakt mit den beiden aufnahm, war er schon weiter als Weinfurter und hatte von diesem nichts mehr zu lernen. Bardon selbst schreibt in einem Brief, dass Weinfurter von Magie nicht sehr viel versteht.

Das gleiche gilt von seinem Verhältnis zu Quintscher. Quintscher junior bestätigte mir, dass Bardon – er war damals etwa achtzehn Jahre alt, als er Vater Quintscher kennen lernte – bereits magische Fähigkeiten entwickelt hatte. Sein Vater hatte ihm ebenso erzählt, er und Bardon wären seit Jahrhunderten gute Freunde und sie würden sich immer gemeinsam inkarnieren und sich gegenseitig bei ihren Aufgaben helfen.

Quintscher war zwar der Ältere von beiden und hatte zu diesem

Zeitpunkt bereits "magische Lehrbriefe" verfasst, aber wer die Schriften Quintschers mit Bardons Werken vergleicht, wird keinen Zweifel hegen, dass Bardon zwar einige von Quintschers Ausdrücken übernommen hat, aber ein weitaus umfassenderes und verständlicheres Lehrsystem schuf. Bardons Hermetik unterscheidet sich in vieler Hinsicht grundlegend von Quintschers Adonismus.

Es ist anzunehmen, dass er auch in Quintschers Forschungsloge mitgearbeitet hat. Von wem die Siegel der Genien stammen, die später Bardon veröffentlichte, ist mir nicht bekannt. Aus dem Briefwechsel Quintschers mit dem zum Kreis gehörenden Josef Schuster, Ordensname Silias (Archiv Hermetischer Texte), geht hervor, dass dieser sehr begabte Schüler direkte Unterweisungen durch die "Unsichtbaren" erhielt und dass Quintscher sein Material übernahm, kommentierte und auswertete. Man vergleiche dazu auch das magische Tagebuch des Silias (Archiv Hermetischer Texte), in dem er eigene Evokationspraktiken und persönliche Belehrungen durch die Genien beschreibt. Vermutlich war es auch Silias, der die Exerzitien der Magie des Abramelin durchführte und die dabei erhaltenen Siegel der Genien von der Erdgürtelzone an die Brüder der Loge weitergab.

Selbst ein Eingeweihter muss sich in jedem Leben sein Wissen erneut aneignen und Bardon hat natürlich viel gelesen. Frau Bardon schrieb mir dazu, er habe 960 Bücher gehabt und sich auch viele Werke ausgeborgt, die sie dann für ihn abgetippt hat. Einmal sei ihr dabei – sie hat beim Schreiben immer laut mitgelesen – plötzlich ein roter Hahn erschienen, worauf sie dann nie wieder Formeln laut aussprach.

Bardon verdiente sich sein Studium zum Heilpraktiker, indem er als Fakir Vorstellungen gab. Quintscher junior, er war damals zwölf, erzählte mir, dass Bardon nach seinen Vorstellungen noch öfter mit anderen Gästen aus dem Theater zu ihnen kam und einige Male seine wahren Fähigkeiten demonstrierte.

Es wird ja leider überhaupt sehr vieles über Bardon geschrieben, was nicht stimmt. So hat zum Beispiel nicht er selbst den Roman "Frabato" verfasst, sondern Frau Votavova, die auch die anderen

Bücher, die ihr Bardon persönlich oder auf Tonband diktierte, abgetippt hat. Frau Pravica hat mehrmals erwähnt, dass er das Manuskript nicht mochte, und es ist, im Unterschied zu den anderen drei Bänden, erst nach seinem Tode veröffentlicht worden. Die redigierte Version hat er mit Sicherheit nicht gelesen, er wurde eine Woche, bevor man es ihm brachte, verhaftet.

Aber selbst dieses Manuskript wurde noch einmal vom damaligen Verlagsleiter des Bauer Verlages, Herrn Geisler, und später von Dieter Rüggeberg umgeschrieben, wobei Letzterer im Anhang noch einige Sachen unterbringt, die auch nicht von Bardon stammen. Da sind zum Beispiel die Bilder der "Adepten", die in Wahrheit aus dem 1930 erschienenen "Buch vom Buddha des Westens" stammen. Natürlich war Bardon keine Inkarnation des Lao Tse oder des Hermes Trismegistos. Denn der eine lehrte ein System, das auf einer völlig anderen Tradition beruht, und Hermes war, falls er überhaupt je gelebt hat, sicher bereits damals im Range eines "Adepten", wogegen Bardon angeblich erst in diesem Jahrhundert in den innersten Kreis der Erleuchteten aufgenommen wurde.

Sie haben sowohl in Bardons "Schlüssel zur wahren Quabbalah" als auch in seiner "Praxis der magischen Evokation" gravierende Fehler nachgewiesen. Wie konnte Ihrer Meinung nach so etwas einem "Adepten" passieren? War es vielleicht seine Absicht, dass die Geniennamen verschlüsselt bleiben sollten?

Sicher nicht. Denn dann hätte er alle Namen in der Geheimschrift belassen und nicht nur die der Sonnen- und Mondebene. Die gefährlichen Genien und Gegengenien hat er ja auch erst gar nicht beschrieben. Aber ein Adept ist kein Übermensch, der nur auf Lichtstrahlen wandelt, sondern ist, wie ein ganz normaler Mensch, den irdischen Gesetzen und dem Alltag mit seinen Problemen und Tücken genauso ausgesetzt wie jeder andere. Ein großer Dirigent dirigiert ja auch nicht ständig ein Orchester, sondern muss sich daneben noch mit anderen Dingen auseinandersetzen, die er nicht so gut beherrscht. Auch großen Geistern können Fehler unterlaufen.

Dieser Meinung war auch Frau Pravica; sie war es ja, die die Manuskripte in den Westen brachte. Sie wusste zwar nichts von den Fehlern, meinte aber, dass es ohne weiteres möglich gewesen sei, dass bestimmte Unterlagen vertauscht wurden, als Frau Votavova ihre stenographische Mitschrift seiner Diktate und die besprochenen Tonbänder ins Reine tippte. Bardon hat ja bekanntlich nicht selbst geschrieben, sondern das meiste diktiert oder auf Tonband gesprochen. Als er am zweiten Band arbeitete, fuhr er jeden Monat auf eine Woche nach Prag, wo er tagsüber Hunderte Patienten behandelte und nachts, im Beisein von Freunden, den Text diktierte. Dabei hat er die Genien, die er beschreibt, alle einzeln auf ihre Qualität, also ihren Aufgabenbereich hin überprüft.

Frau Pravica, die bei ihren Besuchen in Prag immer bei ihrer Freundin Votavova übernachtete, hat diese "Evokationen" mehrmals miterlebt: "Bardon saß am Küchentisch und zeichnete mit der Hand das Siegel der Wesen in die Luft. Plötzlich war der Raum mit einem Rauschen erfüllt, als würde ein ganzer Vogelschwarm durchs Zimmer fliegen. Dabei wurde er ganz blass und starr und seine Augen verdrehten sich nach oben. Nachdem er wieder erwacht war, diktierte er." Das beweist, dass Bardon, selbst wenn er die Namen und Siegel der Genien aus den Schriften der Tradition übernahm, nicht einfach abgeschrieben hat, sondern dass er das, was er beschreibt, auch wirklich beherrschte. Das Phänomen des Rauschens konnte ich übrigens selbst mehrmals bei mentalen Manifestationen und Kontakten mit feinstofflichen Ebenen erleben. Ich vernahm es auch in der Minute, als mein Vater friedlich starb. Ich saß dabei an seinem Bett, plötzlich war dieses Geräusch deutlich zu vernehmen und gleichzeitig hörte er auf zu atmen.

Als ich nach diesem Besuch bei Frau Pravica in Graz mit einem Freund, der mich begleitet hatte, im Hotel über das Besprochene redete, passierte noch eine unerklärliche Sache. Frau Pravica hatte erwähnt, Bardon habe mehrmals gesagt, er habe seine Werke um 600 Jahre zu früh geschrieben. Frau Pravica erzählte auch von einigen Erlebnissen, bei denen ihr Bardon noch zu Lebzeiten erschienen war. Aber seit er gestorben war, hat er sich nie wieder gemeldet, nur seiner Tochter hat er sich einmal gezeigt, um ihr zu beweisen, dass er den Tod überlebt hat, und seiner Frau ist er ein einziges Mal erschienen, gerade als sie einen Brief von mir las.

Ich sagte also zu meinem Freund: "Vermutlich hat er an dieser irdischen Welt gar kein Interesse mehr und es ist ihm völlig gleichgültig, ob die Namen der Genien richtig oder falsch wiedergeben wurden. Ansonsten könnte er uns doch ein Zeichen geben." Im selben Moment gingen in dem Apartment, das wir bewohnten – wir hatten zuvor die Lampen gelöscht und lagen schon in den Betten sämtliche Lichter an. Wir mussten sie alle einzeln wieder ausschalten. Als wir uns am nächsten Morgen an der Rezeption erkundigten, wusste man es nicht zu erklären.

Noch einen Beweis gibt es, dass Bardon an der Richtigstellung der Namen etwas liegt. Ich habe natürlich auch Frau Bardon gefragt, ob ihr bekannt sei, dass einige der Geniennamen nicht richtig angeführt sind. Sie schrieb mir zurück, dass, gerade als sie zusammen mit ihrer Enkeltochter diesen Brief las, eine Uhr im Zimmer, die ohne Batterie war, zuerst rasselte und dann laut zu ticken begann und sich der kleine Zeiger weiterbewegte und seither ohne Batterie die Stunden anzeigte. *(Ende der Auszüge aus dem Interview vom Januar 1999)*

Ich möchte bei dieser Gelegenheit meinen Lesern die Zeitschrift "Gnostika" (www.aagw-gnostika.de) ans Herz legen. Ich glaube nicht, dass es jemals zuvor eine derartige seriöse und wissenschaftlich fundierte Zeitschrift für Wissenschaft und Esoterik gegeben hat. Neben der Veröffentlichung von seltenen Manuskripten aus alten Archiven gibt es auch laufend eine Übersicht über die neuesten Erkenntnisse aus der Welt der Philosophie, Esoterik und Geisteswissenschaft, Informationen über Seminare und Veranstaltungen, Buchbesprechungen aktueller Werke und natürlich im Hauptteil Beiträge hochrangiger Esoteriker und Naturwissenschaftler.

WAR FRANZ BARDON EIN ADEPT?

Diese Frage wird mir am häufigsten gestellt. Aber Bardons Verdienste und Beweise seiner Weisheit und Würde sind nicht in seinen Wundertaten, sondern in seinen Büchern zu suchen. Jeder, der sich praktisch mit Magie befasst und nicht nur darüber redet oder schreibt, wird den Wert von Bardons kolossalem Lehrwerk erkennen. Wer seine Werke studiert und danach arbeitet, wird vielleicht nicht gleich ein Adept werden, aber sein Geist wird sich so weit entwickeln, dass ihm kein "Guru" mehr etwas vormachen kann. Selbst wer nur theoretisch Bardons Lehren mit anderen Instruktionen vergleicht, wird sofort den Unterschied zu Bardons Klarheit und Deutlichkeit in der Darstellung dieses komplexen Themas erkennen.

Nirgendwo wurden die vier Elemente, ihre Bedeutung und ihre Auswirkung auf die persönlichen Eigenschaften von Geist und Seele so umfassend und klar beschrieben.

Bardon beschreibt tatsächlich das "Verlorene Wort" so, dass man es aussprechen kann. Seine Erklärung des "Vierpoligen Magneten" ist ein Schlüssel, der das Mysterium der Magie erschließt.

Er erklärt erstmals den Unterschied von Qualität und Quantität in der Hermetik. Nur wer diesen kennt, ist in der Lage, die Wirkweise der Magie zu verstehen.

Er beschreibt erstmals die Grundlage jeder Arbeit mit dem Geist: das elektrische und das magnetische Fluid. Das Lösen und Binden der Alchemisten. Es sind das die Säulen J und B der Freimaurer. Der Krummstab und die Geißel, die uralten Machtsymbole in der ägyptischen Mythologie.

Seine Instruktionen lehren erstmals die gleichmäßige Schulung von Körper, Geist und Seele und ermöglichen damit eine systematische Entwicklung der magischen Fähigkeiten.

Er weist auf die Bedeutung der einzelnen Stufen in der Schulung hin. Da wird nicht einfach darauf losmeditiert. Zuerst die Gedankenkontrolle, dann erst die Schulung der Imaginationsfähigkeit.

Bardons Beschreibung der Tarot-Karten lässt dieses hohe Mysterium in einem völlig neuen Licht erstehen. Allein die Erklärung der ersten drei Karten füllt drei Bände mit völlig neuen Erkenntnissen über die Gesetze, welche den Geist und die Welt regulieren.

Keiner hat die Quabbalah auf diese Weise erklärt wie Franz Bardon. Quabbalah ist bei Bardon nicht irgendeine Philosophie oder Spielerei mit Buchstaben und Zahlen, sondern schöpferisches Wirken. Er verweist auch auf die indische Quabbalah, die Praktiken der Tantriker. Und auf den Unterschied, der zwischen der Formelmagie, ganz gleich ob mit einer "Zauberformel" oder mit einem Mantra, und der wahren Quabbalah besteht. Es gibt tausende Bücher über Quabbalah, aber in keinem einzigen wird erklärt, dass man damit praktisch, wie ein Schöpfer, auf allen drei Ebenen wirken kann.

Auch die Praxis der magischen Evokation wurde noch nie zuvor in dieser Deutlichkeit beschrieben. Bardon weist darauf hin: Weder Formeln noch magische Werkzeuge können etwas bewirken, wenn der Magier dem gerufenen Wesen nicht seine Qualität und sein Element vorbereitet.

Und er erklärt: Magische Geräte wirken nur, wenn man sie auch geistig nachgebildet hat und sie als Geistwesen verwendet. Wer nur auf der grobstofflichen Ebene eine Zeremonie abhält, ohne sich seine Geistigkeit bewusst zu machen, hat keinen Erfolg.

Bardon beschreibt erstmals den gravierenden Unterschied, der zwischen Magie und Zauberei besteht.

Er verweist erstmals auf die Bedeutung, die der Mystik neben der Magie zukommt, weshalb beide Bereiche gleichermaßen gepflegt werden müssen.

Die bedeutungsvollste Erkenntnis, die wir Franz Bardon verdanken, ist die Beschreibung der privilegierten Position, die der Menschengeist gegenüber den anderen Geistern und Wesenheiten einnimmt. Dass der Mensch die Krone der Schöpfung sei, wird ja auch von anderen Institutionen behauptet. Aber erst Franz Bardon hat plausibel und undogmatisch erklärt, warum das so ist:

Der Menschengeist besteht nicht nur aus dem Geist der vier

Elemente, sondern hat auch Anteil am Akasha. Damit ist er, wenn er seine Möglichkeiten nützt, allen Wesen der unterschiedlichen Ebenen unseres Planeten überlegen. Und da er aufgrund seiner universalen Beschaffenheit auch sämtliche Eigenschaften der Planeten in sich vereint, steht er in der Hierarchie auch über den Intelligenzen der Sphären, die sich über die Erdgürtelzone hinaus erstrecken. Auch wenn diese in ihrem Bereich dem Menschen noch überlegen sind, bleiben deren besondere Fähigkeiten und Kenntnisse auf die Qualitäten ihrer Sphäre beschränkt. Nur im Menschengeist können sich alle Qualitäten der Tierkreiszeichen und Planeten zu einer universalen "göttlichen" Einheit verbinden und manifestieren. Es liegt am Menschen, wie weit er diese ihm innewohnenden Mächte und Kräfte ordnet und unter seine Kontrolle bringt.

Bardons Geist- und Seelenschulung gibt dazu die entsprechenden Instruktionen. Er beschreibt nicht nur die besonderen Fähigkeiten der Planeten-Genien, sondern auch deren besonderen Einflussbereich auf der Ekliptik, was sie im Raum und in der Zeit erfassbar macht.

Und er beschreibt den Unterschied, der zwischen dem Weg der Heiligkeit und dem der Magie besteht.

Bardon lehrt erstmals, wie man gefahrlos Elementale und Elementare als Hilfsgeister erschafft, wie man mit magischen Volten arbeitet und wie man die vier Elemente auf allen drei Ebenen beherrscht.

Er beschreibt, wie man sein Bewusstsein versetzt und dabei erkennt, was Bewusstsein eigentlich ist, und wie man lernt, damit richtig umzugehen.

Bardon erklärt, was Akasha wirklich ist und wie man das Akasha-Prinzip in der Praxis nützen kann.

Diese Liste könnte man noch beliebig fortsetzen.

Bardon hat zwar viel und ausführlich geschrieben, aber er war trotzdem kein Theoretiker. Er stellte nicht nur seine magischen Fähigkeiten unter Beweis, sondern war auch als ganz normaler Heilpraktiker weit über die Landesgrenzen hinaus bekannt. Dass Bardon selbst in aussichtslosen Fällen heilen konnte, hatte sich bis Deutschland und Österreich herumgesprochen. Das wurde mir von verschiedenen Personen, die ihn persönlich kannten, bestätigt.

Bardons Witwe hat mir in vielen persönlichen Briefen eine Menge über ihren Mann mitgeteilt. Bardon war eine absolut außergewöhnliche Persönlichkeit mit außergewöhnlichen Fähigkeiten, auch wenn er diese in der Regel nicht offen zur Schau stellte. Auch seine Tochter Marie Spickova, die mich mehrmals in Wien besuchte, hat mir bei diesen Gelegenheiten vieles aus dem Leben ihres Vaters erzählt, das seine übersinnlich Begabung bestätigt. Darüber hinaus war ich auch mit anderen Menschen, die Franz Bardon noch persönlich kannten, in Kontakt und keiner zweifelte an seiner magischen Autorität.

Sogar Quintschers Sohn Ernst, der Bardon sehr gut kannte, aber sicher nicht zu seinen Anhängern zählte, hat die magischen Fähigkeiten Bardons niemals in Frage gestellt. Im Gegenteil, er meinte sogar, Bardon habe viel zu oft davon Gebrauch gemacht und damit unnötigerweise die Aufmerksamkeit der Behörden auf sich gelenkt. Einmal, so erzählte er mir, seien Bardon und Quintscher senior nach einer Veranstaltung von zwei Polizisten verfolgt worden, doch bevor diese die beiden stellen konnten, drehte sich Bardon um, machte eine Handbewegung, worauf die Verfolger wie gelähmt stehen blieben und in den Straßengraben kippten. Man hat sie erst Stunden später halb erfroren aufgefunden.

Quintscher junior erzählte mir auch, dass Bardon nach seinen Vorstellungen oft noch auf Besuch kam und im kleinen Kreis weitere Kostproben seiner Kunst zum Besten gab. So ließ er einmal eine Dame, die an der Echtheit seiner Experimente zweifelte, mitten im Wohnzimmer langsam bis zur Decke schweben.

Die Geschichte aus Rüggebergs Buch, bei der Quintschers Vater angeblich erschossen worden war, weil er, während er und Bardon gefoltert wurden, die Folterknechte mit einer Formel lähmte, erzählte mir Quintschers Sohn etwas anders. Es war angeblich Bardon, der die Formel aussprach, und es sei auch keiner deswegen erschossen worden, sein Vater sei zu einer Strafkompanie an die Front versetzt worden und dort gefallen. Bardon dagegen schreibt in einem Brief:

"Ich wurde von der Gestapo als Hochgradfreimaurer verhaftet, als Rosenkreuzer beschuldigt usw. Bin aber durchgerutscht. Dort habe ich Herrn Müller! Gregorius kennen gelernt, den Leiter der Fraternitas Saturni, der mit der Gestapo zusammengearbeitet hat und bei der Registrierung der okkulten Bücher behilflich war. Quintscher hat man damals erschossen, da er Logenbegründer war."

Möglicherweise kannte Bardon, als er diesen Brief schrieb, den Sachverhalt nicht oder, umgekehrt, Quintschers Familie bekam eine falsche Information über den Tod des Vaters. Was mit dem Leichnam Wilhelm Quintschers geschah, ist der Familie Quintscher nicht bekannt. Auch Frau Bardon schrieb mir, dass sie den Leichnam ihres Mannes nie gesehen hat. Sie bekam nur die Urne. Das gleiche gilt für Franz Sättler, den Dritten im Bunde. Auch über seinen Tod und sein Grab ist nichts bekannt. Angeblich ist er im KZ-Mauthausen umgekommen. Damit wären alle drei Magier im Gefängnis gestorben.

AUSZÜGE VON BRIEFEN VON MARIA BARDONOVA

Frau Bardon hat mir etwa hundert Mal geschrieben und manchmal das gleiche erwähnt. Die einzelnen Zitate stammen alle aus verschiedenen Briefen, so dass Wiederholungen Vorkommen. Ich habe die Briefauszüge aber bewusst so zusammengestellt, um damit die einzelnen Themen besser zu erhellen. Die ergänzenden Absätze sind Anmerkungen von mir.

Einige Briefe waren auf Tschechisch geschrieben. Diese wurden von Frau Maria Pravica ins Deutsche übersetzt. Später hat Frau Bardon dann gleich selbst deutsch geschrieben. Die Bemerkungen in Klammer "M.P." stammen von der Übersetzerin, die eine enge Mitarbeiterin von Franz Bardon war und sich an einige Begebenheiten, die Frau Bardon erwähnte, gut erinnern konnte.

Walter Ogris, der in diesem Buch noch mehrmals auftauchen wird und dem ich bei dieser Gelegenheit für seine Hilfe ganz herzlich danke, hat sich die Mühe gemacht und mir jene Briefe, die nicht übersetzt wurden und nur in Handschrift Vorlagen, abgetippt und eingescannt. Um dem Original treu zu bleiben, wurden sprachliche Eigenheiten (da die deutsche Sprache nicht die Muttersprache ist) weitgehend belassen.

Briefe von Frau Bardon

"*Lieber Herr Stejnar*"
Den 1.12.1909 wurde er geboren. Seine Mutter hat immer erzählt, dass er war ihr erstes Kind und kommt zur Welt wie eine Leiche ganz blau. Die Hebamme musste ihn 2 Stunden massieren, bis er anfing zu leben. Er hat bloß Volksschule und Bürgerschule, dann lernte er Mechaniker. Er hat mir nie erzählt, wo er studierte die magischen und anderen Sachen. Aber er war schon mit 19 Jahren, als ich ihn kennen gelernt habe, Hypnotiseur, Hellseher, Spiritist und Heiler mit Magnetismus.

Franz Bardon hatte also bereits als Neunzehnjähriger seine magischen Fähigkeiten entwickelt und setzte diese schon damals professionell zum Wohle der leidenden Menschen ein.

Ich wurde geboren am 19.10.1911 um 21 Uhr und mein Mann am 1.12.1909 um 3 Uhr 30 in Opava. Ich schreibe Ihnen, was für eine Bedeutung die Nummer 16 für mich hat. Meine Taufe hat am 16.11.1911 stattgefunden, am 16.9.1917 habe ich mit der Schule begonnen, am 16.4.1926 ist mein Vater gestorben, am 16.2.1929 habe ich meinen Mann kennen gelernt, am 16.11.1932 habe ich meine Hochzeit gefeiert. Am 16.2.1958 bin ich mit ihm zum letzten Mal Auto gefahren nach Brünn. Am 16.6.1958 habe ich zum letzten Mal mit ihm in Ostrau gesprochen und am 16.7.1958 wurde er beerdigt in Ostrau. Wenn ich einmal in seiner Zeitschrift verschiedene Daten gelesen habe, wurden dort drei Daten angeführt, wann man nicht heiraten soll. Und unter anderem ist dort auch das Datum 16.11. gestanden. Dass ein Ehepartner früher stirbt, ist klar, ich habe damit gerechnet, dass ich das praktisch wäre. Ich war vor 4 Jahren mit der Galle im Spital (Gallensteine) und er hat das auch gehabt und etwas mit der Bauchspeicheldrüse und er starb daran. Er ist in Agonie gestorben im Spital in Brünn.

In einem anderen Brief schreibt Frau Bardon, sie hätte seine Urne noch zu Hause und wolle diese in ihren Sarg bekommen. Ich nehme an, am 16.7.1958 war nicht die Beerdigung, sondern die Begräbnisfeier im Krematorium.

Die Gallensteine haben die Verbindung zur Bauchspeicheldrüse löcherig gemacht, er bekam Nekrosis Pankreas, dazu eine Bauchfellentzündung. Als der Sohn es hörte, sagte er, dass nur einer von Tausend geheilt wird. Sie haben ihn nach Brno in die Fakultätsklinik geführt, aber er starb in Agonie 10 Tage nach dem Anfall. Niemand hat ihn tot gesehen.

Mein Mann wurde verhaftet am 26.3.58, überführt nach Moravská Ostrava. Seine Gallensteine wurden als Simulieren betrachtet. Dann Agonie 2 Operationen und gestorben am 10.7.58.

Er war ein guter Hellseher, und er wusste auch, wie er endet.

Er hat meiner Mutter immer gesagt, dass sie ihn überlebt. Er ist gestorben am 10.7.58 und sie am 11.9.67. Sie war 81 Jahre alt und mein Mann 48. Er hat sehr viele Fähigkeiten gehabt, es ist schade um ihn, er war immer eine große Hilfe und sicher würde er mir jetzt auch in meinem kranken Zustand helfen – aber man kann nichts machen.

Von meinem Mann habe ich die Asche in der Urne zu Hause, ich möchte die Asche von meinem Mann in meinem Sarg. Bis heute habe ich seine Asche in dem Gefäß, wo ist immer die Asche, und das Gefäß müssen unsere Kinder zu mir in den Sarg geben, das ist mein Wunsch. Jetzt bin ich 78 Jahre.

Frau Bardon starb im Alter von 87 Jahren am 20.1.1998

Ich kann früher wenig Deutsch, bis heute mache ich viele Fehler, aber sie werden mich verstehen. Früher in Troppau waren viele Deutsche. Das bisschen Deutsch, das lernten wir in der tschechischen Bürgerschule, da war bloß eine in Schlesien. Ich kann deutsch bloß davon, weil ich habe meinem Mann sehr viele Sache abgeschrieben von deutschen Büchern. Er borgte sich alte Bücher von Bücherei und im Winter schreibe ich ihm alles ab.

Sie haben mich gefragt, wie habe ich meinen Mann kennen gelernt. Er war Mechaniker in der Fabrik, aber arbeitslos. In der Zeit kann er schon Hypnose und auch heilen. Er wohnt in Troppau (Opava), aber kommt nach Kylesovice und da heilt er die Leute. Er war auch Hellseher. Er kommt auch jede Woche nach Kylesovice am Samstag Abend und da kommen die Leute zu ihm. Die Hausfrau von der Partei kann nicht erlauben, dass die Leute in sein Haus kommen zu seiner Familie, also sagte meine Mutter, kommen Sie zu uns, zu uns können die Leute kommen. Meine Mutter hat Herzschwäche und meine Schwester Hauttuberkulose. Also dann kommen die Leute zu uns.

Seine Mutter hat ihm gesagt, du kannst nicht hier bleiben. Also hat meine Mutter gesagt, kommen Sie zu uns wohnen, denn wir haben ein Dachbodenzimmer, da können Sie wohnen. Also er kommt zu uns bloß mit dem Anzug und Wäsche, welche hat er angezogen. Mehr hat er nicht, Feldarbeit kann er nicht. Wir aufstehen um 4 Uhr und er schlaft bis 7 Uhr, wenn wir waren schon am Feld. Er war früher Soldat bloß 14 Tage, da hat er simuliert eine schwere Krankheit, ich kann nicht sagen, wie heißt das, dass der Mensch fällt auf die Erde und ist wie gestorben. Da geben Sie ihn ins Gefängnis. Dann nach 4 Monaten schicken sie ihn nach Hause. Also er lebt bei uns 3 Jahre. Wen ich 21 Jahre geworden, da habe ich mit ihm geheiratet. Wenn er hat Zeit, macht er Vorträge, über Hypnose und Magnetismus.

Meinen Mann habe ich kennen gelernt am 16.2.29. Er hat die Leute geheilt, er war Hypnotiseur, Magnetiseur. Hellseher und konnte mit Magnetismus heilen. Ich habe Sarigitus (?) Er hat mir das ausgeheilt. Meine Schwester hatte Hauttuberkulose, das hat er auch ausgeheilt.

Ich habe ihn zum ersten Mal gesehen am 16.2.1929. Er heilte meine Mutter am Herz und meine Schwester auf Hauttuberkulose. Er heilt mit Magnetismus. In der Zeit kann er viele geistige Sachen machen. In dem Jahr war er schon arbeitslos. Vorher war er Mechaniker in Nähmaschinen Minerva in Troppau-Opava.

Meinem Mann wurde es bestimmt, dass er 3 Bücher schreiben soll. Aber seine Mitarbeiterin, die Frau Votavova, hatte ihn überredet, er soll noch ein viertes Buch schreiben, und beim Schreiben von diesem Buch ist er gestorben.

Er sagte mir nichts vom Körperwechsel, nur einmal sagte er mir, dass ihm das Lernen in der Schule im letzten Schuljahr sehr leicht fiel. Möglich, dass mit ihm etwas geschah, denn ich schrieb Ihnen schon einmal, dass er mit 19 Jahren ein Bewusstsein hatte wie ein Mensch, der vieles erlebt und viele Dinge längst hinter sich hatte.

Mit "Körperwechsel" ging Frau Bardon auf meine Frage ein, ob ihr Mann etwas darüber erzählt habe, dass er sich, wie Frau Votavova behauptet, in den bereits zwölfjährigen Knaben inkarniert habe.

Das war offensichtlich nicht der Fall. Dass Bardon als Totgeburt zur Welt kam, könnte aber bedeuten, dass er sich in den wiederbelebten Säugling inkarnierte und sich damit die embryonale Zeit ersparte. Ich könnte mir denken, dass ein hoch entwickelter Geist sich die ersten Lebensjahre nur wie ein Schutzengel um seinen heranwachsenden Körper kümmert und sich erst, nachdem die grundlegenden elementaren Eigenschaften ausgebildet sind, mit Einsetzen der Pubertät, ab der sich dann auch das eigentliche ICH-BEWUSSTSEIN entfalten kann, mit den restlichen geistigen Wesenszellen inkarniert und endgültig im Körper bleibt.

Genau genommen findet jede Inkarnation eines wahren wachen ICHBEWUSSTSEINS erst mit dem "magischen Erwachen" statt, wenn einem zum ersten Mal bewusst wird, dass man ein Geistwesen ist. In vielen Menschenkörpern scheint das niemals zu geschehen. Da versuchen viele "Geister" ihre Wesenszellen in fleischlichen Körpern unterzubringen und so Einblick und Einfluss auf der grobstofflichen Ebene zu erlangen. Nicht in jedem Menschen steckt das, was drinnen stecken sollte und könnte.

Es wird viel über den Vorgang des Sterbens und das Dasein danach, aber wenig über das zuvor und das Geborenwerden und Heranwachsen von Geist und Seele philosophiert. Die gnostische Hermetik gibt mit der hermetischen Anatomie der Planetenorgane und den persönlichen Wesenszellen, die sich nicht auf einmal, sondern nach und nach inkarnieren, ein brauchbares Denkmodell, dieses Mysterium zu ergründen.

Mein Mann musste eine deutsche Schule besuchen. (Es war aber nur für sein Bestes, denn er konnte dann sehr gut deutsch, er besuchte die Grundschule und Bürgerschule - M.P.) Die Schwestern gingen schon in eine tschechische Schule.

Die Schulung für den Naturarzt hat er in München gemacht.

Mein Mann hat immer gesagt, die wichtigste Schule, die Hauptschule, ist das Leben.

Seit seiner frühen Jugend interessierte er sich für geistige Sachen; Suggestion, Spiritismus, Hypnose, Telepathie, Graphologie, Hellsehen, Yoga und Heilen. Er lernte englisch und hatte Briefwechsel mit einem Yogi aus Indien. Damals war er erst 19 Jahre alt. Ich lernte ihn kennen beim Heilen meiner Mutter durch Magnetismus.

Er war 170 groß und 105 Kilo schwer.

Das ganze Geld, was er verdiente, steckte er in seine Selbstausbildung und für Bücher. Die Fähigkeiten, die er hatte, erbte er von seinem Vater, der jedoch diesbezüglich nicht ausgebildet wurde; eine Schwester vom Vater hatte Karten gelegt, aber sie war mehr Hellseherin. Dann begann mein Mann Vorlesungen über Magnetismus, Telepathie und Hypnose zu halten. Das begann schon vor unserer Hochzeit. Er machte es unter dem Namen Frabato. Das ist eine Abkürzung: Frantisek, Bardon, Troppau, Opava. Ich weiß nicht genau, wann er die Kurse über Heilpraktikum in München machte.

Es gibt auch die Meinung, FRABATO bedeute Franz Bardon Templi Orientis. Bardon war eine Zeit lang Mitglied im OTO. Germer hat persönlich die Brüder in der Schweiz aufgefordert, ihn zu unterstützen, worauf Metzger (Peter Mano) ihn in Tschechien besuchte.

Die kleinen Bildchen mit der Sonne, die ich Ihnen heute sende, waren das Trademark meines Mannes. FRABATO ist die Abkürzung für Frantisek, Bardon, Troppau, Opava. Das war nicht nur Reklame, sondern ein Geschenk für seine Freunde. (Herr Bardon hat diese Bildchen seinen Schülern und Patienten wie ein persönliches Amulett geschenkt und ihnen damit symbolisch ein Fenster zum Licht der Erkenntnis und zu seiner Energie gegeben - M. P.)

Ich habe diese Bildchen in meinen beiden Meditationsräumen hängen und kann sagen, nachdem ich Bardons Sonnen bekommen hatte, hat sich für mich tatsächlich viel verändert. Auch meine Freunde, denen ich die anderen Bildchen schenkte, erlebten jeder, dass sich ihr Leben auf irgendeine markante Weise zum Guten veränderte, bei jedem war es etwas anderes.

Im Jahre 1941 (24.6.-24.10.) war er in Opava im Gefängnis. Er sollte in ein Konzentrationslager überstellt werden, war jedoch nur mehr Haut und Knochen und deswegen unterschrieb ihm Reinhard Heydrich in Prag, dass er zum Sterben nach Hause entlassen werden sollte. Aber durch die gute Ernährung zu Hause besserte sich seine Gesundheit. Dann, Anfang 1945, arbeitete er als Verwalter im Stadtspital. Nach dem Abzug der Deutschen kaufte er ein Haus (vom Staat - M.P.) in Opava, um Leute empfangen zu können, in Kylesovice hatten wir nur Zimmer, Küche und Kabinett. Dann hörte er mit der Verwaltung auf, hielt Vorlesungen und heilte.

Dass einer der größten Sadisten wie Heydrich jemanden zum Sterben nach Hause schickte, erscheint so unglaublich, dass man es nur als Wunder oder mit magischen Mitteln bewirkt erklären kann.

Sie fragten mich, ob meine Gatte über seine Mission und magische Arbeit daheim sprach. Viel sprach er nicht mit mir über diese Angelegenheiten.

Er brachte sein Wissen den Kindern nicht bei. Erstens war er nicht immer bei uns, außerdem wollte er warten, bis unser Sohn mit dem Studium in Brno fertig ist.

Ich war nie und bin überhaupt nicht medial veranlagt, weil mein Mann sagte, dass er kein Medium wolle, jedoch eine denkende Frau und nicht so eine, die ihm nur gehorsam ist. Vielleicht war seine Bedienerin ein Medium.

Bardon lebte mit einer jungen Haushälterin zusammen, die ihm auch bei der Bereitung der Medikamente half. "*Dieses Fräulein starb an einem Schlangenbiss*", wie Frau Bardon in einem anderen Brief erwähnt.

Die Ärzte waren gegen meinen Mann, weil er beim Heilen erfolgreich war. Die Arzneien machte er selbst, er hatte über WO Rezepte.

Im letzten Brief schrieben Sie, wie Sie die Bücher meines Gatten studierten. Ich wollte ihn gleich lesen, denn gerade war meine Enkelin Lena bei mir, die gut deutsch kann. In der Küche habe ich an der Wand eine Uhr, in die man eine Batterie steckt, damit sie geht. Sie ging nach der Reparatur voraus, so dass wir die Batterie nicht hineingaben und also nur so da hing. Als wir anfingen, laut zu lesen, begann es zu rasseln. Ich fragte mich, was das sein könnte, es ging von der Uhr aus, das war um halb 6 abends. Und dann fing sie an laut zu ticken, bis ungefähr 12:30 des anderen Tages, dann ging sie schon leiser. Bis heute zeigt sie die Stunden an, weil nur der kleine Zeiger bewegt sich weiter, obwohl sie niemand angerührt hatte und das schon seit 2 Jahren.

Der Brief, der dieses Phänomen auslöste, war der Brief, in dem ich Frau Bardon auf die Fehler bei den Geniennamen aufmerksam machte und sie fragte, ob sie etwas darüber wüsste. Man kann also annehmen, dass Bardon mit diesem kleinen Wunder darauf hinweisen wollte, dass ihm sehr wohl etwas an der Richtigstellung der Fehler liegt. Genauso wie Frau Pravica wusste auch Frau Bardon nichts darüber, er hat es also zu Lebzeiten nicht bemerkt. Das ist verständlich. Ich habe auch meine Bücher, nachdem sie einmal abgeschlossen waren, nicht mehr gelesen.

Vom Gatten träumte mir vor einem Jahr. Und jetzt beim Lesen Ihres Briefes zeigte er sich mir und verschwand gleich wieder, ich konnte nicht mit ihm sprechen.

Dass noch ein weiterer Brief von mir für Bardon Anlass war, sich zu melden, bestätigt, dass er meine Bemühung, die Fehler zu korrigieren, unterstützt und ihm an der Richtigstellung seiner Werke etwas liegt. Ich hoffe, dass das auch der Verleger der "Praxis der magischen Evokation" endlich begreift.

Es wundert mich sehr, dass sich der junge Herr Quintscher an die Seite meines Gatten stellt. Er war hier in Troppau (1957 - M.P.) beim Gatten und auch bei uns in Kylesovice, sein neues Auto stellte er bei uns im Schuppen ab, aber mein Mann erwähnte mit keinem Wort, dass er mit ihm zusammen arbeitete. (Er hatte einige Bücher für Hr. Bardon mitgenommen - M.P.) Der alte Herr, sein Vater, war auch bei uns in Kylesovice, das war schon früher, als mein Mann noch nicht in Troppau wohnte, das war ungefähr vor dem Jahre 1941. Wir waren mit meinem Gatten bei Quintscher ungefähr im Jahre 1943, ich weiß es nicht mehr genau, in Dresden. Die Frau war sehr lieb, der Mann hinkte etwas.

Frau Bardon hatte offensichtlich eine Bemerkung von mir falsch verstanden. Bardon hat natürlich nie mit dem jungen Quintscher zusammengearbeitet, aber dieser hat ihm, wie aus Briefen hervorgeht, später bei der Bücherbeschaffung geholfen. Das Problem war immer, das Geld für die Bücher, die Bardon bei Antiquariaten im Westen bestellte, aus der Tschechoslowakei zu schmuggeln. Daher hat Quintscher junior manchmal die Bücher für ihn bezahlt.
In den Bergen von Schlesien um Freiwaldau und Javornik hatte er

viele Bekannte. Darunter auch viele "Spiritisten". Wir waren im Jahre 1929 im Sommer bei einer 70-jährigen Frau, sie war Deutsche, wie früher alle von k..? ...bergen (unlesbar), und sie duzten sich untereinander und nannten sich Bruder und Schwester.

Im Jahre 1935 im Herbst, im Oktober waren wir auch in Deutschland. Wir fuhren über Breslau, daran erinnere ich mich noch, oh es vor Leipzig war oder nach Leipzig. Die Namen merke ich mir nicht mehr genau, aber das Dorf hieß wohl Radebul und der Hügel darin Radeberg. Hinter dem Dorf am Wald stand eine schöne Villa. Dorthin gingen wir. Dort wohnte das Ehepaar. Er war Schriftsteller und nannte sich S. A. Kremer. Das ist: Siegfried Adolf Kremer [richtig S. A. Kummer, Anmerkung von Walter Ogris]. Er hatte keinen solchen vollen Bart wie Sie, nur am Kinn, er war von kleiner Statur, ebenso seine Frau. Sie hatten keine Kinder, nur einen Papagei Lore. Ich sagte ihnen, dass sie noch Kinder haben können. Sie antwortete mir: wohl kaum, sie sind beide schon 45 Jahre alt, doch sie sahen wie 30 aus. Wir gingen mit ihnen in den nahen Wald, der Hügel war nicht groß. In der Mitte des freien, runden Platzes, wo das erste Gras wuchs, die Lichtung maß ungefähr 40m im Durchmesser, war ein Felsblock von 1m Höhe, umrandet von einem runden Balken von 2m Durchmesser, wunderschön gearbeitet, in alten Zeiten war das angeblich ein geheiligter Stein, rundherum waren eingraviert Runenzeichen. Das waren angeblich Zeichen und Buchstaben alter Priester (Druiden - M.P.), die diese Gegend bewohnten. Dort fanden sich angeblich die Priester ein, um ihre Gottesdienste zu feiern. Früher waren die nördlichen Gegenden dem höchsten Sonnengott geweiht. Das war der Opferaltar.

Angeblich hat Bardon unter dem Pseudonym "Arion" für seine Freunde ein Manuskript von Herrn Kummer ins Tschechische übersetzt.

Ich habe meinem Mann alle tschechische Briefe geschrieben, immer in der Nacht, denn ich habe früher kleine Landwirtschaft und muss am Feld arbeiten. Mein Mann kommt oft von Troppau um Mitternacht, da habe ich geschlafen und er kann lang schlafen bis 7, aber ich muss zeitlich aufstehen.

Frau Pravica dagegen sagte mir, dass Bardon nicht viel Schlaf benötigte und täglich nur vier bis fünf Stunden schlief.

Sie fragten mich nach einen gleichgesinnten Yogi aus Indien. Ich schrieb Ihnen schon, dass er bei uns ein kleines Stübchen hatte, in welchem er übte und arbeitete, ich glaube, er hatte auch Gedankenverbindung aus der Ferne mit diesem Yogi.

Sie schreiben, dass mein Gatte auf jedem Foto einen Ring trägt. Er hatte 4 Ringe. 1 mit einem weißen Stein (Mondstein - M.P.) 1 Siegelring, 1 mit einem Rubin (diesen gab man mir nach seinem Tode, er hatte meinen Mädchennamen MS eingraviert - M.P.) und einen Ring mit einem Onyx, der war schwarz, in diesem sah er angeblich alles Geschehen. Die drei Ringe nahm man mir, alle Bücher, Medikamente, Kristallkugel und andere Dinge. Sie nahmen im Ganzen 960 Bücher, auch die Bücher, die er aus der Universitäts-Bücherei aus Berlin hatte. Die mahnten mich zur Rückgabe und so ging ich zur Polizei, dass sie die Bücher heraussuchen sollen und sie zurückgeben.

Anfangs war er sicherlich in einer Loge, ich glaube, sie nannten sich "Arcana-Loge", aber genau weiß ich es nicht mehr, es ist schon lange her. Er fuhr zu einem Herrn nach Deutschland nach Hambrunn, ich glaube, es war bei Duisburg. Dieser Meister starb plötzlich im 45. Lebensjahr. Früher wohnte er bei uns im Nachbarsort und seine Medien benutzte mein Gatte. Dieses Medium starb ungefähr vor 10 Jahren. Nach dem Tode dieses Meisters fuhr mein Gatte nicht mehr hin.

Ob die "Arcana-Loge" eine blaue oder rote Freimaurerloge war, ist mir nicht bekannt. Es kann sich auch um einen Zweig der "Arcan-

Schule" gehandelt haben, das war der "Innere Kreis" der Theosophen, dem auch Rudolf Steiner, Gustav Meyrink, Max Heindl und einige andere Okkultisten eine Zeit lang angehörten. Wie bereits erwähnt, ist sicher, dass Bardon Mitglied im O.T.O. war. Bardon erwähnt in einem Brief: "*Ich war in verschiedenen Logen, auch bei den Pansophen und in der Kerningschen Loge in Kassel.*"

Als ich im Jahre 1974 im Bad Pystian war, begegnete ich am vorletzten Tag einer Bekannten meines Gatten mit ihrer Schwester, diese Patientin war ungefähr in meinem Alter. Es war im Feb. Sie sagte mir, sie würde gerne mit mir sprechen. Ich sagte ihr, mittags fahre ich mit dem Koffer zur Post und ich komme zu ihr. Das war Montags. Am Dienstag fuhren wir schon zurück. Diese Bekannte – Marie Drahtkovice – sagte, dass sie eine Woche vorher von meinem Gatten geträumt habe, sie sah ihn als Kapuziner Mönch. Ich sagte ihr, dass auch mir gerade an diesem Tage morgens um halb 4h von ihm geträumt hatte. (Ich sah ihn immer um halb 4h morgens). Ich sagte ihr, dass ich ihn in Hosen und im Hemd mit auf gekrempelten Ärmeln sah, wie im Sommer. Bei uns im Hof standen zwei Stühle und darauf ein Sarg. Der Sarg war geöffnet und darin lag eine nackte Leiche. Ich fragte meinen Gatten, wer das sei. Er sagte mir, es wäre Otti. In diesem Moment fasste die Leiche nach den Spitzen des Sarges und fing an, mit Kopf und Händen sich zu bewegen. Da verschwand der Traum. Auf dem Heimweg vom Bad hielt ich mich beim Sohn auf der in Pernau auf mich wartete, wir fuhren nach Tovacova. Beim Nachtmahl gab es Rotwein und Zuspeisen, welche ich noch nie gegessen und auch noch nie gesehen habe. Mein Sohn sagte, das wäre aus Prag. Er sagte, dass Otti am Dienstag gestorben wäre und er beim Begräbnis war an dem Tag, wo ich sie im Traum gesehen hatte. (Frau Votavova starb einige Tage vor ihrem 70. Geburtstag. Geboren war sie am 11.4.1903 - M.P.)

Frau Bardon, die anscheinend doch hellsichtige Begabungen hatte, erlebte offensichtlich die Nähe Bardons, als dieser seiner treuen

Mitarbeiterin beim Verlassen ihres Körpers behilflich war. Ich glaube nicht, dass sich Bardon unnötig in den Bereichen der grobstofflichen Ebene aufhält. Ich hatte im Traum nur zwei Begegnungen mit ihm. Und damals im Hotel, als alle Lichter angingen, als ich mit meinem Freund, dem Arzt DDR. Heinz Schwarz, ein Zeichen von ihm verlangte, falls er die faschen Geniennamen richtig gestellt haben wolle.

Mein Gatte fuhr jede Woche nach Prag, er hatte dort viele Bekannte. Dort diktierte er der Frau Votavova und als frühere Stenotypistin stenographierte sie alles, dann schrieb sie es nieder.

Sie fragen mich, welches Buch er am liebsten hatte. Im Ganzen weiß ich es nicht. Einige Bücher schrieb ich ihm im Winter auf der Schreibmaschine ab. Eines davon hatte zwischen den Zeilen hebräische Zeichen, welche ihm jedoch sein Cousin abschrieb, der im Konzentrationslager starb. Beim Abschreiben der deutschen Bücher sagte ich laut den Text, das stellte sich ein schwarzer Hahn mit einem großen roten Kamm auf meine linke Seite, da sagte ich mir den Text leise. Das war oben in seinem Stübchen.

In einem anderen Brief erwähnt Frau Bardon die gleiche Geschichte:

Ich habe ihm viel geholfen, denn ich habe ihm im Winter sehr viele Sachen abgeschrieben von Magie. Er hat die Bücher geborgt aus einer Bücherei aus Deutschland. Ich habe einmal abgeschrieben das Buch von Faust. Einmal stand neben mir ein Schwarzer Hahn, und einmal ein großer schwarzer Hund. Also dann habe ich das bloß sehr leise gelesen.

Aus Briefen, die Bardon an Freunde schrieb, geht hervor, dass er die Werke von Swami Sivananda Sarasvati, den er auch als seinen Guru bezeichnet, am höchsten schätzte und immer versuchte, alle seine Bücher in seiner "Bücherei" zu haben. Er borgte ja die

Bücher an seine Freunde weiter und wollte offensichtlich, dass auch sie seine Quellen studierten. Er erwähnt auch das Buch vom "Buddha des Westens" als lesenswert, ein Buch, dem ich persönlich nicht viel abgewinnen kann. Das Buch ist über das "Archiv Hermetischer Texte" zu beziehen. Aus diesem Buch stammen übrigens auch die Bilder von Hermes Trismegistos und Lao Tse, die in einer Auflage von Rüggebergs "Frabato" als Inkarnationen Bardons erschienen. Ich glaube, Herr Rüggeberg hat die Bilder, nachdem ich ihn auf den Unsinn, der von Frau Votavova stammt, aufmerksam gemacht hatte, inzwischen herausgenommen.

Mein Gatte war 2 mal im Gefängnis in Deutschland. Das erste Mal im Mai 1940 und dann im Jahr 1941 vom 24.6. bis 24.10. und zwar deshalb, weil er vor jemandem sagte, dass Deutschland den Krieg verlieren werde, da das Zeichen Sonne (das Hakenkreuz) schief war X, es aber gerade sein sollte. Wie ich schon schrieb, schickten sie ihn mir zum Sterben heim.

Auch Frau Pravica erzählte mir, dass Bardon sagte, Hitler werde den Krieg verlieren, weil er das Hakenkreuz so darstelle, dass es nicht fest steht, sondern kippt.

Nach dem Jahre 1945 wurde er in die Heimarbeit nach Brünn geschickt, von dort schrieben sie mir, dass er epileptische Anfälle habe, so fuhren wir hin, um ihn zu holen, und das zweite mal, im Jahre 1958, wo er nicht mehr zurückkehrte.

Seine Lieblingsfarbe war Lila. Seine Lieblingsblumen waren gelbe Rosen. Von den Liedern hatte er gerne das Lied: "Oh, mein Papa", es war aus irgendeinem Film, und mir spielte er auf dem Klavier immer mein Lieblingslied "La Paloma" vor.

Im letzten Brief fragten Sie mich, ob mein Gatte die Sachen selbst gezeichnet hat. Ich weiß es wirklich nicht, denn nach dem Jahre 1945 wohnte mein Gatte in Troppau, wie ich Ihnen ja schon schrieb.

Die Bücher diktierte er in Prag der Frau Votavova und er hatte dazu viele Bekannte. Es ist möglich, dass es ihm jemand machte (er hatte einen Schüler, der war Juwelier - M.P.). Das Buch von Herrn Rüggeberg habe ich überhaupt nicht gesehen (Hohe Magie), auch nicht das Buch Frabato.

Wie inzwischen bekannt wurde, sind die Bilder der drei Tarotkarten angeblich von Frau Irena Navakova gemalt worden.

Dann haben Sie mir geschrieben, ob ich weiß, was mein Mann den Zuckerkranken gegeben hat. Das hat wahrscheinlich die Frau Votavova aus Prag gewusst, weil sie sich alles aufgeschrieben hat, was er wem gegeben und dafür verlangt hat. Für die drei letzten Jahre vor seinem Tod ist mir sogar Einkommensteuer vorgeschrieben worden. Von diesem Einkommen habe ich nicht einmal eine Krone gesehen. Sie haben ihm alles genommen: das Rezeptbuch, wo er über 100 Rezepte gehabt hat, alle Arzneimittel, alle Bücher, die Möbel, das Auto, Motorrad, alles.

Sie haben mich gefragt nach Freunden meines Mannes in Prag. Die sind schon alle tot. Sie waren älter als mein Mann. Der eine war Prokurist, der zweite war Gymnasial Professor, der dritte war ein Beamter in der Bank. Bloß der eine war so alt wie ich. Der war Professor auf hoher Schule. Der war ein sehr guter Astrologe und Ägyptologe.

Mein Mann hat kein Fleisch gegessen bis zum 21. Lebensjahr. Dann vom 1.1. bis zum 31.12. raucht er nicht und auf andere Jahr raucht er wieder. Er sagt, das muss sein für starker Wille, aber ich glaube, starker Wille ist überhaupt nicht rauchen.

Das ist natürlich richtig. Wer ohne Zigarette nicht leben kann, hat keinen starken Willen. Aber als Möglichkeit zur Willensstärkung ist die Beherrschung dieser Sucht tatsächlich besser geeignet als manche andere von Esoterikern praktizierte Form von Verzicht.

Sexuelle Enthaltsamkeit z. B. kann hormonelle Störungen auslösen; auch falsches Fasten ist für den Organismus schlecht und führt außerdem nicht selten zu Askese, das ist dann eine andere Form von Sucht. Ich war von meinem zwölften bis zum 34. Lebensjahr ein starker Raucher, zuletzt rauchte ich 60 Zigaretten am Tag. Auch ich machte die Erfahrung, dass die regelmäßig auferlegten Perioden der Enthaltung die Willenskraft besonders gut aufladen. Damit möchte ich nicht das Rauchen empfehlen, im Gegenteil: Wer raucht, sollte seine Sucht in mehreren Etappen immer weiter reduzieren, bis er es ganz lassen kann. Sein Wille wird, wenn er es bewusst macht, jedes Mal enorm davon profitieren. In meinem Buch "Diät-Yoga" gehe ich näher auf dieses wichtige Thema ein.

Übrigens, wenn ich von Rauchen rede, so meine ich normales Nikotin und nicht den Haschischkonsum. Haschisch ist das übelste Gift von allen Suchtgiften. Es verhindert nämlich die Entfaltung des wahren ICHSELBST und nährt einen Schemen, mit dem sich die Raucher identifizieren und den sie für ihre eigene Persönlichkeit halten. Das aber merken die Haschischkonsumenten nicht. Es wird ihnen nicht bewusst, dass jeder Trip ihrem wahren ICHSELBST die Lebenskraft entzieht und sie auf einem infantilen Stadium der Halbwüchsigen stecken bleiben. Hinter jeder Droge steht eine andere geistige Intelligenz. Der Cannabisdämon erlebt sich in den Eigenschaften der jungen Menschen und lässt sie nie erwachsen werden.

Er hat meinem Mann gesagt, wenn mein Mann Probleme bekommt, dann wird er alles in Ordnung bringen. Mein Mann hat den Sohn von dem Minister geheilt, und auch die Frau von dem Hr. Minister. Er war geboren am selben Tag wie ich, aber 20 Jahre älter. Die Frau Minister hat mir geschrieben, was ich will von Ihnen, kann ich haben. Aber die Frau hat sich nach drei Jahren vergiftet, und der Herr Minister ist auch lange tot.

Wie Eberhard Maria Körner in seiner "Reise nach Prag" erwähnt, hat Franz Bardon auch „... den damals an Krebs todkranken danieder liegenden früheren Staatspräsidenten Benesch gerettet und ihm drei Jahre weiteres Erdenleben beschert, wofür ihm sein Land mit verschiedenen verdienten Sonderlizenzen dankte. So wurde auch stillschweigend geduldet, dass er seine magischen Forschungen weiter betreiben konnte."

Ich reiste viel mit meinem Mann, wir mussten aber viel sparen, weil man für die Reise das Geld irgendwie auftrieb, aber dann blieb fürs Taschengeld nicht viel übrig. Wir waren auch viermal in Wien. Zuletzt im Jahre 1935, als wir nach Italien fuhren. Einmal waren wir in Wien bei der Schriftstellerin Alexandra David-Neel, die als erste Ausländerin 12 Jahre in Tibet war und auch in den Lama-Klöstern.

Wir waren zu Besuch bei Alexandra David-Neel im 13. Bezirk. Wo haben wir in der Zeit übernachtet, das habe ich vergessen, aber wie schön Schönbrunn und Hofburg war, das habe ich bis heute vor Augen.

Das schöne Wien, wo wir letztes Mal im Jahre 1935 waren. (Sie beschreibt weiter eine ihrer Reisen, die sie von Wien bis Tirol machten, es war sehr heiß und sie wundert sich, dass die alten Frauen ganz schwarz gekleidet waren, schwimmen im Wörthersee, Fahrt durch Pörtschach, waren auf dem Marmolata, Gardasee, Übernachtung in Villach, St. Pölten, Wien, geschlafen am Semmering in Palast Hotel, ebenso gewohnt im Hotel Pilsen Mar um in Venedig - M.P.)

Einmal fuhren wir mit dem Autobus nach Venedig. Wir hatten sehr wenig Geld, mit uns fährt auch Herr (?), der war Invalide vom Ersten Weltkrieg. Nach dem Krieg konnte er nicht gehen, also hat er hinten im Autobus einen Rollstuhl. Mein Mann war stark und hat ihn mit einem anderen Knaben immer getragen. Also wir haben die Fahrt bezahlt, aber bloß für eine Person das Essen. Wir haben bloß einen kleinen Autobus für 20 Personen. Der Autobus fuhr von Troppau. Wir packten die Koffer rein, aber wir fuhren mit dem Motorrad nach Wien, dann ab Wien fuhren wir in unserem Autobus.

Das Motorrad lassen wir in Wien. Und wenn wir fahren von Wien zurück, da nehmen wir wieder das Motorrad und fahren nach Süd Slowakei, da habe ich meinen Onkel mit Familie.

Frau Bardon hat in vielen Briefen Reisen geschildert, die sie mit ihrem Mann gemacht hatte. Bardon war ein unternehmungslustiger Mensch – in der damaligen Zeit waren weite Auslandsreisen noch nicht so üblich wie heute.

Mein Mann hat viele Medikamente gemacht, und in seinen Medikamenten war viel seiner Fluidium Kondensatoren, sehr viel seiner Stärke und auch geistige Kraft. Das war das Prinzip der Alchimie, alles davon ist in seinem ersten Buch beschrieben. Er wollte meinen Sohn in alles einweihen, wenn er ist fertig mit dem Studium, aber es ist nicht dazu gekommen, denn der Sohn hat noch 3 und 1/4 Studium vor sich.

Als sie meinen Gatten am 26. 3. 58 abführten, wollte ihn eine Frau aus München besuchen. (Frau Riedl, sie hatte mir von der Verhaftung erzählt und sie hatte gesehen, wie die Medikamente in den Kanal geschüttet wurden - M.P.)

Die Frauen waren nach ihm ganz verrückt.

Mein Mann war ein sehr kluger Mensch und hat viel Glück bei Frauen. Eine Schauspielerin hat zu ihm gesagt "Ich habe viele Männer, aber nicht solche, wie sie sind."

Frau Bardon hatte aber keinen Grund zur Eifersucht. Oskar Kozil, der Franz Bardon auf seinen Vortragsreisen begleitete und als Helfer zur Seite stand, erzählte mir, dass Bardon die Nähe von Frauen mied und ihm erklärte, er müsse seinen Verehrerinnen aus dem Weg gehen, weil diese seine Energie absaugen, was von seiner magischen Kraft genommen hätte. Ob er bei seinen Besuchen bei den Nixen auch immer standhaft blieb, entzieht sich meiner Kenntnis.

An der anderen Fotografie wo ist mein Mann wie ein Fakir, diese Bekleidung verwendete er für die Vorträge. Er hat einen Beutel Glas, das Glas legte er auf den Fußboden und dann legte er sich darauf. Dann kommt jemand von den Leuten und stellte sich ihm auf die Brust und das macht ihm keine Wehe. Mein Mann war in keiner Arbeit bloß im Jahre 1945 von Mai bis zum Ende des September in einem Krankenhaus als Verwalter. Er lebte also privat in Opava (Troppau) und dort empfing er die Leute. Jeden Monat fuhr er nach Prag auf eine Woche und diktiert seine Bücher. Die Frau Votavova hat das alles stenographiert und dann auf die Schreibmaschine geschrieben. Als das Werk fertig war, dann sendet sie das an den Bauer-Verlag. Alle 3 Bücher erschienen noch, wie mein Mann noch lebte.

Denn später hatte er ich glaube ein Gefühl, er werde nicht mehr lange leben, denn er hat sich sehr getummelt und sehr eilig diktiert die Bücher, da hatte er schon sehr wenig Leben vor sich. Die Frau Votavova will noch ein Buch schreiben, aber das hat nicht mein Mann beendet. In diesem Buch ist am Ende etwas nicht wahr, aber wenn ist das wie ein Roman geschrieben, dann kann das sein.

Als sie ihn verhaften, da nahmen sie ihm 960 Bücher, deutsche, englische, bloß einige tschechische. Er hatte Bekannte in Frankreich, Deutschland, Schweiz, Österreich und Polen.

Wenn waren wir im Sudentenland, geht er nicht in Arbeit. Da war er in Gefängnis im Breslau. Er war im selben Zimmer, wo war sein Freund. Den hat der Wächter erschossen.

Vermutlich Wilhelm Quintscher. Auch Bardon beschreibt das in einem Brief. Ernst Quintscher aber sagte mir, man habe seiner Familie mitgeteilt, sein Vater wäre bei einer Strafkompanie an der Front gefallen.

In Deutschland hat er viele Bekannte, aber in letzter Zeit machte er da keine Vorträge. Er machte deutsche Vorträge, aber in Süd Böhmen.

Von Opava bis zum Zugmantel und Jauernig waren deutsche Dörfer. Da hat früher mein Mann viele Patienten, alle deutsche Leute.

Er hat große Erfolge mit Heilen. Er macht durch Destillation die Medizin aus den Heilkräutern und dazu heilt er mit Hypnose und Magnetismus. Gegen ihn waren hauptsächlich 2 Medicin Doktor, aus dem Krankenhaus, beide sind schon gestorben. Die Doktoren waren gegen Hypnose, aber jetzt heilen sie auch in Troppau Narrenhaus mit Hypnose.

Eberhard Maria Körner schreibt in seiner "Reise nach Prag", bei der er Bardon das Manuskript von "Frabato" bringen sollte, dass gegen Bardon "ein ordentlicher Prozess wegen angeblicher oder tatsächliche Verstöße gegen das Heilpraktikergesetz verbreitet wurde. Dreihundert Seiten Akten waren schon gesammelt worden", als sie ihn am 26.3.1958, wenige Tage bevor er in Prag eintraf (das war am 1. April), verhafteten. Er meint: "Intrigen gegen Heilpraktiker kommen bekanntlich überall vor." Ich meine, so viele Akten über seine Tätigkeit als Heiler sind ein Beweis dafür, dass sehr viele Patienten Bardon aufsuchten und Hilfe erhielten. Die medizinische Betreuung in den kommunistischen Staaten wäre ja kostenlos gewesen, es gab keinen Grund, privat einen Heilpraktiker zu konsultieren.

Mit meinem Mann war das Leben nicht rosa, viermal war er im Gefängnis, auch Gestapo hat ihn verhaftet.

Manchmal erinnere ich mich an ihn im Guten, manchmal bin ich traurig, wenn ich zurückdenke. Zum letzten Mal am 16.6.1958, hat er mich gebeten, dass ich ihm verzeihe, dass er mir und unseren Kindern nicht mehr Zeit gewidmet hat.

Vielleicht weiß mehr die Frau Pravica.

Frau Pravica hat mir dann tatsächlich noch vieles über Franz Bardon erzählt, ich habe sie mehrmals in Graz besucht.

Also niemandem habe ich mein Herz geöffnet wie Ihnen. In einem anderen Brief schreibt Frau Bardon: *Jetzt habe ich mit Ihnen geredet wie mit einem Pfarrer.*

Ich will dieses Vertrauen nicht missbrauchen und habe daher keine persönlichen Dinge über Franz Bardon und aus dem Privatleben der Familie erwähnt.

MARIA PRAVICA ERZÄHLT

(vormals Purgert)

Brief von Maria Pravica

Lieber Herr Stejnar!
Da wir im Herbst übersiedelten, erhielt ich Ihren Brief erst heute, den ich sogleich beantworten will. Hr. Bardon kannte ich sehr gut. Habe jahrelang mit ihm und für ihn in Bezug der Herausgabe seiner Bücher gearbeitet. Auch Hr. Quintscher jun. kenne ich sehr gut. Natürlich stimmt die Behauptung nicht, dass Herr Bardon von Hr. Quintscher abgeschrieben habe. Herr Bardon und Herr Quintscher sen. waren von Jugend auf gute Freunde. Quintschers Bücher kenne ich nicht, von deren Existenz erfuhr ich erst nach Bardons Tod. Von den magischen Fähigkeiten Bardons erlebte ich unter anderem auch eine Evokation. Trotzdem löste ich mich schon vor Jahren von diesem Kreis, da mir ein anderer Weg bestimmt ist. Sollte Sie Ihr Weg mal nach Graz führen, will ich Ihnen mehr erzählen.

Mit freundlichem Gruß und guten Wünschen,
Ihre Maria Pravica.

Ich habe dann Frau Pravica mehrmals in Graz besucht und sie hat mir unter anderem folgendes erzählt:

Erinnerungen und Anekdoten

"*Einmal strickte ich (in Graz) einen Pullover für Franz Bardon. Ich war aber unsicher wegen der Größe und wusste nicht, wie weit ich noch stricken sollte. Plötzlich stand Bardon vor mir, und zwar nur mit seinem Oberkörper, und ich konnte ihm genau Maß nehmen.*"

Ein anderes Mal erschien ihr Franz Bardon, um ein bereitgelegtes Amulett aufzuladen:

"*Es war in Prag, ich übernachtete wie immer bei meiner Freundin Votavova. Am Küchentisch lag das Amulett, das Bardon versprochen hatte aufzuladen. Ich schlief auf dein Sofa und erwachte. Wieder war er nur mit seinem Oberkörper materialisiert. Ich konnte alles genau beobachten. Zuerst legte er das Amulett auf einen bereit gestellten Topf mit Erde. Dann tauchte er es in eine ebenfalls vorbereitete Schale Wasser. Danach wirbelte er das Amulett an der Kette durch die Luft, und zuletzt entzündete er die Kerze und strich mit dem Amulett dreimal durch die Flamme. Dann verlöschte die Kerze und er verschwand, ohne mich anzusehen. Bardon war damals physisch in Troppau, aber trotzdem auch in Prag. Ich habe mir das Ganze nicht eingebildet. Die Kerze war neu und am nächsten Morgen konnten wir feststellen, war sie ungebrannt.*"

"*Bardon war sehr einfühlend, aber manchmal konnte er auch streng und fordernd sein. Als ich ihn einmal in Opava besuchte, war er gerade dabei, im oberen Stock eine Wohnung für seine Tochter einzurichten. Ich wurde gleich eingeteilt und musste ihm den Boden aufwaschen. Die Wohnung hat seine Tochter dann nie bewohnt, denn er wurde kurz danach verhaftet.*"

"*Bardon wohnte in Opava, denn das Haus in Kylesovice war zu klein für alle und er brauchte Platz für seine Beratungen und die Ordination. Er hatte eine Haushälterin, weil seine Frau die Landwirtschaft nicht verlassen wollte. Aber ihm war es recht, denn sie versorgte ihn mit Lebensmitteln und brachte ihm oft eine Gans vorbei. Er aß nicht viel Fleisch, aber Gans mochte er sehr gerne."*

"Für seine Heilungen verlangte er von manchen Patienten Geld, von anderen nichts und gab ihnen stattdessen Lebensmittel, die er von anderen als Zahlung erhielt. Einmal sagte eine Patientin, sie könne nichts zahlen, doch er sagte, oh ja, du kannst, und sie zahlte. Sie besaß genügend Geld, er hatte das hellsichtig erkannt."

"Wenn er in Prag war, wohnte er bei Frau Votavova. Es war eine Kleinwohnung im dritten Stock und die Patienten standen oft Schlange bis auf die Straße. Er war immer voll Kraft und verlangte auch von den anderen viel Einsatz. Er schlief nur drei bis vier Stunden täglich. Die Bücher diktierte er nachts."

"In seiner frühen Jugend arbeitete Bardon einige Jahre als Bühnenzauberer. Er verdiente sich damit das Geld für die Ausbildung zum Heilpraktiker. Seine Berufskollegen von der Bühne schätzten ihn so sehr, dass sie ihn zum Präsidenten der deutschen Zaubergilde, einer Artistenvereinigung, küren wollten, aber Bardon zog sich dann aus dem Theaterleben zurück. Später in den Jahren 1946 bis 1948 gab er nochmals Vorstellungen in der Nähe von Troppau."

"Bardon war als Heilpraktiker, der immer helfen konnte, im ganzen Land bekannt. Sowohl in Prag als auch in Opava standen die Patienten oft bis auf die Straße und warteten auf ihn. Sie kamen oft aus anderen Orten in Gruppen mit Autobussen angereist. Ich habe selbst die Heilung eines an Kinderlähmung erkrankten Buben miterlebt. Es war ein tief beeindruckendes Erlebnis."

"Ich habe mehrmals für Herrn Bardons Patienten, die im Ausland wohnten, die Medikamente aus der Tschechoslowakei in den Westen geschmuggelt. Das war nicht ungefährlich. Aber Herr Bardon begleitete mich immer bis zur Grenze und blieb dann während der Zollformalitäten irgendwo abseits stehen. Obwohl alle sehr genau

kontrolliert wurden und man auch alle meine Taschen genauestens durchsuchte, wurde der Koffer mit den Medikamenten nie geöffnet."

"Manche der Medikamente gab ich nach seinen Anweisungen an Patienten in Österreich weiter und erlebte damit viele wunderbare Heilungen. Man darf nicht vergessen, damals gab es noch nicht die vielen Medikamente, die es heute gibt."

"Ich hatte selbst einmal einen Gehirnschlag und lag halbseitig gelähmt im Krankenhaus. Ich war vollkommen klar im Kopf, aber ich konnte mich nicht bewegen und nicht sprechen. Ich wünschte mir, jemand würde mir seine Medikamente verabreichen. Ich war völlig verzweifelt. Plötzlich hörte ich Herrn Bardons Stimme so klar und deutlich, als ob er neben dem Bett stehen würde. Er sagte: "Steh auf! Steh auf und geh. Du bist gesund." Es war wie ein Befehl und so eindringlich, dass ich überhaupt nicht daran zweifelte, dass ich wieder gehen konnte. Ich versuchte meine Arme zu bewegen und setzte mich auf. Ich war tatsächlich von einer Sekunde auf die andere geheilt. Die Ärzte konnten es nicht erklären."

"Wenn Bardon in Prag wohnte, ging er jede Nacht nach Mitternacht mit einer Decke auf den Berg Vyschehrad, das ist der Schlossberg von Prag. Dort sammelte er alle Energien ein, die die Leute in den Tanzlokalen, Bars und beim Sex verloren, und schleuderte sie zurück auf die Menschen."

Einen Teil dieser Lebenskraft wird er schon für sich behalten haben. Da Bardon viel mit Lebenskraft heilte, musste er diese täglich wieder neu auftanken. Offensichtlich war das seine persönliche Methode, die Vitalkraft, die den Menschen aufgrund der Bewusstseinstrübung durch Alkoholbetäubung und Lustgenuss verloren geht, auf sich zu ziehen, bevor sie über die Schemen und Larven, die dazu verführen, aufgesaugt und in die feinstofflichen Ebenen an die jeweiligen "Dämonen" abgegeben wird. Eine geniale Technik, wenn man bedenkt, dass Bardon damit nicht nur sich selbst stärkte, sondern gleichzeitig auch den Wesen, welche über die Schemen die Menschen "melken", Lebenskraft vorenthielt. Er beschreibt diese Technik in keinem seiner Bücher und ich vermute, dass sie auch nicht überall funktioniert. Der Vyschehrad ist ein ganz besonderer Kraftplatz und hatte in der tschechischen Geschichte schon immer eine magische Bedeutung.

Ich habe diesen geheimnisvollen Ort in Prag aufgesucht und festgestellt, es herrscht dort wirklich eine eigenartige Atmosphäre. Obwohl ganz in der Nähe - der Berg ist ja nicht hoch - das Nachtleben der Großstadt pulsiert und der Lichtschein über den Dächern bis in das Laub der Bäume dringt, hat man das Gefühl, man befindet sich in einer anderen Welt. Glasklar kommen Geräusche vom Bahnhof hoch, das Schleifen der Räder einer Straßenbahn, ein Auto hupt, und trotzdem hört es sich an, als wäre alles unendlich weit entfernt, gespenstisch gefiltert von einer Laut- und Zeitlosigkeit, die den Berg umhüllt. Es berührt einen nicht, geht einen nichts an. Man ist über den Dächern mitten im Häusermeer und fühlt sich gleichzeitig weltentrückt wie auf einem Dreitausender in den Alpen oder in einer Sphäre einer anderen Welt. Dass da oben auch das Denkmal des tschechischen Minnesängers Lumir steht, dürfte eher ein Zufall sein. Frau Bardon erwähnt in einem Brief, dass Bardon es ihr überließ, den Namen für ihren Sohn zu bestimmen, nur Franz sollte er nicht heißen.

"Bardon besaß einen Spazierstock, den er stets bei sich trug. In dem Stock war ein magisches Schwert verborgen. Er verwendete es bei seinen Evokationen, die er oft im Freien durchführte."

"Bardon wurde im Gefängnis gefoltert und zur Forschung ohne Narkose operiert. Dabei winden die Nerven an der Wirbelsäule bloßgelegt. Er hat sich von dieser Tortur nie erholt und hatte dann oft Rückenschmerzen."

"Bardon bekam eine Vorladung zu Roland Freister und sollte mit den Nazis Zusammenarbeiten. Freister sagte, wenn er sich weigere,

werde er morgen nicht mehr leben. Bardon weigerte sich und sagte: "Ich schon, aber Sie nicht." Tatsächlich starb Freister am nächsten Tag bei einem Bombenangriff. Für sich selber hat er nie in die Zukunft geschaut. Er sagte, das dürfe er nicht."

Die Aussagen von Herrn Quintscher und Frau Pravica sind absolut glaubwürdig. Weder Ernst Quintscher noch Frau Pravica waren Bardon-Fans wie Frau Votavova, die ihren Meister liebte und verehrte wie einen Heiligen und die, um ihm einen Heiligenschein zu verpassen, eine Menge Unsinn über ihn verbreitete.

AUS GESPRÄCHEN MIT OSKAR KOZIL

Auch Oskar Kozil hat sicher nichts erfunden, um Bardon zu verklären. Er war eine einfache, bodenständige Persönlichkeit. Er beschäftigte sich überhaupt nicht mit Magie, auch nicht mit Mystik, und hatte genügend Abstand, um das, was er mit Bardon erlebte, mit nüchternen Augen zu sehen und objektiv darüber zu berichten. Ich habe mit ihm mehrmals telefoniert und mir Notizen von den Gesprächen gemacht.

Oskar Kozil, geboren am 12.8.1926, half in den Jahren 1946 bis 1948 zusammen mit seinem Freund Johann Ruschka Bardon, die Bühnenauftritte zu organisieren.

"Franz Bardons Erscheinung war immer sehr gepflegt, er trug immer einen dunklen Anzug. In den Vorstellungen hat er aber etwas anderes getragen."

"Bardon durfte sich nicht frei bewegen und musste alles mit der Polizei abstimmen. Dabei hat die ortansässige Polizei auch Geld bekommen."

"Für seine Auftritte verwendete er den Künstlernamen FRABATO. Wir sind mit einem Opel Kadett in den Dörfern um Opava herumgefahren. Es gab immer vollbesetzte Lokale. Wir haben auf Plakatständern, die ich organisierte, und auf Bäumen plakatiert. Mein Freund Johann hat für die Vorstellungen Utensilien besorgt. So stellten wir, um alles mystisch zu machen, einen Totenkopf an die Abendkassa."

"Bei keiner Aufführung gab es Probleme. Das Publikum war immer begeistert und voll zufrieden. Bardon demonstrierte eindrucksvoll Telepathie und Hypnose auf der Bühne. Er hat dabei sein Publikum immer in die Vorführungen einbezogen. Die Leute kamen auf die Bühne und fielen, wenn er sie anschaute, in Trance. Er konnte das, ohne dass er ihnen irgendetwas befahl oder zu ihnen sagte, ganz ohne Suggestion. Viele Kriegswitwen und Frauen ließen sich von ihm wahrsagen und fragten ihn nach der Zukunft oder nach Vermissten. Ich habe oft erfahren, dass sich seine Visionen bestätigten und die Vermissten genau an dem Tag, wie vorhergesagt, heimkehrten oder tot waren. Bardon hat auch manches über die geistigen Sachen, die er demonstrierte, erklärt. Aber privat hat er nicht mit mir über Magie und Mystik gesprochen."

"Bardon hat sich nie anmerken lassen, dass er besondere Fähigkeiten besaß. Wir wussten aber, dass er tatsächlich zaubern konnte und nicht nur mit den üblichen Zaubertricks und Suggestion und Hellsehen arbeitete. Man konnte ja sehen, wie verblüfft die Leute oft waren, wenn er ihnen Sachen sagte, die er niemals wissen konnte. Da gab es fast in jeder Vorstellung irgendwelche sensationelle Situationen und überraschte Ausrufe. Es war immer eine ganz merkwürdige Stimmung und die Besucher gingen oft richtig nachdenklich nach Hause. Auch ich war oft verblüfft, wenn er etwas sagte, was ich gerade fragen wollte, oder etwas tat oder mir etwas brachte, bevor ich ihn darum bitten konnte."

"Josef Ruschka war in einer Volkspartei und hatte Schwierigkeiten mit der kommunistischen Partei. Bei einer Gerichtsverhandlung wurde er aber überraschend freigesprochen. Wir waren überzeugt, dass damals Bardon geholfen hat. Denn normalerweise wäre mein Freund sicher ins Gefängnis gekommen."

"Bardon hat sehr asketisch gelebt. Er aß kein Schweinefleisch und trank keinen Alkohol. Ganz selten ein Bier. Zu Frauen war er immer freundlich, aber distanziert, was er, wie er sagte, bedauerte; aber um seine Kraft zu bewahren, müsse er sich so verhalten. Er sagte mir, er muss täglich üben, sonst verliert er seine Fähigkeiten. Er hat sich einmal beklagt, dass dies alles sehr schwierig und nervig ist, aber wenn er sich nicht streng an diese Disziplin hält, würde er seine Lebenskraft, die er zum Heilen braucht, verlieren. Er hatte Phasen, wo er, um in Ruhe zu üben, niemanden empfing. Da hat er keinen hereingelassen, auch uns nicht, und sich vollkommen abgeschottet."

"Er war immer freundlich. Ich empfand Franz Bardon als einen sehr wohlwollenden Menschen, er benahm sich immer ganz natürlich wie ein Freund, aber ich hatte trotzdem großen Respekt vor ihm."

AUCH ADEPTEN HABEN EINE VERDAUUNG

Gustav Meyrink bestreitet das und so bin ich nun ausnahmsweise einmal nicht seiner Meinung. Vielleicht liegt es daran, dass mir bis jetzt noch kein wahrer Adept begegnet ist. Oder vielleicht doch?

Ich wüsste nämlich gar nicht, woran man einen solchen erkennen könnte und welche Eigenschaften diesen auszeichnen, damit er sich als Adept legitimiert. Ich sah vor kurzem einen Film über einen bekannten Schweizer Herzchirurgen. Diese Dokumentation über seine verantwortungsvolle nervenaufreibende Arbeit im OP beeindruckte mich mehr, als hätte er mit einem Schwert bewaffnet den Luzifer zitiert oder Wasser in Wein verwandelt. Dieser Arzt besiegt mit seiner Geschicklichkeit, und indem er mit eiserner Disziplin in kritischen Situationen die Ruhe bewahrt, täglich den Tod.

Brief an Erik L.

Lieber Erik!
Für Deinen Brief und die Kopien vielen Dank. Ich verstehe Deinen Ärger, weil im Internet die magischen Fälligkeiten Franz Bardons angezweifelt werden, weil er im KZ gewesen ist. Diese wundergläubigen Esoteriker können eben nicht verstehen, dass auch ein Eingeweihter Bauchweh hat und Schicksalsschläge einstecken muss, und zweifeln deshalb an seiner magischen Kompetenz. Ich kann Dir aber versichern, dass mir von so vielen seriösen und glaubwürdigen Personen, die Bardon persönlich kannten, sein Wirken als Heiler und Magier bestätigt wurde, dass es nicht den geringsten Zweifel an seinen magischen Fähigkeiten gibt.

Wer meint, wenn Bardon tatsächlich ein Adept gewesen wäre, hätte er sich sein Leben mit magischer Macht viel besser gestalten können, hat seine Werke nicht gelesen. Bardon schreibt selbst, dass kein Eingeweihter magisch etwas für sich bewirken würde. Außerdem ist es ihm und seiner Familie gar nicht so schlecht gegangen. Bardon lebte im eigenen Haus, in dem er seine Patienten empfing, besaß bereits in den fünfziger Jahren ein Auto und einen Fernseher und hatte genügend Geld. Er schreibt in einem Brief "*Ich besitze Geld und bin nicht arm*." In einem anderen Brief schreibt er: "*Ich bin zufrieden mit meinem Los, habe es gut in jeder Hinsicht!*" Seine Frau betrieb eine kleine Landwirtschaft und die Familie hatte genug und Gutes zu essen. Es war für die damalige Zeit in der Tschechoslowakei sicher kein schlechtes Leben. Nach seinem Tod bekam seine Witwe noch eine beträchtliche Steuernachzahlung zugeschickt.

Dass die meisten, die wirklich etwas von Magie verstehen, recht bescheiden blieben, ist kein Wunder. Genügsamkeit ist eine ganz natürliche Folge der jahrelangen Übungen. Die Energie der Macht holt man sich ja in erster Linie aus der Willensschulung, also durch Askese, Disziplinierung, Überwindung und Verzicht. Dabei lernt man das einfache Leben schätzen und zieht sich zurück. Man kennt seine Stärken und Schwächen und braucht keine Anerkennung.

Sich mit magischer Macht sein Erdendasein zu erleichtern hat genauso seinen Preis und seine Folgen wie ein Bankkredit oder ein Bankeinbruch. Nur, dass die Rechnung zumeist auf der feinstofflichen Ebene abgerechnet wird, weil der Zauberer ja nicht bereit war, mit irdischem Arbeitsaufwand eine Leistung zu erbringen. Für einen Eingeweihten ist das irdische Leben vermutlich nicht mehr als ein kurzer vorübergehender Traum. Kein Mensch, außer er ist drogenkrank, würde sich finanziell verschulden, nur um dafür in seinen Träumen ein schönes Leben führen zu können. Warum also sollte man sich, umgekehrt, für einige Erleichterungen im physischen Leben das Dasein danach, auf den geistigen Ebenen, erschweren?

Die eigentliche Ursache für Bardons tragische Lebensumstände war vermutlich eine Folge seiner Mission. Da er nicht nur mit seinen Büchern, sondern auch durch praktische Magie den Beweis lieferte, dass es eine fein stoffliche Welt gibt, verstieß er gegen die kosmische Ordnung, die dem "Herrn der Welt" durch die Gesetze von Materie, Zeit und Raum seinen Machtbereich sichert. Wenn die Macht des Geistes direkt eingesetzt wird und sich der normale Zeitablauf, der sonst den Veränderungen zugrunde liegt, verkürzt, ist das ein Eingriff in den Wirkungskreis der für die grobstofflichen Ursachen zuständigen Genien. Magie hebt die Naturgesetze, auch wenn diese auf geistigen Gesetzen beruhen, auf, wodurch sich jeder, der in der grobstofflichen Welt die feinstofflichen Mächte über die irdischen stellt, verschuldet, was dann auch entsprechende Folgen nach sich zieht. In dieser Welt geht es nach dem Willen des Herrn der Welt und nicht nach irgendwelchen geistigen Regeln. Es ist also kein Zufall, dass viele "Adepten" der Geschichte gewaltsam ums Leben kamen. Bei Bardon kam noch dazu, dass er möglicherweise tatsächlich den Elementalen, die gegen ihn von neidischen Mitgliedern einer magisch arbeitenden Loge verdichtet wurden, ausgesetzt war.

Bardon war sehr spontan, hatte Sinn für Humor und konnte, besonders in der Zeit, bevor er sein Lehrwerk verfasste, oft nicht der Versuchung widerstehen, die Macht des Geistes über die Materie unter Beweis zu stellen. Damit machte er sich schuldig, wurde verletzbar und setzte sich der Rache der irdisch ausgerichteten Wesenheiten aus.

Später wurde Bardon dann zurückhaltender in der Demonstration seiner magischen Fähigkeiten. Nicht zuletzt auch wegen der ständigen Gefahr, deswegen verhaftet zu werden. So wie Religionsausübung war in der damals kommunistischen Tschechoslowakei natürlich auch alles, was mit Magie und Mystik zu tun hatte, nicht gerne gesehen oder sogar verboten. Bardon, der neben seiner Arbeit als Verwalter des Krankenhauses in Opava noch als Heiler und Hellseher tätig war, wurde in seinen letzten Lebensjahren sogar besonders streng überwacht. Der Grund dafür war ein Einbruch in der Parteizentrale von Opava, bei dem Geld und Dokumente gestohlen wurden.

Der zuständige Kommandant verlangte von Bardon, dass dieser den Dieb mittels seiner hellseherischen Fähigkeiten ausfindig machen solle. Aber Bardon wollte den armen Teufel nicht ausliefern und weigerte sich mit der Begründung, man habe ihm ja jede Form von okkulter Betätigung untersagt. Damit fiel er bei der Behörde, die ihn bisher toleriert hatte, vollends in Ungnade, was ihn später, als der Gönner, der ihn anfangs noch beschützte, gestorben war, das Leben kosten sollte.

Wie es zu den Fehlern mit den Geniennamen kam, kann ich nicht sagen. Die Namen in Quintschers Unterlagen, die vermutlich auch Bardon verwendete, waren wie die meisten von Quintschers Instruktionen doppelt verschlüsselt. Nicht nur, dass die Buchstaben nach dem Schlüssel Payoabb vertauscht waren, sie wurden auch immer in der phönizischen Schreibweise dargestellt. Bardon wusste das natürlich, aber ob es Frau Votavova, die Bardons Diktate niederschrieb, und der Graphiker, der die Vorlagen für die Drucklegung neu gezeichnet hat, beachteten, ist nicht sicher. Über die Fehler in der Quabbalah kann ich Dir nicht mehr sagen als ich meinem 5. Buch "Die Vier Elemente. Der geheime Schlüssel zur geistigen Macht" bereits schrieb, mir fehlt da die praktische Erfahrung. Dass er den rechten Fuß vergaß und das Thau für den Mund, liegt vielleicht an der Aussprache des T oder wurde schlichtweg vergessen. Ich habe in der ersten Auflage meines Astrologiebuches auch vergessen, den Jupiter im 5. Feld zu beschreiben, und Du wirst trotzdem nicht annehmen, dass ich den auch bei meinen Beratungen vergessen hätte.

Ein Adept ist ein Mensch wie jeder andere

Für einen Theoretiker ist es schwer zu verstehen, dass ein Magier verwundbar ist und sich nicht in jeder Lebenslage mit Hilfe seiner Fähigkeiten helfen kann. Es ist gerade umgekehrt. Ein Magier ist den Mächten dieser Welt, denen er ja durch seine magische Arbeit ins Handwerk pfuscht, ganz besonders ausgesetzt.

Es ist überhaupt ein weit verbreiteter Irrtum zu glauben, ein Adept sei ein Wundertäter, der alles kann und keine Fehler macht und wie ein Heiliger auf himmlischen Wolken selbstlos durchs Leben schwebt. Ganz im Gegenteil, die meisten Eingeweihten sind, wie alle genialen Menschen, aufgrund der starken Plutomächte, die sie in sich tragen, besonders emotional und eigenwillig veranlagt.

Magische Fähigkeiten beruhen auf einer besonderen Schulung

und Entwicklung der Glaubens-, Willens-, Imaginations- und Konzentrationskraft. Das bedeutet eine kolossale Entwicklung besonderer Geistesmuskeln, aber nicht Genialität auf jedem Gebiet. Es schließt Fehler und Schwächen nicht aus. Die aus dem jeweiligen Körper, in dem sich der Adept inkarniert, ständig nachwachsenden Triebe, Regungen und Eigenschaften bleiben davon unberührt. Es ist für einen Adepten sicher genauso mühsam, diese immer wieder zu beherrschen, wie für jeden anderen Menschen.

Ein Eingeweihter ist daher den irdischen Problemen genauso ausgesetzt wie ein Normalsterblicher. Ein Adept hat in seinem fleischlichen Körper genauso mit Ärger, Hunger, Zahnschmerzen oder Liebeskummer zu kämpfen wie jeder andere Mensch.

Dazu kommt, dass die geistige Kondition nicht jeden Tag gleich gut ist. Magische Macht und Gewalt lassen sich nicht wie das Programm eines Computers, den man einfach einschaltet und bedient, auf Knopfdruck abrufen. Jede magische Arbeit erfordert eine außergewöhnliche Konzentrations-, Willens- und Glaubens- kraft, die in einem geschwächten Gemüts- oder Gesundheitszustand nicht aufgebracht werden kann. Wer magisch erfolgreich arbeiten will, muss für sein geistiges Fitnesstraining weitaus mehr Zeit aufwenden als ein Spitzensportler. Ein Magier muss immer geistig fit sein, sonst leidet seine magische Autorität und er schadet sich mit einem misslungenen Experiment mehr, als er, wenn es glückt, davon Vorteil hat. Selbst der Quabbalist muss zum Aussprechen einer Formel körperlich, seelisch und geistig in Form sein. Ich bin leider kein Adept, aber ich konnte trotzdem in meinem Leben genügend Beispiele geistiger Macht erleben. Mit zunehmendem Alter wird es jedoch immer schwieriger, nicht zuletzt weil mit dem Alter das Interesse an jeder Form von Magie verschwindet und man nicht nur beim Körpertraining und Joggen, sondern auch beim Training der geistigen Muskeln nachlässig wird.

Ein Adept muss nicht Wunder wirken können

Bardon schreibt, dass sich die meisten Adepten ohne ihre magischen Fähigkeiten inkarnieren. Denn wer diese besonderen Begabungen verwenden will, muss sich diese in jedem Leben erneut erarbeiten. Auch für einen Eingeweihten bedeutet das einen enormen zusätzlichen Aufwand an Zeit und Kraft, so dass er in der Regel darauf verzichtet.

Jeder Erfinder, Wissenschaftler oder Politiker, der die Welt zum Positiven hin veränderte und Außergewöhnliches für die Menschheit leistete oder imstande war, als Künstler die Menschenseele auf eine harmonische Ebene zu erheben, könnte somit einer der 360 Eingeweihten, die es laut Bardon geben soll, gewesen sein. Ich kann mir vorstellen, es gab und gibt mehr Adepten, die eine Aufgabe als geniale Künstler, Wissenschaftler oder Politiker übernehmen, die sich lieber ohne das Wissen um ihre Adeptenschaft inkarnieren, als solche, die sich die Mühe machen, den ganzen Hokuspokus nochmals einzuüben. Sie konzentrieren lieber ihre ganze Kraft auf die Entfaltung jener Eigenschaften, die sie für ihre Mission benötigen. Sie verzichten auf jede magische Macht, weil sie wissen, wie mühsam es jedes Mal ist, sich diese Fähigkeiten anzueignen, und erst recht, sie zu behalten, und sie kennen den Preis, den es kostet, sich das Leben mit magischen Mitteln zu erleichtern. Es gibt doch kaum etwas, das sich auf diese Art zu vollbringen lohnt, das ein tüchtiger intelligenter Mensch nicht einfacher mit normalen irdischen Methoden erledigen kann.

Genauso ist es aber auch umgekehrt. Nur weil jemand magische Fähigkeiten hat, ist das noch lange kein Nachweis, dass er ein Adept ist, sondern höchstens Zeichen von besonderer okkulter Begabung oder Wissen. Es gibt tausende Schamanen, Priester und Zauberer, die scheinbar außergewöhnliche Fähigkeiten in einzelnen okkulten Disziplinen besitzen oder "Wunder" wirken, weil ihnen ihre Vorstellungskraft oder die Glaubenskraft, die ihnen von ihren Anhängern zugeführt wird, die Macht und Kraft dazu verleiht. Denk auch an die vielen Naturtalente, die ohne besondere Schulung astral wandern, hellsehen oder heilen können. Das sind alle keine großen Eingeweihten.

Auch ich bin, wie Du weißt, ein ganz normaler Mensch. Trotzdem haben meine Amulette für tausende Menschen, weil sie daran glaubten, wahre Wunder vollbracht. Du hast ja bei Deinem letzten Besuch in Wien die Kisten voller Dankschreiben durchgesehen. Meine Aufgabe sehe ich jedoch darin, mit meinen Büchern den Weg zum wahren Adepten, den Bardon beschrieb, besser auszuleuchten, und die Magie und Mystik ins dritte Jahrtausend zu führen. Auch Bardon hatte nicht den Auftrag, Wunder zu wirken, sondern er sollte ein Lehrwerk der Hermetik verfassen. Man sollte also Franz Bardon nur nach dem Wert seiner Werke und nicht nach den Wundertaten, die er vielleicht vollbracht hat, beurteilen.

SCHARLATANE KANN MAN LEICHT ERKENNEN

Jetzt zu Deiner Frage, wie man falsche Medien und Hellseher entlarven kann. Ganz einfach: Du brauchst ihnen nur eine Frage zu stellen, bei der Du gleich nachprüfen kannst, ob sie richtig beantwortet wurde. Das geht gut mit Spielkarten. Du ziehst, noch bei Dir zuhause, eine Karte und legst diese, ohne sie anzusehen, mit dem Bild nach oben, auf einen Kasten. Damit wirst Du vermutlich jeden Guru in Verlegenheit bringen, wenn er Dir sagen soll, welche Karte es ist. Es gibt keine Ausrede, ein echter Hellseher muss in der Lage sein, diese Frage zu beantworten. Er kann sich ja, wenn er wirklich magische Fähigkeiten hat, in Deine Wohnung versetzen und nachgucken. Die Arbeit mit dem Pendel kannst Du auch leicht überprüfen. Leg zehn Kartons auf den Tisch und frage, unter welchem Karton die Karte liegt.

Das funktioniert natürlich genauso gut bei Wesen, Genien und Geistern, die Dir etwas kundtun wollen. Ich habe mir sehr rasch abgewöhnt, "Eingebungen" ernst zu nehmen, und gelernt, die echten Inspirationen, bei denen man ganz das Gefühl hat, es wären eigene

Gedanken, von den unechten "Mitteilungen" zu unterscheiden. Auch Meyrink, der ja viel aus diesen Quellen schöpfte, hat das so erlebt und beschrieben. Ich habe dabei bemerkt, dass sich diese echten Eingebungen, wenn man sie nicht sofort fixiert, zumeist sehr rasch, wie ein Traum, verflüchtigen und man sie leicht wieder vergisst.

Ich würde Dir aber raten, dass Du Dich eine Zeit lang überhaupt nicht mit dem ganzen esoterischen Kram beschäftigst. Das Wichtigste, das einen Hermetiker auszeichnet, ist, dass er mit beiden Beinen fest auf dem Boden steht und sich um seine Familie, seinen Beruf und um sein körperliches Wohlbefinden kümmert, nicht, dass er mit seinen Gedanken ständig in höheren Regionen schwebt, nach Gurus Ausschau hält und teure Bücher über Magie und Mystik verschlingt. Sieh zu, dass aus Deinen Kindern ordentliche Menschen werden, und lass Dich selbst nicht in Versuchung führen; dann hast Du mehr erreicht, als wenn Du tausend Stunden meditierst und hunderte Bücher liest.

Was immer Du mit Magie erreichst, wenn Du dasselbe nicht auch allein und ohne Hilfe der Geister schaffst, wirst Du es früher oder später wieder verlieren. Was nützt es Dir, wenn Du Deinen Abteilungsleiter ins Krankenhaus zauberst, damit Du seinen Posten bekommst, wenn Du nicht die nötigen Fähigkeiten hast, die Stelle, hinter der vermutlich auch andere her sind, zu halten. Da ist es doch schlauer, sich gleich diese Fähigkeiten anzueignen, noch besser zu sein als er und auf normalem Weg und mit positivem Denken den Aufstieg zu schaffen.

Mit guten Gedanken für Dich und Deinen Weg.
Dein Emil.

SÄTTLER - QUINTSCHER - BARDON - STEJNAR

"***Dass die Wirkung des Gnostizismus auf die esoterischen Richtungen bis in die Jetztzeit ein gewaltiges Ausmaß hat, ist jedermann klar, der sich auch nur ein wenig damit beschäftigt hat: Bogumilen, Katharer, die meisten Alchimisten, J. Boehme und seine Schule, E. Levi und seine Nachfolger wie Papus bis zu neueren Gestalten wie Aleister Crowley, und dann vor allem Dr. Franz Sättler Musallam mit seinem Schüler Wilhelm Quintscher und dessen Schüler Franz Bardon, bis hin zu Emil Stejnar, womit wir wirklich in der Jetztzeit sind***"

Entnommen aus dem Vorwort zur Neuauflage von G. R. S. Mead: "Fragmente eines verschollenen Glaubens - Das Geheimwissen der Gnostiker", Ansata Verlag 1990

Gott und die Götter

Man behauptet immer wieder, Bardon sei ein Schüler von Franz Sättler alias Musallam und Wilhelm Quintscher gewesen. Das ist nur bedingt richtig. Das Verbindende ist zwar, wie Dr. H. T. Hansen in obigem Vorwort ganz richtig erkennt, die Gnosis, und nicht nur die Magie, aber bereits Bardon beschreibt ein völlig neues Weltbild.

Tatsächlich ist nämlich bei Bardon von Sättlers Adonismus nichts zu finden. Das duale Weltbild des Adonismus vom guten "Gott" und dem bösen "Anderen" gibt es bei Bardon nicht. Er unterscheidet nicht zwischen Licht und Finsternis. Bardon beschreibt eine göttliche Vorsehung in Form einer einzigen, alles umfassenden Schöpfung und überlässt es seinen Schülern, sich eine Vorstellung von einem persönlichen Gott zu machen.

Ziel ist nicht, sich mit dem Schöpfergott zu vereinigen, um in ihm aufzugehen, sondern seine eigenen Wesensteile, die den vier Elementen entsprechenden Wesenszellen miteinander zu vereinen und sie, so wie Gott über die Engelshierarchie herrscht, zu beherrschen.

Man vereinigt sich nicht mit einem Gott, sondern vereint seine Wesensteile zu einer analogen "göttlichen" Vollkommenheit, in der man sich erkennt. Man wird nicht allmächtig wie der Schöpfergott, sondern erlangt die Macht, mit der man imstande ist, so wie er im Großen über die Genien, im Kleinen über seine eigenen Wesensgeister - also die Gedanken und Gefühle, aus denen man besteht - zu herrschen.

Bardons Lehrkurs der Magie, der Quabbalah und der Evokationsmagie ist mit der Schulung von Quintscher und Sättler nicht mehr zu vergleichen. Wer die Bücher von Franz Sättler wirklich gelesen hat und mit den Werken von Quintscher und Bardon vergleicht, wird sofort erkennen, dass da ganz gravierende Unterschiede bestehen. Quintscher hat zwar eine Zeit lang Schriften und Amulette von Sättler in Deutschland vertrieben, aber er hat sich sehr bald von ihm getrennt. Quintscher verfasste dann einen eigenen Lehrkurs, der weitaus besser war als der von Franz Sättler. Quintschers "Denurische Schriften" unterscheiden sich deutlich von dem, was Sättler, der zwar akademisch gebildet, aber ein großes Schlitzohr war, seinen Schülern verkaufte. Quintscher war ehrlich und machte seinen Schülern und Freunden im engeren Kreis nie etwas vor. Er gestand offen ein, wenn er etwas selbst nicht wusste, und gab zu, dass er vieles, was er anstrebte, magisch nicht erreichen konnte. Er erklärte ihnen dann, wie sie es für ihn versuchen sollten, und bereitete die Ergebnisse dann in seinen Schriften auf.

Quintscher hatte vielleicht nicht Sättlers akademische Bildung, aber er war sehr intelligent und in der Lage, das Wesentliche vom Unwesentlichen zu unterscheiden, nicht nur in der Magie. Er stellte auch eigene Forschungen an, beobachtete die Natur und erlangte ein umfassendes Wissen über Magie, Heilkräuter und Toxikologie.

Quintscher leitete auch seine Freunde und Schüler dazu an, praktische Versuche zu unternehmen. Jeder machte, entsprechend seiner Begabung, eigene Experimente und berichtete ihm dann darüber. Auf diese Weise entstand eine okkulte Forschungsgruppe, die gemeinsam neue Erkenntnisse in Magie und Mystik sammelte. Dieser Forschungsgruppe gehörte eine Zeit lang auch Franz Bardon an und sicher hat er aufgrund seiner magischen Fähigkeiten, die er ja bereits besaß, bevor er Quintscher traf, viel zu den Ergebnissen beigetragen, die Quintscher dann später veröffentlichte. So ist es vermutlich Bardon zu verdanken, dass zu den Namen der Genien, die Quintscher aus alten Werken der Tradition übernahm, auch die Aufgaben und Eigenschaften einer jeden Intelligenz erkundet wurden. Denn derart eingehend wie in Bardons "Praxis der magischen Evokation" ist zuvor noch nie das Wirken der Wesen beschrieben worden.

Sättler dagegen hat nichts anderes gemacht, als aus den Okkult-Büchern, die damals existierten, abzuschreiben, um dann seinen Text als "Geheiminstruktion" aus dem Tempel Bit Nur auszugeben, die er angeblich aus dem Phönizischen, Babylonischen und Arabischen usw. übersetzt hat. So entstanden eine Reihe von Büchern über Kartenlegen, Traumdeutung, Handlinienlesen, Astrologie, Alchemie, Quabbalah, Zauberei sowie Geister- und Totenbeschwörung.

Ich glaube, ich kenne sämtliche Werke, die Sättler über Magie geschrieben hat. Ich habe von Dr. Hemberger, der vermutlich alles von ihm aufstöberte, die Unterlagen erhalten. Die "Planeten-Genien", die Quintscher in seinen "Denurischen Schriften" beschreibt und die später Bardon und Kabelak in ihren Büchern veröffentlichten, konnte ich, obwohl diese bereits vor Quintscher in verschiedenen Zauberbüchern zu finden waren, bei Sättler nirgendwo entdecken. Nur in einem seiner Bücher tauchen einige Namen auf, die auch Bardon zur Berechnung der Genien aus der Sonnenebene anführt. Wie ich dagegen nachweisen konnte, sind die Namen, die Bardon als Vorsteher der Erdgürtelzone beschreibt, mit den Genien der Abramelin-Magie identisch, und die anderen sind zum Teil "Gottes Namen" aus der hebräischen Quabbalah, zum Teil findet man sie bei Agrippa, bei Pierre Piobb und in den Manuskripten der Pansophischen Loge, der auch Quintscher und Bardon angehörten.

Ob Bardon Sättler je getroffen hat, ist mir nicht bekannt. Sicher ist aber, dass man Bardons Werke, auch wenn er über Quintscher einige Ausdrücke von ihm übernahm, nicht mit Sättlers Schriften vergleichen kann. Da liegen im wahrsten Sinne des Wortes Welten dazwischen.

Sättlers Hauptanliegen (ursprünglich schrieb er schwülstige Romane) war Geld verdienen, wobei er sich auch nicht scheute, die kriminellen Energien, die ihn beherrschten, einzusetzen. Mit der Verbreitung des Adonismus, einer naiven Schwarz-Weiß- Malerei, die er vermutlich von den Jeziden übernahm und zur "Weltreligion" erheben wollte, hoffte er Anhänger und Abnehmer seiner Schriften und Amulette zu gewinnen. Zweifellos war Sättler, der angeblich vierzehn Sprachen beherrschte, eine interessante Persönlichkeit und hat als Sprachwissenschaftler Leistungen erbracht. Sowohl Dr. Adolf Hemberger als auch Dr. Thomas Hakl haben sich eingehend mit dieser schillernden Persönlichkeit, die sich auch politisch betätigte, beschäftigt. Hemberger war deswegen auch zweimal in Wien, wo wir gemeinsam auf Spurensuche gingen. Wir fanden zwar das Haus, in dem er sein "Labor" gehabt hatte und die Amulette herstellte, es befand sich nur 150 Meter von meiner Werkstatt und meinem Juweliergeschäft entfernt, aber unsere anderen Nachforschungen in den entsprechenden Archiven konnten weder seinen akademischen Titel noch seine Mitgliedschaft in einer regulären Freimaurerloge bestätigen. Wer mehr darüber wissen will, studiere Dr. Hakls Einleitung zur Neuauflage von Dr. Franz Sättlers alias Musallam "Der Adept".

Bardons Quellen

Wer die Werke Bardons studiert, wird feststellen, dass dieser zwar einiges aus Quintschers Vokabular, wie z.B. die Bezeichnung "Erdzonengürtel" und vermutlich auch die Namen der Zonen und Genien, übernahm, dass sich jedoch Bardons Weltbild von Quintschers Lehre und erst recht von Sättlers Adonismus und seinem laienhaften dilettantischen "Lehrkurs der Magie" grundlegend unterscheidet. Bardons Instruktionen weisen einen völlig neuen Weg, der bisher nirgendwo beschrieben wurde. Jeder, der die Werke der drei Autoren vom hermetischen Standpunkt aus miteinander vergleicht, wird das erkennen.

Auch wenn Bardon von Wilhelm Quintscher manches übernommen hat, über die Genien aus den verschiedenen Ebenen gab es bereits vor Quintscher ausreichend Literatur. Aus der hebräischen Mystik waren die Namen der 72 Genien, die Bardon der Merkurebene zuschreibt, bekannt. Von ihnen existieren verschiedene Versionen, sowohl was die Eigenschaften betrifft als auch ihre Siegel. Auch die 28 Mondstationen sowie die Namen der Genien, die den zwölf Abschnitten der Ekliptik vorstehen, und die der 36 Dekanate hat man gekannt. Ich bin im Besitz einer alten Handschrift, die genau diese Namen der Orte, die auch Bardon beschreibt, anführt. Sogar die 360 "Archonten", die Jesus überwand und damit den Weg für die Menschen in höhere Sphären freimachte, wurden bereits in dem gnostischen Werk "Pistis Sophia" erwähnt. Ich gehe in meinem "Thebaischen Kalender" noch genauer auf diese sensationelle Tatsache ein. Natürlich hat Bardon das Wissen verwendet, das bereits andere Geistesforscher aufbereitet hatten.

Doch ganz gleich von wem die Unterlagen über die Genien, die Bardon in seinem Werk beschreibt, stammen, Bardon war es, der erstmals die Siegel, die Eigenschaften und Namen der Vorsteher und Intelligenzen geordnet zusammenfasste und eine nachvollziehbare Praxis lehrte, mit der man mit ihnen in Kontakt treten kann. Und er war es, der die Qualitäten der verschiedenen Grade der Ekliptik selbst überprüfte und die Eigenschaften und Aufgaben der Vorsteher beschrieb. Er war imstande, das, was er lehrte, auch zu demonstrieren. Für seine Evokationen gibt es mehrere glaubwürdige Zeugen. Von Quintscher wissen wir nur, dass er seine Inspirationen auf medialem Weg bekam. Sicher hat Bardon die kleine Gruppe mit seinen Erfahrungen mehr bereichert als Quintscher. Das bestritt nicht einmal Quintschers Sohn Ernst.

Ernst Quintscher sagte mir, sein Vater habe ihm erzählt, er und Bardon hätten sich seit Jahrhunderten immer gemeinsam inkarniert, wobei der jeweils Ältere zumeist auch die zum Studium nötigen Werke zuerst zusammensuchte.

So wie erst durch den in den Zellen gespeicherten genetischen Code die Entwicklung der Lebewesen möglich wurde, ist auf diesem Planeten die Entwicklung des Geistes nur möglich, weil das

Wissen und die Erkenntnisse in den überlieferten Schriften gespeichert sind. Kein Adept kommt als Eingeweihter auf die Welt. Bardon hat mehrmals erwähnt, dass auch ein Adept das Wissen und die Fähigkeiten in jeder Inkarnation neu erwerben und erarbeiten muss. Selbst wenn man annimmt, es wäre möglich, sich in einen bereits zur Vernunft gekommenen Körper zu inkarnieren, so müssten dennoch dem Gehirn die zusätzlichen Informationen für die Übungen eingeprägt werden, die nötig sind, damit sich die magischen Fähigkeiten entfalten können. Die einfachste und beste Methode dafür ist das Lesen.

Bardon war daher ein großer Büchernarr. Er sammelte die Bücher nicht nur für sich, sondern verlieh sie in erster Linie an seine Freunde. Er war Mitglied von verschiedenen Logen und hatte so Zugang zu damals noch streng geheimen Manuskripten. Aus der Pansophischen Gesellschaft des Heinrich Tränker kannte er auch die Schriften Aleister Crowleys, mit dem er auch persönlich in Kontakt stand. In einem Brief bemerkt er: "*In der Pansophia war ich selbst Mitglied gewesen. Erg: Von Therions Sachen sind nur die in Mss verwahrten gut!*" Viele Werke borgte sich Bardon in Universitätsbibliotheken aus und ließ sie von seiner Frau abtippen. Er besaß eine umfangreiche Bibliothek, die dann von der Gestapo beschlagnahmt wurde.

So wie sich ein berühmter Dirigent auch die Interpretationen anderer Dirigenten anhört, interessierte sich Bardon für die Bücher, die andere Autoren über Magie verfassten. Aus Briefen an verschiedene Buchhändler geht hervor, dass er später in Tschechien seine Sammlung wieder aufbaute. Dabei suchte er hauptsächlich Instruktionen für die Praxis, denn er wollte seine Freunde und Schüler mit geeignetem Studienmaterial versorgen. Seine eigenen Werke hatte er damals noch nicht verfasst. Bei seiner neuerlichen Verhaftung wurden auch diese Bücher, es waren, wie mir seine Witwe schrieb, 960 Stück, von der Polizei beschlagnahmt. Diese Bücher wurden der Familie nicht zurückgegeben und sind nie wieder aufgetaucht, obwohl sich seine Tochter nach dem Sturz der kommunistischen Diktatur darum bemühte.

Bardons Lehrer

Dass Bardon kein Schüler von Weinfurter war, geht aus einem Brief, den er 1952 schrieb, eindeutig hervor: "*Ich selbst arbeite viele Jahre, es sind dies mehr als 25 Jahre, auf dem Gebiet der praktischen hermetischen Wissenschaft, wie Magie, Mystik, Yoga, Alchemie etc. mit den besten Erfolgen und ich könnte in dieser Hinsicht viele praktische Bücher schreiben. Mein Freund Karl Weinfurter, welcher auch viel von mir gelernt hat, ist im Jahre 1942 in Prag infolge Einkerkerung der Gestapo gestorben.*" In einem anderen Brief bemerkt er, "*dass es im Tschechischen weitaus bessere Lehrbücher der Magie gibt als die von Weinfurter, dessen Bücher eigentlich Kerningsche Literatur sind, nur dass Weinfurter bekannter ist*". Ebenfalls in einem Brief erwähnt er, dass "*Kvetoslav Minarik bei weitem weiter war als Weinfurter*".

Ob Bardon von Quintscher etwas lernte, entzieht sich unserer Kenntnis. Dass er bereits magische Fähigkeiten hatte, bevor er ihn traf, ist erwiesen. Wenn er dennoch aus seinem Gedankengut schöpfte, ist das aber verständlich. Wir lernen doch alle voneinander.

Bardon selbst schreibt zu diesem Thema: "*Swami Sivananda Sarasvati ist mein persönlicher Meisterguru, ich stehe mit ihm im schriftlichen und seelischen Kontakt und besitze fast alle seine Werke. Es sind dies beinahe 150 Bücher in englischer Sprache. Diesen Heiligen Indiens schätze ich mir am meisten von allen, die ich bis heute gekannt oder kenne.*"

Nun, irgendwo muss auch ein Adept sein Wissen herholen, um das Gehirn entsprechend zu programmieren, wenn er in einen Körper schlüpft. Aber auch hier wird deutlich, dass Bardon seine eigenen Wege ging. Er nahm auch von seinem wahren Lehrer aus Indien nur das Wesentliche an. Nirgendwo in seinen Werken ist etwas vom Aberglauben der indischen und tibetischen Lehre, auf die er sich manchmal beruft, zu merken. Im Gegenteil, er stellt einiges klar, das aufgrund falscher Übersetzungen zu Irrtümern geführt hat, zum Beispiel, dass Kundalini nichts mit Sexualkraft, sondern mit Imaginationskraft zu tun hat, oder der Hinweis, auf die indischen "Quabbalah"-Tantriker und die Handhabung der Formeln im Mantra- und im Tantra-Yoga. Das haben nicht einmal die indischen Gurus so klar beschrieben.

Bardon schöpfte aus dem Gedankengut alter Überlieferungen, und zwar aller Kulturen, aber seine Auslegungen ergeben dann doch ein völlig neues Weltbild. Er erklärt, was andere nur beschreiben. Und er vereint die einzelnen Fragmente der Weisheit, die in den unterschiedlichen Traditionen ihren Ausdruck fanden, zu einem einzigartigen magischen Einweihungssystem.

Bardons Schüler

Das wichtigste aus dem Vermächtnis, das uns Franz Bardon hinterließ, ist, dass er sehr deutlich den Unterschied erklärt, der zwischen Magie und Zauberei besteht. Schon allein das hebt ihn von all den anderen Autoren und "Eingeweihten" ab. Zaubern ist keine Kunst. Das kann bald jemand, wenn er die richtigen Formeln und Siegel kennt und richtig vorgeht. Zumindest einmal gelingt so mancher Zauber. Dass es in der Regel nicht öfter funktioniert, liegt wohl daran, dass sämtliche Anleitungen, Rituale und Formeln profaniert wurden und jedermann zugänglich sind. Da ist die Luft draußen. Tausende Zauberlehrlinge haben alles ausgepresst wie eine Zitrone, statt die Behälter der Macht bewusst, mit Ehrfurcht und Geisteskraft, immer wieder aufzuladen. Die Geister dahinter sind verhungert und haben Schemen und Foppgeistern Platz gemacht. Selbst die Ordenspriester, Meister und Schamanen, die die "Macht und Gewalt" ritualgemäß ihrer Tradition entsprechend übertragen bekamen, können damit nicht mehr richtig umgehen und diese Macht bewahren. Die heiligen Zeremonien und geheimen Tempelrituale wurden veröffentlicht, entweiht und profaniert. Heute gibt es kein Geheimnis mehr zu hüten. Nicht nur professionelle Textdiebe und Internet-Vagabunden, auch die modernen Okkult-Touristen haben die alten fremden Traditionen geistig ausgeplündert und als Souvenir neben Tonscherben, Trommeln und Rasseln nach Hause gebracht.

Die wahre Magie, die Franz Bardon beschreibt, ist aber etwas ganz anderes. Da wird nicht etwas, das man nicht versteht, rezitiert, da werden nicht Mächte, die man nicht kennt und nicht beherrscht, angerufen, sondern man lernt, wie man selbst ganz bewusst aufgrund der erlangten Macht und Gewalt etwas in Bewegung setzt. Was man bewirkt, bewirkt man selbst.

Mit der Beschreibung, wie man selbst die Macht und Gewalt über den Geist erlangt, zuerst über den eigenen Geist und dann über die anderen Geister, hat Bardon das Fundament für die "Magie und Mystik im dritten Jahrtausend" gelegt, die ich im "Buch der Meister" beschreibe. Das Ziel ist nicht mehr, die Naturgesetze mit einem Zauber aufzuheben, sondern die Mechanismen, die nicht nur die Welt, sondern auch das geistige Geschehen lenken, zu erkennen und für die eigene Vervollkommnung zu nutzen.

Damit bietet Bardon auch für Theoretiker eine wertvolle Weltanschauung. Denn wer wirklich nach seinen Thesen denkt und lebt, wird bemerken, dass sich seine geistigen Fähigkeiten und Einsichten auch ohne strenges Üben entfalten.

Man kann seine magische Entwicklung nicht beschleunigen, indem man wie ein fanatischer Sektierer täglich stundenlang bestimmte Übungen macht. Wer es nach einigen Monaten nicht schafft, und das schafft vermutlich nur jemand, der sich bereits als Eingeweihter inkarniert hat wird dieses Ziel auch nach einigen Jahren strengster Askese nicht erreichen. Aber dank Bardons Hermetik bekommt auch der ganz normale Mensch für den ganz normalen Alltag eine geistige Wegleitung, die mehr bietet als Philosophie und mehr, als Religion bewirken kann.

Hier beginnen die "Magie und die Mystik des dritten Jahrtausends". Der "Weg zum wahren Adepten" hat nicht magische Macht als Ziel, sondern strebt in erster Linie die Vervollkommnung von Geist und Seele an. Dazu braucht man keine magischen Fähigkeiten. Ein Bardon-Schüler wird diese magische Macht nach einigen Jahren auch gar nicht mehr anstreben. Er bemerkt, wie er sich auch ohne strenges Üben geistig und seelisch entwickeln kann, und erkennt, worauf es wirklich ankommt.

Bardons Weg

Dass man sich auch ohne regelmäßiges Üben geistig entwickeln kann, bedeutet jedoch nicht, dass man darauf ganz verzichten soll. Ich will damit nur sagen, dass es für einen Normalsterblichen unmöglich erscheint, das Übungsprogramm, das Franz Bardon zusammen stellte, tatsächlich so diszipliniert durchzuführen, wie er es verlangt. Wer heute überleben will und mit beiden Beinen fest im Leben steht, wird sich kaum in der Lage sehen, gleichzeitig den Weg zum wahren Adepten zu gehen. Das darf aber kein Anlass sein, zu resignieren und die Geistesschulung aufzugeben.

Wer jedoch aus dem Leben aussteigt, um sich ganz diesem Weg zu weihen, der wird vermutlich genauso scheitern wie die vielen anderen Fanatiker, Mönche und Yogis, die irgend einem Guru nachrennen, strenge "Meditationen" pflegen und glauben, Askese und einseitige Disziplinierung bringen sie rascher ans Ziel. Der wahre Alchemist verwendet eine ganz linde Wärme zur Transformation seiner persönlichen geistigen und seelischen Moleküle, und keinen Hochofen.

Daher ist es meiner Erfahrung nach besser, man macht zwischendurch Rast auf seinem Weg und geht einige Monate oder Jahre ganz auf Abstand zur Hermetik, als man übt fanatisch und damit falsch. Man ist noch immer auf dem Weg, wenn man sich täglich bewusst macht, dass man auf dem Weg ist, aber gerade eine Pause macht. Wer sich gewissenhaft seinem Beruf und seiner Familie widmet, hat genug Möglichkeiten, sich zu disziplinieren, und kann im täglichen Alltag mehr üben als in seinem Tempel. Besser man steht mit beiden Beinen fest auf dem Boden und liest Krimis, als dass man mit phantastischen Märchenbüchern über Esoterik abhebt und in sich in Halleluja-Traumwelten verliert. Der gnostische Hermetiker baut den täglichen Alltag ganz bewusst als "Übung" in seine Übungen ein. Da gibt es genug Situationen, die man als "Yoga" nützen kann.

Man darf sogar den Weg vergessen, solange man sich täglich in Erinnerung ruft, dass man ein Geistwesen ist. Das ist sogar besser, als wenn man die falschen Übungen macht. Das ist nämlich auch ein Fehler, den viele Bardon-Schüler begehen. Statt dass sie, wie es Bardon empfiehlt, systematisch eine Stufe nach der anderen bearbeiten, beschäftigen sie sich mit Übungen, die ihnen besonders liegen oder von denen sie sich etwas Besonderes erhoffen. Oder sie folgen überhaupt einem anderen einseitigen Weg, weil ihnen ein Guru damit rasche Fortschritte verspricht.

Aber vom stundenlangen "Meditieren" hat noch keiner die Große Erleuchtung erlangt. Es gibt dafür auch keine speziellen Instruktionen aus irgendwelchen geheimen Logenarchiven und keine wirkungsvollen Praktiken, die man erwerben kann. Auch wenn das, was einem versprochen wird, noch so teuer ist, die Arbeit an sich selbst bleibt einem damit sicher nicht erspart. Es gibt keine Zauberformel, die einem den Weg verkürzt, und kein Mantra, das einem besondere Fähigkeiten verleiht, wenn man es lange genug rezitiert.

Der okkulte Aberglaube ist schlimmer als die religiösen Verirrungen. Da erwarten sich tausende Tibeter die Erlösung, wenn sie hunderttausende Niederwerfungen machen, auf den Knien um den Berg Kailash robben oder sich jahrelang in das Bild einer Gottheit versenken. Und die Suchenden aus dem Westen machen es ihnen nach und pilgern in indische Klöster. Aber auch bei uns werden Rituale zelebriert, Formeln buchstabiert und Sigille visualisiert, ohne Erfolg, es werden damit bestenfalls Phantome belebt. Die Engel aus Liebe und Licht erscheinen nicht. Alles Zeit- und Geistdiebstahl. Das sind nicht einmal Irrwege, sondern Sackgassen, die den Blick so verengen, dass es zuletzt keine Umkehrmöglichkeit mehr gibt. So erstickt sich die Geisteswissenschaft eines neuen Zeitalters in der eigenen Illusion.

Es gibt keine Abkürzung auf dem Weg zum wahren Adepten. Die Arbeit an sich selbst nimmt einem keiner ab. Daher es ist besser, man rastet eine Zeit lang, lebt bewusst und zufrieden und sammelt neue Kräfte, bis man wieder weiter geht, als man probiert überall herum und verirrt sich auf sinnlosen Pfaden.

Bardon-Clubs und Bardon-Foren

Es gibt keine Abkürzung auf dem Weg zum wahren Adepten. Die Arbeit an sich selbst nimmt einem keiner ab. Doch es dauert eine gewisse Zeit, bis man das erkennt und versteht, dass man Magie nicht in wenigen Jahren erlernen kann. Und es ist verständlich, dass einige Bardon-Schüler, die enttäuscht sind, weil sie die Übungen nicht schaffen, nach anderen Möglichkeiten Ausschau halten. Angebote von Schnellkursen in Magie gibt es ja genug. Manche von den Enttäuschten werden, wie das häufig der Fall ist, zu Gegnern ihres Lehrers und greifen Bardon an. So gibt es neben den treuen Bardon-Fans auch solche, die sich wichtig machen und, ohne ihren Namen zu nennen, Bardon im Internet verleumden. Natürlich darf man das Internet und seine anonymen Schreiber nicht ernst nehmen, aber manche der noch jungen Leser tun das doch.

ÜBER FREIMAURER, SEXUALMAGIE, KUNDALINI UND CHAKREN

Brief an Airl

Lieber Airl!
Du willst verhindern, dass sich Bardon-Schüler verirren, verlaufen und verzetteln. Und Du willst dazu beitragen, dass auch jene, die von ihm nicht so begeistert sind wie wir, seinen Anleitungen folgen. Aber Bardon ist es vermutlich lieber, dass man seine Lehre kritisch überdenkt, als dass man ihn wie einen Heiligen verehrt. Er erwähnte einmal, dass er die Heilig- und Seliggesprochenen, die von den Gläubigen ständig angerufen und mit irgendwelchen Bittgesuchen belästigt werden, sehr bedauert. Diese würden in ihrer weiteren Entwicklung erheblich behindert, weil sie ständig durch die Gedanken und Emotionen aus den grobstofflichen Ebenen in die Belange dieser Welt hineingezogen werden. Ich kann das gut verstehen. Ich gehe schon hier nicht mehr ans Telefon, weil ich sonst zu keiner anderen Arbeit mehr käme.

Das gleiche gilt für die Bardon-Clubs und Bardon-Foren. Ich halte nichts davon, dass sich Bardonisten zusammenschließen, gemeinsame Meditationen abhalten und experimentieren oder gar zu missionieren beginnen. Wer sich ernsthaft mit Bardon beschäftigt, geht und findet ganz allein seinen Weg. Dass Bardon meinte, seine Werke würden erst in 600 Jahre in die Praxis umgesetzt und richtig bearbeitet werden, bedeutet doch, dass er sie nicht für hermetische Analphabeten veröffentlichte, sondern für jene, die schon jetzt etwas weiter fortgeschritten sind.

Persönlich bin ich, wie Du weißt, gegen jede Form von Gruppenbildung, besonders wenn es sich um Glaubensfragen und hermetische Themen handelt. Aber vielleicht hast Du Recht, wenn Du meinst, dass es besser wäre, die Suchenden haben eine Möglichkeit zu einem seriösen Gedankenaustausch und geben sich gegenseitig eine Wegleitung, als sie landen bei einem der vielen

Guru-Scharlatane, die in teuren Seminaren wertlosen Gedankenschrott verkaufen.

Die Anthroposophen haben dazu "Zweige" gebildet, in denen sie sich zu Gesprächen über bestimmte Themen und Texte von Rudolf Steiner treffen. Ich glaube, Bardon hätte nichts dagegen einzuwenden. Ein Gedankenaustausch über die hermetische Praxis kann für manche der Beteiligten fruchtbar sein.

Man muss bei solchen Gesprächsrunden nur ungeheuer aufpassen, dass keine Bardon-Fanclubs daraus werden. Aus Idealisten werden sehr schnell Sektierer, die gute Idee bleibt auf der Strecke und mit der Energie, die aufgewendet wird, wird dann das Gegenteil belebt. Man kann das immer wieder feststellen: Wo sich "Gleichgesinnte" regelmäßig treffen, entartet früher oder später die ursprüngliche Idee oder sie verflacht. Damit das unserer gnostisch-hermetischen Gemeinschaft nicht passiert, habe ich seinerzeit, und zwar so lange alles noch harmonisch verlief, zur großen Enttäuschung der Brüder die von mir im Rahmen der Quatuor Coronati begründete Freimaurer-Forschungsloge "Esoterischer Kreis" nach einigen Jahren wieder ruhen lassen.

Nun zu Deiner anderen Frage. Bardon schreibt absichtlich nichts Genaueres über die Praktiken der Sexualmagie. Er deutet nur an, dass man zuvor das jeweilige Geschlecht umpolen muss. Eine Technik, die auch Sättler in einem seiner Romane erwähnt. Sättlers Adonismus war ja sehr stark mit sexuellen Praktiken verbunden. Ich habe mich nie ernsthaft mit diesen Methoden beschäftigt, da gibt es lustigere Spielchen und wirkungsvollere Magie, aber ich kann mir denken, warum auch Bardon nicht viel davon gehalten hat. Nicht wegen der sexuellen Ausschweifungen, die sich ergeben, weil die Beteiligten entweder verklemmt oder pervers sind und neue Erlebnisse suchen, sondern wegen der Nebenwirkungen, die damit verbunden sind.

Das Problem ist, dass es sich bei diesen "gnostischen" Praktiken zumeist um das Phänomen eines Zaubers handelt und nicht um Magie. Denn da werden, ohne dass es den Betreffenden bewusst wird, Schemen gebildet. Auch wenn diese, falls die Beteiligten über eine starke Imaginationskraft verfügen, tatsächlich das Ziel der Operation ausdrücken, werden sie nicht bewusst mit der analogen Kraft, sondern mit der aufgestauten sexuellen Energie, die dabei frei wird, versorgt. Die beherrschen jedoch die wenigsten und so macht sich das ganze selbständig. Das entstandene elementare Gebilde wird vielleicht wie ein Hilfsgeist den einen oder anderen Wunsch erfüllen, aber um sich am Leben zu erhalten, wird er natürlich die Lustbefriedigung als Ziel sehen und weitere sexuelle Wünsche schüren. Manche Praktiken bestimmter Ordensgrade zeigen, wie das Ganze entarten kann. Und die modernen Tantra-Gruppen sind ein Beispiel dafür, wie Geheimwissen verflacht.

Dazu gehört auch der Kult, der mit der so genannten Kundalini-Energie getrieben wird. Bardon hat das genauer erklärt; die "Zeugungskraft", die da aktiviert werden soll, hat nichts mit Sexualität zu tun, sondern gemeint ist die Imaginationskraft, mit der man auf den feinstofflichen Ebenen Vorstellungen und Bilder zeugt. Was die meisten für die Kundalini halten und als "Energie" aufsteigen lassen, könnten sie genauso mit dem Verzicht auf die Sahnetorte, die sie in die andere Richtung befördern, erzielen. Selbst die Übungen der Tibeter mit den beiden "Nervenbahnen" in der Wirbelsäule (am besten hat das noch Evans-Wentz beschrieben) führen zu nichts. Es handelt sich bei dieser speziellen Praxis, wie Bardon beschreibt, um die Beherrschung des elektrischen und des magnetischen Fluids, und diese Energien bekommt man so sicher nicht in den Griff. Auch die Technik der Taoisten mit dem "Kreisen des Lichts" gehört zu dieser Sorte Imaginationsübungen mit Lebenskraft und bringt, wenn man sich die Leute anschaut, die sie jahrelang praktizieren, nicht den gewünschten Erfolg. Das gilt auch für den Unsinn, der heute über die Chakren, die mit Kundalini geweckt werden sollen, verbreitet wird. Diese feinstofflichen Organe haben nur Bedeutung auf den feinstofflichen Ebenen und im außerkörperlichen Zustand. Ich habe das sehr deutlich erlebt. Die kann man nicht durch irgendwelche Konzentrationen auf die Körperregionen wecken, sondern sie entwickeln sich automatisch mit der Beherrschung der entsprechenden Elemente und der Schulung der analogen geistigen Fähigkeiten.

Das geht auch nicht mit den Übungen der türkischen Freimaurer, die nichts anderes als Buchstabenübungen von Kerning sind, vor denen Franz Bardon eindringlich warnte. Ich hatte einen Freund, der machte monatelang diese Übungen, bis er dann eines Tages tatsächlich, wie Sebottendorf ankündigt, den Schwefelgeruch zwischen Zeigefinger und Daumen riechen konnte. Das hat Binder Mozart, wie er launig seinem Bäsle schrieb, einfacher erzielt.

Wenn, wie ich Dir im letzten Brief schrieb, bei mir drei Chakren nach meiner Aufnahme in den Bund durch das Zeichen der Lehrlinge, der Gesellen und der Meister plötzlich aktiviert wurden, so liegt das daran, dass durch die rituelle Anwendung von "Zeichen, Wort und Griff" nicht nur das Bewusstsein darauf gelenkt wird, sondern auch die Energie, die im Ritual frei wird, und derjenige der davon weiß, davon profitieren. Tausende andere Freimaurer, die Bardons Instruktionen nicht kennen, bekommen davon nichts mit und liefern bestenfalls den Kraftstoff dazu. Aber die, die nach Bardon arbeiten, sind auf diese Kraftfelder der Logenenergien nicht angewiesen.

Alle diese Übungen und Praktiken sind einseitig und nur Teile eines Einweihungssystems, das Bardon, indem er diese Teile wieder zusammenfügt, beschreibt.

Jetzt noch kurz zu Deiner Frage, warum ich beim Seelenspiegel nicht wie Bardon die Eigenschaften der vier Elemente verwende, sondern die der vier Urqualitäten.

Es ist in der Tat eines der größten Verdienste Bardons, dass er die wahre Bedeutung der vier Elemente erklärte und aufzeigte, wie man damit auf seinen drei Bewusstseinsebenen arbeitet. Aber gerade in der Praxis eignen sich meiner Meinung nach die Urqualitäten für eine Analyse besser als die Elemente. Sie geben einen größeren Spielraum, denn die Urqualitäten manifestieren sich immer in zwei verschiedenen Elementen, so dass die Zuordnung dadurch etwas leichter fällt. Man kommt dem eigentlichen Ursprung der

Eigenschaften, den beiden Fluiden, damit leichter auf die Spur. Es kommt nämlich gar nicht so sehr darauf an, dass man seine Eigenschaften dem richtigen Element zuordnet, sondern dass man überhaupt ein Gespür für die unterschiedlichen Ausdrucksformen der Energien seiner Elementale und Elementare, die das Bewusstsein tragen, entwickelt. Ob man Melancholie dem Erd- oder dem Wasserelement zuordnet, ist nicht wichtig, Hauptsache ist, dass man erkennt, wie man über entsprechende Eigenschaften mit viel Feucht und Warm den Ausgleich schafft. ("Die vier Elemente - Der geheime Schlüssel zur geistigen Macht") Das muss nicht das Luftelement sein, es kann sich auch um Eigenschaften aus dem Feuerelement handeln.

Ende des Auszugs aus dem Brief.

FUNKTIONIERT IN DER PRAXIS, WAS FRANZ BARDON LEHRT?

Es gibt Personen, die glauben, es wäre möglich, mit einer Zauberformel einen Geist zu beschwören oder sich - Hokuspokus! - das Glück zu erzaubern. Natürlich ist das nicht möglich. Das behauptet auch Bardon nicht. Er weist immer wieder darauf hin, wie wichtig es ist, dass man sich erst die nötigen Fähigkeiten aneignet, ehe man versucht, etwas mit magischer Macht zu bewirken. Doch diese Fähigkeiten sind nur schwer zu erlangen. Ganz gleich wie viel Zeit man in seine magische Ausbildung zu investieren gedenkt, ein Adept wird man in einem einzigen Leben vermutlich nicht werden. Und so stellt sich die Frage, ob es eine bessere Anleitung gibt, mit der man erfolgreich magisch arbeiten kann. Mir ist keine bekannt.

Was Franz Bardon in seinen Büchern beschreibt und in Aussicht stellt, ist aber trotzdem keine Utopie. Es kommt darauf an, was man sich von einer esoterischen Schulung erwartet. Und genau hier unterscheidet sich Bardon von den anderen Lehrern der Magie. Er stellt zwar ein Ziel vor Augen, aber er stellt auch fest, dass die magischen Fähigkeiten nicht der Hauptzweck der Geist- und Seelenschulung sind.

Der Reiz des sinnlichen Lebens und der Sinn des Daseins ist, dass man die irdische Ordnung und das Leben mit allen Widerständen und Hindernissen kennen und meistern lernt, und nicht, dass man sich die Probleme wegzaubert und sich durchs Leben schwindelt wie ein Schüler, der Prüfungsaufgaben nicht selber löst, sondern abschreibt.

Aber gerade das ist für die meisten Menschen der Anreiz, sich mit Magie zu beschäftigen. Und nicht selten gelingen gerade dem Anfänger die ersten Experimente verblüffend leicht. Ich nenne das "Placebo-Magie". Der noch vorhandene Glaube kann manchmal Wunder bewirken. Aber schon beim zweiten oder dritten Mal klappt es nicht mehr so gut. Da fehlen dann die Fähigkeiten. Zweifel und Enttäuschung sind die Folge. Wer dann nicht mit Geduld und Zuversicht mit der Arbeit an sich beginnt, geht in die Irre.

Das wahre Mysterium einer Geistesschulung erschließt sich einem erst, wenn man dem Weg, den Franz Bardon beschreibt, auch in der Praxis folgt. Dann wird man nämlich erleben, dass sich die bewusste Arbeit mit dem Geist, auch ohne magische Phänomene zu bewirken, im Leben wunderbar auswirken kann. Dass das auch Bardons Meinung war, geht ganz eindeutig aus Briefen hervor, die er seinen Lesern schrieb.

ZWEI BRIEFE VON FRANZ BARDON

Dass sich Franz Bardon trotz des enormen Arbeitspensums, das er täglich zu bewältigen hatte, die Zeit nahm, die Briefe seiner Leser zu beantworten, zeigt, wie wichtig er das Schicksal jedes Einzelnen nahm. Was weiter beeindruckt, ist, dass er keine magische Hilfe anbot, sondern im Gegenteil davor warnte, sich mit irgendeinem Zauber das Lebensglück zu erschwindeln. Er empfahl stattdessen die ganz natürliche Methode der Arbeit mit dem Geist, und sollte das nichts nützen, dann sollte sich Herr Huber, bevor er hormonelle Störungen bekommen würde, halt eben eine andere Frau suchen, statt ins Kloster zu gehen.

Er gab auch ehrlich zu, dass es viel zu zeitraubend ist, sich auf jemanden geistig einzustellen.

Da könnten sich die zehntausend Hellseher, die heute über Telefon und Internet in Nullzeit ihre Prognosen verkaufen, ein Beispiel nehmen.

Lieber Herr Huber! *7.7.1957*

Ihr Schreiben vom 9. v. M. kann ich mit Rücksicht auf meinen Zeitmangel nur kurz wie folgt beantworten: Hat Sie Ihre Auserwählte wirklich und aufrichtig lieb, so wird sie sich nicht dagegen sträuben, was die Natur für Menschen beiderlei Geschlechts gesetzmäßig bestimmt hat, und zwar die gegenseitige Hingabe, was ja der Gipfelpunkt wahrer Liebe ist. Auf welch andere Weise sollten denn neue Menschen erstehen. Es ist die Polarität bei Mann und Frau, die Vereinigung von Plus und Minus, wie es ja auch im ersten Werk bildlich ganz eindeutig angegeben ist. Eine geschlechtliche Askese ist durchaus nicht notwendig, im Gegenteil, sie richtet bei Menschen in vollerblühtem Alter gesundheitlichen Schaden an und führt schließlich zu verschiedenen ganz unnatürlichen Ausschweifungen.

Sie brauchen sich also durchaus nicht damit abzufinden, nur ein Klosterleben zu führen. Sollte aber wider Erwarten Ihre Roswitha durchaus kein Verständnis für Ihre ganz selbstverständlichen und natürlichen Bedürfnisse haben, bliebe Ihnen wohl nichts anderes übrig als

1/ entweder Roswitha weiterhin platonisch zu lieben, aber für Ihren praktischen Gebrauch - um einer etwaigen Erkrankung vorzubeugen - sich nach etwas Geeignetem umzusehen, wovon Sie heutzutage sicherlich mehr als genug finden werden, denn durch den unsinnigen Krieg sind so viele Mädchen und Frauen um ihre Verlobten und Ehemänner gekommen, oder

2/ sollte Roswitha weiterhin unvernünftig und unzugänglich bleiben, dann suchen Sie sich für Ihren weiteren Lebensweg eine andere geeignete Partie also Lebensgefährtin.

Sie können sich aber auch noch dadurch helfen, wenn Sie abends und morgens - so wie ich in meinem ersten Werk angegeben - suggestiv dahin wirken, dass Roswitha in jeder Hinsicht Ihre gute und liebe Ehegattin wird.

Auch als regelrechte Ehegatten könnt ihr das Studium der hermetischen Wissenschaft praktisch weiter verfolgen und euch sogar gegenseitig in Anschauung und Erfahrung harmonisch ergänzen.

Ich rate Ihnen also, sich weder Zwang anzutun noch nach irgendwelchen ganz verfehlten Angaben in Liebeszauber und dergleichen zu handeln, dies alles wäre an den Haaren herbeigezogen, also unnatürlich. Indem ich Ihnen mit Roswitha zu zweit alles Gute wünsche, grüße ich Sie recht herzlich als Ihr Franz Bardon.

Lieber Herr Föll! *17. 7. 57*

Ihren Brief vom 23. 6. habe ich erhalten. Sie schreiben, mich besuchen zu wollen, doch glaube ich, dass dies nicht so einfach sein wird, da ich, wie Sie sehen, in einem Ostblockstaat wohne und wir uns daher gegenseitig Ausland sind.

Um mich eventuell hellsichtig auf Sie einzustellen, dazu gebricht es mir leider an der hierzu notwendigen Zeit. Beruflich bin ich - wie Ihnen vielleicht bekannt ist - als Arzt tätig und werde täglich von Hunderten schwerkranken Menschen aufgesucht, für welche ich die erforderlichen Arkanen selbst herstelle und infolgedessen buchstäblich Tag und Nacht eingespannt bin.

Alle Tage laufen bei mir viele Briefe aus dem Ausland ein und ihr Inhalt gleicht demjenigen Ihres Schreibens.

Ich nehme Ihnen nicht die Möglichkeit, mir eventuell noch zu schreiben, doch rechnen Sie bitte damit, dass ich mit Rücksicht auf meine allzu große Beschäftigung nicht sogleich zur Beantwortung komme.

Hochachtungsvoll Franz Bardon

Aus Briefen geht manchmal mehr hervor als aus gescheiten Abhandlungen. Daher veröffentliche ich in diesem Buch einige Briefe, die ich als Antwort auf Fragen über Franz Bardon an Freunde schrieb.

Brief an Horst M.

Lieber Horst!
Was mein Bild auf diesem Prospekt betrifft, so haben sich auch andere Leser über mein ernstes asketisches, grimmiges Aussehen beklagt. Du hast völlig Recht, Bardon dagegen schaut auf allen Fotos freundlich aus und lächelt immer gütig entspannt und verständnisvoll in die Kamera. Aber Bardon war halt ein wahrer Adept, da hatte er leicht lachen.

Jetzt zu Deinen Bemerkungen über Franz Bardon. Wenn Du schreibst: "Es gibt ganze Bardon-Clubs, die sich streng an die Bardon-Bücher halten, aber keine Erfolge erzielen", dann irrst Du Dich. Abgesehen davon, dass ein echter Bardon-Schüler allein arbeitet, glaubst Du wirklich, dass diese Leute Bardons Bücher durchgearbeitet haben? Ich bin überzeugt, dass sie nicht einmal die Stufe eins und zwei aus dem "Weg zum wahren Adepten" beherrschen! Oder kennst Du jemanden, der das kann? Weißt Du, wie schwer es ist, seine Gedanken und Vorstellungen willentlich zu formen. Gedankenkonzentration gehört zur schwierigsten Arbeit, die es gibt. Aber wer mit seinem Geist nicht richtig umgehen kann, ist erst recht nicht in der Lage, mit anderen Geistern umzugehen. Wie willst Du diese sehen und mit ihnen kommunizieren, wenn Du nicht einmal Deinen eigenen Geist wahrnimmst? Wenn Du nicht einmal sehen kannst, was Du Dir selbst vorstellst, wie willst Du erkennen, was sich andere vorstellen und nicht von Dir ist? Wenn Du den Geist nicht so verdichten kannst, dass er für Deine eigenen geistigen Augen wahrnehmbar wird, wie soll da ein anderer Geist erkennen können, was Du denkst?

Die Arbeit mit dem Geist erfordert eine ungeheure Konzentrationskraft. Und ohne die Fähigkeit, Vorstellungen von Bildern, Tönen und Empfindungen so deutlich zu imaginieren, dass sie einem real erscheinen, ist "magische" Arbeit nicht möglich. Du musst den Geist verdichten können, ehe Du damit umgehen kannst. Nur durch diese Konzentrationsübungen lernt man den Geist oder das, was wir für Geist und Geister halten, wahrzunehmen, quasi zu "sehen". Nach meiner Erfahrung ist man schon allein mit dieser Übung jahrzehntelang beschäftigt. Selbst die indischen und tibetischen Mönche, die eine Menge Zeit dafür aufwenden und zumeist nur eine einzige Gottheit imaginieren und nicht, wie Bardon es beschreibt, gleichmäßig alle Sinne schulen, brauchen jahrelang dazu und bekommen die Sache trotzdem nicht in den Griff. Da sie sich bei den Übungen nur auf die Eigenschaften ihrer Gottheit einstellen, werden sie besessen von ihren Vorstellungen, statt diese zu beherrschen und als persönliche Fähigkeiten in das eigene Wesen aufzunehmen. Aus diesen Yogis werden keine Magier, statt erleuchtet werden sie vernebelt und bleiben wie religiöse Sektierer in ihrem Aberglauben stecken. Der Heinrich Harrer, der sich nun wirklich in Tibet gut auskennt und der sich dort gründlich umgesehen hat, erzählte, ihm sei in all den Jahren dort nicht ein einziger Mensch begegnet, der irgendwelche magische Fähigkeiten gehabt hätte.

Ich halte überhaupt jede Form von Gottesglauben für gefährlich. Da es sich schlussendlich immer um eine Vorstellung handelt, die man sich von einem Gott macht, und sich jede Vorstellung, die man zu lange pflegt, selbständig macht, schafft man sich damit immer einen mächtigen Dämon, der einem überlegen ist, und keinen weisen, gütigen Gott, wie es alle so gerne möchten. Die einzige Vorstellung, auf die man sich langfristig stützen darf, ist die von sich selbst. Deshalb propagiere ich, wie Meyrink, den Zustand des "Wachseins" zu pflegen. Das sind diese kurzen Augenblicke, in denen einem bewusst wird, dass man ist, weil man sich gerade selbst dabei beobachtet, wie man denkt und fühlt und ist und dabei feststellt: "Ich bin". Diese Vorstellung ICHBIN kann man aufrechterhalten, ohne sich dabei an einen Dämon, den die meisten für Gott halten, zu verlieren. Aber man kann es in der Regel nicht, denn man vergisst sich gleich wieder, und daher muss man es ständig üben.

Daher legte Bardon so großen Wert auf die Ausbildung eines klaren, wachen Bewusstseins, mit dem man sich jederzeit identifizieren und sich versetzen kann. Bardon betont immer wieder, dass eine magische Handlung nur dann Erfolg haben wird, wenn der Magier als Geistwesen handelt und sich während der ganzen Zeremonie als Geist im Körper bewusst ist. Nicht nur er selbst, auch seine magischen Gegenstände, die er als Bewusstseinsstützen verwendet, müssen als geistige Nachbildungen in den grobstofflichen Hüllen stecken. Nur aus diesem Bewusstseinszustand heraus kann man magisch handeln, aber die wenigsten beherrschen das.

Damit sind wir beim nächsten Punkt, den viele Zauberlehrlinge gerne übersehen, bei der Willenskraft. Um einen Gedanken oder eine Vorstellung, auch die von sich selbst, zu fixieren, braucht man eine enorm starke Konzentrationskraft, die man nur über einen starken Willen erlangt. Diese Willenskraft muss man erst einmal ausbilden. Auch das dauert Jahre, und hat man sie einmal erlangt, muss sie ständig erneuert werden, sonst schwindet sie in kurzer Zeit dahin. Willenskraft kann man nur gewinnen, indem man seine Körpertriebe beherrscht und seine Gefühlsregungen kontrolliert. Die Energie für den Geist gewinnt man, indem man sie seinen Regungen entzieht. Ich beschreibe diese Technik der Transformation etwas eingehender als Franz Bardon. Es ist keine einfache Sache und erfordert ständige Wachsamkeit. Glaubst Du wirklich, dass die jungen Zauberer, die sich im Internet über Bardon beklagen, diese Willenskraft haben? Ich glaube, das sind Träumer, die das

Leben ohne Cola, Zigaretten und Onanieren nicht aushalten. Magie ist für sie mehr ein schönes Märchen von einer verborgenen heilen Welt, ein Hoffnungsschimmer, mit dem sie die reale Welt, mit der sie nicht fertig werden, leichter ertragen, und weniger ein Anlass für ihre Geist- und Seelenschulung.

Über den Weg, den Bardon beschreibt, sollte man erst ein Urteil abgeben, wenn man die beschriebenen Übungen auch tatsächlich macht. Nicht einige Male, sondern einige Jahre lang.

Dabei stellt sich die Frage, was man sich unter "Magie" vorstellt und was man sich mit magischer Macht zu erreichen erhofft: Dämonen beschwören und Genien zitieren? Wasser in Wein verwandeln? Kranke heilen, Guru spielen oder anderen Menschen seinen Willen aufzwingen? Was immer sich die Menschen von der Magie erwarten - Glück, Liebe, Macht und Geld oder Erkenntnisse sammeln wie Doktor Faust: Wer systematisch seinen Geist, seine Seele und seinen Körper nach Bardons Anleitungen schult, hat nach einigen Jahren andere Wünsche als zuvor.

Wer gewöhnt ist, sich täglich für seine Übungen zurückzuziehen, lernt die Stille schätzen und zieht sich früher oder später auch sonst von vielen Aktivitäten und Menschen zurück. Auch zu sich selbst gewinnt man einen Abstand. Und mit dem Abstand zu sich - zur Welt und zu den zuvor nicht beherrschten Gedanken - ändern sich auch die Wünsche, Bedürfnisse und Lebensziele. Sobald Du weniger Kontakte pflegst, wird vieles, was Dir vorher wichtig erschien, bedeutungslos. Man sieht alles mit anderen Augen. Wer dem Weg wirklich gewissenhaft folgt, der hat bald keine Wünsche und Bedürfnisse mehr, die er sich mit magischer Macht erzaubern müsste. Und das, was noch von Bedeutung ist, erledigt sich für ihn ohne Magie auf ganz profane Art wie von selbst.

Jeder, der Bardons Anweisungen befolgt, wird das erleben, und wer es nicht erlebt, der macht irgendwo einen Felder. Er sollte seinen Seelenspiegel überprüfen und sich erst wieder mit Magie beschäftigen, wenn er seine vier Elemente wieder einigermaßen im Gleichgewicht hat. Sogar die am Anfang so interessanten Experimente zur Erforschung des Geistes werden irgendwann unwichtig, weil man sowohl die Macht des Geistes als auch die eigenen Grenzen kennt und weiß, dass man letzte Fragen nicht beantworten kann. Man ist vielleicht noch immer nicht in der Lage, Götter und Dämonen vor seinen Kreis zu zitieren, aber umgekehrt haben auch die nicht mehr die Macht über das eigene Denken und Fühlen, die sie früher hatten. Und wer das erreicht, der ist auf dem Weg ein gutes Stück vorangekommen. Er ist kein großer Magier, aber er braucht die Magie auch nicht mehr, um etwas zu bewirken oder sich zu bestätigen.

Deshalb kann man sagen, dass sich die Ausbildung zum Magier auf alle Fälle lohnt und man nicht nur einer Illusion nachrennt. Ohne Geistesschulung, nur vom Lesen, wird man diese Erfahrungen und Erkenntnisse nicht sammeln können. Selbst wer überhaupt keine okkulten Fälligkeiten erlangt, oder diese wieder verliert, wird sich derart wandeln und geistige Eigenschaften und Fähigkeiten entwickeln, dass er sie gar nicht vermisst.

Auch ich bin nach fünfzig Jahren Bardon-Schulung kein Adept geworden, falls es so etwas wie einen "wahren" Adepten, wie Bardon es in Aussicht stellt, überhaupt gibt. Aber selbst, wenn es ihn gibt, bleibt er trotzdem ein Mensch, der einen Schatten wirft und der mit Verdauung, Zahnweh und all den menschlichen Emotionen und Schwächen zu leben hat. Auch für ihn wird ein magischer Akt so kompliziert und aufwändig sein, dass er lieber ein SMS als seine Gedanken verschickt und das, was er plant, mit profanen Mitteln erledigt. Magie ist keine wissenschaftliche Leistung, die man jederzeit beliebig wiederholen kann. Da hast Du vollkommen Recht, wenn Du schreibst: "Es gibt noch viele Rätsel der praktikablen Esoterik zu entschleiern."

Aber Du hast nicht Recht, wenn Du meinst, dass die "Eso - Bücher" keine Erfolge bringen. Du musst nur die für Dich richtigen Bücher finden. Mir hat bereits Mulford zu Erfolgserlebnissen verholfen und mir die Macht des Geistes, also der Gedanken anschaulich vor Augen geführt und erst recht Bardon. Bardons Werke bieten nicht nur verständliche Thesen für die Wissenschaft des Geistes, sondern auch nachvollziehbare Anleitungen für die Praxis. Und vergiss bitte meine Bücher nicht. Auch meine Bücher haben sich, wie mir viele Leser schreiben, in der Praxis bewährt.

Aber wer die Bücher nur liest, wird natürlich magisch nichts erreichen. Magie erfordert Praxis und **tägliches** Üben.

Ein magischer Akt erfordert eine enorme Konzentrationskraft. Das ist mentaler Spitzensport. Dieser geistige und seelische Zustand kann nur durch ständiges Training erhalten werden. Bardon hat angeblich täglich einige Stunden lang geübt. Auch Meyrink, den Du leider unterschätzt, hat nach eigenen Angaben jahrzehntelang täglich stundenlang Konzentrationsübungen gemacht. Magische Macht ist daher auf bestimmte Lebensabschnitte begrenzt und schwindet mit dem Alter, nicht zuletzt auch, weil das Interesse daran schwindet. Aber wer sich ernsthaft damit praktisch beschäftigt und die Übungen, die Bardon beschreibt, macht, dem garantiere ich, dass er irgendwann die Macht seines Geistes erleben wird.

Dass Bardon, wie Du meinst, die Geheimsprache, in der Quintscher seine Briefe verfasste, nicht kannte, ist ein Unsinn. Die beiden geheimen Schlüssel, die phönizische Schrift und das Payoabb, waren das Erste, was Quintscher seinen Freunden und Schülern übermittelte. Das geht aus den Aufzeichnungen, die "Silias" hinterlassen hat, hervor. Aber Bardon hätte vermutlich auch ohne die richtigen Namen eine Evokation zuwege gebracht. Ich glaube, wer sich sowohl auf die Qualität als auch auf die Kraft eines Wesens einstellen kann, wird diesen "Geist" auch ohne Formel wachrufen.

Dass Bardon das, was er schreibt, auch selbst beherrschte, ist bewiesen. Mir haben mehrere absolut glaubwürdige Personen bestätigt, dass Bardon magische Fähigkeiten besaß. Auch Frau Pravica war bei Experimenten und Evokationen anwesend.

Man kann übrigens ein Wesen auf verschiedene Art erreichen und mit ihm Kontakt aufnehmen. Wichtiger als Name und Siegel ist neben der Vorstellung von der Qualität des Wesens der richtige "wache" Zustand des eigenen Geistes: die Fähigkeit, sich sein Bewusstsein zu vergegenwärtigen und dieses während der "Anrufung" zu bewahren und nicht zu verlieren. Es ist eigentlich das Gegenteil von Trance. Bardon nennt es: sich in das Akasha, also in seine vierte Dimension zu versetzen, Meyrink meint mit diesem Zustand das "Wachsein". Für mich ist dieses Wachsein überhaupt das Wichtigste in der Magie und das eigentliche Ziel der ganzen Geisteswissenschaft. Ohne diese Fähigkeit kannst Du geistig gar nichts bewusst bewirken. So wie Du den Körper nur sinnvoll verwenden kannst, wenn Du nicht schläfst, kannst Du den Geist nur verwenden, wenn Du auch magisch wach bist, weil Dir bewusst ist, dass Du bist. Es ist sehr schwer, diesen Zustand zu beschreiben, und noch schwieriger ist es zu erklären, wie man ihn erlangt. Den meisten Hermetikern wird dieses Wachsein zuerst im Traum bewusst. In luziden Träumen bekommst Du einen ersten Vorgeschmack auf das "Wachsein". Auch im außerkörperlichen Zustand kannst Du Dich dort, wo Du bist, ohne Wachsein nicht halten und wirst Dich in Traumwelten verlieren, sobald Du die Vorstellung "ICH BIN" verlierst. Erst später lernt man das Wachsein auch im so genannten wachen Zustand, also im Alltag, aufrecht zu halten. Vielleicht nimmst Du Dir doch einmal Zeit für meine Bücher, in denen ich auf das Thema näher eingehe. Und lies endlich auch Bardon, ich vermute, Du hast auch seine Werke noch nicht gelesen, sonst würdest Du ihn anders einschätzen.

Es gibt bei Bardon aber auch ein Problem. Er vermittelt den Eindruck, Magie sei ein Kinderspiel und in wenigen Monaten erlernbar.

Das stimmt natürlich nicht. Magie ist so schwierig und kompliziert, dass sie von den meisten überhaupt nicht erlernt werden kann. Aber trotzdem haben gerade Anfänger dank des noch vorhandenen Glaubens Erfolge, die später nicht mehr nachvollziehbar sind. Ich nenne das Placebo-Magie. Diese Zufallsergebnisse verleiten dazu, die eigenen Fähigkeiten zu überschätzen und weitere Experimente zu wagen. Damit setzt man etwas in Bewegung, das nur noch schwer zu stoppen ist. Die Beschäftigung mit Magie wird zur Leidenschaft. Wer sich zu früh Elementale für seine Experimente schafft, der wird von ihnen besessen. Gerade die Wünsche, die man sich mit Magie befriedigen will, wachsen und die Schwächen treten stärker hervor. Man verliert zunehmend die Kontrolle über seine Regungen. Die persönlichen Wesensteile, die man durch die einseitigen Übungen, aber auch durch das Forschen, Lesen, Büchersammeln, stärkt, aber nicht beherrscht, weil man seine vier Elemente nicht im Gleichgewicht hält, wachsen einem über den Kopf. Obwohl Bardon immer wieder auf diese Gefahr hinweist, machen viele seiner Leser diese Fehler; ich habe sie auch gemacht.

Trotzdem kenne ich kein besseres System als das von Franz Bardon. Zwar zielt im Grunde genommen jede seriöse okkulte Schulung darauf ab, dass man lernt, seine Gedanken zu kontrollieren und seinen Willen zu stärken und Dinge zu visualisieren, die es nur in der Vorstellung gibt, aber Bardon erklärt auch die Gesetze, die dahinter stehen, so dass man weiß, warum eine magische Handlung oder ein Zauber wirkt.

Und er weist nicht nur auf die Probleme hin, die entstehen, wenn man nicht richtig vorgeht, sondern erklärt auch, wie man sie mit dem Seelenspiegel verhindert. Der Seelenspiegel hat weniger die Moral und Selbstveredelung als Ziel, sondern das magische Gleichgewicht. Der vierpolige Schlüssel ist auch hier eine geniale Lösung. Man kann nicht ständig hinter seinen negativen Eigenschaften und Gewohnheiten her sein. Außerdem sitzen diese persönlichen Wesenskomplexe in der Regel so fest, dass man sie nur schwer los wird.

Wenn man jedoch ihr Element, aus dem sie ihre Energie beziehen, kennt und sie mit dem jeweils entgegengesetzten Element konfrontiert, so bekämpfen sich die Eigenschaften selbst und man braucht das ganze nur zu überwachen.

Obwohl Bardon weltweit vermutlich der meistgelesene Autor Hermetischer Bücher ist, haben einige nicht verstanden, worum es ihm wirklich ging. Bardons Werke sind keine gewöhnlichen Lehrbücher der Magie. Er beschreibt nicht nur, wie man magisch wirken kann, sondern auch, wie und warum die Wirkungen entstehen. Er beschreibt die hermetischen Gesetze, auf denen die Magie, die Quabbalah und die Beschwörungsmagie beruhen. Es ist eine Schulung für Geist und Seele, eine Einweihung in das Mysterium der Hermetik, die es in dieser Klarheit bis dahin noch nicht gegeben hat. Allerdings ist dieses Mysterium nur durch die eigene Praxis erfahrbar und vielleicht ist gerade die Notwendigkeit der Praxis das Hindernis zum Verständnis seiner Lehre. Denn die Praxis nach Bardon ist leider nicht so einfach, wie es beim Lesen seiner Bücher erscheint. Vermutlich ist es das, was viele Leser davon abhält, den Weg auch wirklich zu gehen.

Nur wer seine Konzentrations- und Vorstellungskraft entwickelt, kann damit geistig arbeiten und ohne Worte geistig sichtbar machen, was er will. Wer eine Formel, ein Siegel oder ein Ritual nicht auch bewusst als Geistwesen ausspricht, wird damit kaum etwas Nachhaltiges erzielen. Andererseits wird der, der das kann und imstande ist, bewusst und ohne sich dabei zu vergessen mit seiner Vorstellungskraft etwas geistig zu formen, auch ohne Formel, Siegel oder Ritual Erfolge haben. Denn seine Fähigkeit drückt aus, was er will, und seine Gedanken und Vorstellungen werden zum Gebot für die geistigen Mächte.

Während aber die meisten Traditionen einseitig Übungen propagieren, beschreibt Bardon, wie man seinen Geist, seine Seele und seinen Körper gleichmäßig schult und wie man über die vier Elemente sein inneres Gleichgewicht bewahrt. Das ist ganz wichtig, weil man sonst die Macht über seine Wesensteile verliert, was man aber immer erst bemerkt, wenn es zu spät ist, falls man es überhaupt bemerkt.

Bardon erklärt erstmals die Bedeutung der vier Elemente für die magische Praxis und ihre Entsprechungen auf den drei Ebenen des persönlichen Bewusstseins, so dass jeder damit arbeiten kann.

Damit ist auch das verlorene Wort gefunden, das ahnungslose Freimaurer seit Generationen unter Tempeltrümmern suchen, obwohl sie wissen, dass sie es nicht aussprechen können. Aber Bardon beschreibt auch das, nämlich wie man mit der "Drei-Sinnen-Konzentration" einen Buchstaben magisch wirksam macht. Seine Angaben über die Hierarchie und die Quabbalah erweitern die Überlieferung der Tradition und machen sie für die Praxis tauglich. Über Quabbalah sind vermutlich tausende Bücher geschrieben worden. Soweit es sich dabei nicht um fruchtlose philosophische Spekulationen handelt, sind es sinnlose Spielereien mit Buchstaben. Kein Werk erklärt, wie Franz Bardon, dass man mit Buchstaben schöpferisch wirken kann.

Bardon bietet aber auch Theoretikern Erkenntnisse, die sonst nicht zu finden sind. Die Beschreibung des vierpoligen Magneten ist ein Schlüssel, mit dem sich nicht nur viele Fragen in der Hermetik, sondern auch in der Psychologie und in den Naturwissenschaften beantworten lassen. Das Wirken der vier Elemente, das viel zitierte aber nie ausreichend erklärte "verlorene Wort", der "unaussprechliche" Name Gottes, Jod He Vau He, lässt sich nach Bardons Anleitung richtig aussprechen. Man kann das Mysterium dieses Namens verstehen und man kann damit arbeiten, wenn man seine persönlichen Eigenschaften danach ausrichtet und ins Gleichgewicht bringt.

Was Deine Frage zu Bardons Aktivitäten als Bühnenzauberer betrifft, so hat da ein gewisser Gerhard Schmidinger Nachforschungen angestellt und in Dresden, oder war es Leipzig, Zeitungsausschnitte über Bardons Auftritte gefunden. Es gibt da auch noch einen Oskar Kozil, ein Mitarbeiter von Bardon, der ihn auf seinen Vortragsreisen begleitet hat. Ich habe mit ihm einige Male telefoniert, der hat mir bestätigt, dass Bardon ganz tolle Fakir-Kunststücke demonstrierte, aber hauptsächlich mit seinen Fähigkeiten als Hypnotiseur und Hellseher sein Publikum beeindruckte. Er hypnotisierte oft ohne Verbalsuggestion, was immerhin beachtlich ist.

Übrigens, auch ich habe mich in meiner Kindheit mit Zauberkunststücken beschäftigt. Schon als Zwölfjähriger veranstaltete ich in unserer Pfarre im vollbesetzten Theatersaal eine eigene Zaubervorstellung zugunsten hungernder Negerkinder und habe zwei Stunden lang tolle Tricks vorgeführt, die Leute waren begeistert. Ich kenne noch einige Zauberkünstler, die sich später mit echter Magie beschäftigten. Das ist wohl wie mit den Lokomotivführern, die schon als Kinder gerne mit der Eisenbahn spielten.

Da Du, wie Du selbst von Dir sagst, kein Esoteriker bist, solltest Du auch in der Beurteilung der Esoteriker vorsichtig sein. Ganz besonders wenn Du über sie Bücher schreibst. Es ist völlig unmöglich, über dieses Thema eine objektive Meinung zu vertreten, wenn man von der eigentlichen Praxis keine Ahnung hat.

Ende des Auszugs aus dem Brief

EIN INTERVIEW FÜR DAS ARCHIV HERMETISCHER TEXTE

Gespräch mit Walter Ogris

Ogris: *Bardon hat nicht nur viele treue Anhänger, sondern wird im Internet auch angegriffen und verleumdet. Wie erklärst du dir das?*

Stejnar: Also, persönlich kenne ich nur Bardon-Leser, die seine Werke sehr schätzen. Diejenigen, die ihn kritisieren, haben, wenn du dir das, was sie Vorbringen, anschaust, seine Bücher nicht richtig verstanden. Es handelt sich bei den Bardon- Kritikern ausnahmslos um Theoretiker, die in der Hermetik und Magie völlig unerfahren wirken. Einige der Verfasser scheinen außerdem nicht sehr gebildet zu sein und verwenden die für Sektierer typischen Argumente. Sei mir nicht böse, wenn ich auf die Gedanken dieser Menschen nicht eingehe. Ich würde jedem raten, Bardons Übungen zu machen und daneben zu versuchen, mit ganz normalen Mitteln sich das Leben erfolgreich zu gestalten. Ein Versager wird auch mit Magie nichts erreichen. Das ist eine sonderbare Tatsache. Wer herausgefunden hat, wie es funktioniert, hat es nicht mehr nötig. Außerdem, es geht doch nicht um Bardon, sondern um das Lehrsystem, das er zusammenstellte. Was er beschreibt, hat es zuvor in dieser verständlichen und praktizierbaren Form nicht gegeben. Es dauert aber einige Jahre, bis man erkennt, worauf es ankommt. Und das ist leider nicht lehrbar. Das muss jeder selbst erfahren.

Ogris: *Du bist zwar auch ein Bardon-Fan, stehst aber trotzdem seinen Werken nicht unkritisch gegenüber. Du hast einige Fehler in seinen Büchern richtig gestellt. Zum Beispiel, dass die Vorsteher der Erdgürtelzone und die Geister Abramelins die gleichen Namen tragen, oder dass die Mond- und Sonnengenien nicht richtig wiedergegeben werden. Gibt es dafür eine Erklärung?*

Stejnar: Ja. Du bekommst sie in meinem Buch "Franz Bardon - Tatsachen und Anekdoten um einen Eingeweihten". (siehe Seite 106, Bardons Götter, Genien und Dämonen)

Ogris: *Du hast darauf hingewiesen, dass die "Hohe Magie", die Herr Rüggeberg im Anhang von "Frabato" veröffentlicht und Bardon zuschreibt, in Wahrheit von Dr. Lomer verfasst wurde und Bardon dieses Buch nicht geschrieben, sondern nur ins Tschechische übersetzt hat. Du hast auch entdeckt, dass die Fotos von den großen Eingeweihten, die Rüggeberg im selben Buch veröffentlicht und die angeblich Franz Bardon aus dem Akasha heraus fotografierte haben soll, aus dem Buch "Der Buddha des Westens" entnommen wurden. Du versuchst seit Jahren klarzustellen, dass Bardon nicht der Autor von "Frabato" ist. Wie ist das mit dem dritten Buch "Fragen an Meister Arion", dessen Inhalt ebenfalls Bardon zugeschrieben wird?*

Stejnar: Ich habe dieses Buch nicht gelesen. Ursprünglich hat Jonny Schwarzt nämlich behauptet, er stünde mit Bardon in telepathischem Kontakt und es handle sich um mediale Durchsagen von ihm. Bei gechannelten Weisheiten wird mir übel, auch wenn diese von Franz Bardon stammen sollen.

Nachtrag. Inzwischen habe ich das Buch gelesen. Ich möchte jedoch kein Urteil abgeben, da ich nicht weiß, wie der Text wirklich entstanden ist. Bis auf einige wenige Textstellen, z. B. wo Quantität und Qualität erwähnt werden, was vielleicht Notizen waren, die sich Bardon für seine Bücher machte, hat man den Eindruck, als würde da jemand versuchen, etwas zu erklären, was er nicht versteht. Der Text ist entsetzlich theoretisch, widersprüchlich und oft falsch oder unverständlich, was überhaupt nicht zu Bardon und seiner Hermetik passt. Kein echter Bardon-Schüler würde diese Fragen stellen, und Bardon hätte sie anders beantwortet. Im "Weg zum wahren Adepten" ist alles bereits enthalten und viel besser gesagt. Auch mit diesem Buch hätte Bardon keine Freude gehabt; immerhin ist sein Name damit verbunden.

Ogris: *Es hält sich hartnäckig das Gerücht, Quintscher wäre der Lehrer Bardons gewesen. Wenn man die beiden jedoch miteinander vergleicht, so bestehen doch ganz erheblich Unterschiede.*

Stejnar: Da hast du Recht. Zwischen dem Lehrsystem Bardons und dem Quintschers liegen Welten. Es war Hemberger, der als

Erster diesen Unsinn in einer seiner Dokumentationen verbreitete. Dann haben das andere, die mir gegenüber Zugaben, dass sie Bardon nie gelesen haben, übernommen und mit akademischen Fußnoten legitimiert wiedergegeben. Wie du weißt, war ich mit Hemberger gut befreundet. Ich habe sogar die Urheberrechte seiner Werke und seine magischen Ringe übernommen und führte mit ihm viele Gespräche und gemeinsame Logenarbeiten. Ich weiß, auch er hat nie nach Bardon geübt oder gearbeitet, sondern eine veraltete Beschwörungsmagie praktiziert. Hemberger besaß ein Exemplar von Quintschers Lehrkurs, das vorne mit Bardons Stempel versehen war. Dass Bardon in seiner Jugend mit dem wesentlich älteren Quintscher befreundet war, wusste er natürlich auch, und schon war das Verhältnis Lehrer- Schüler für ihn klar. Aber selbst Ernst, einer der Söhne Quintschers, bestätigte mir, dass Bardon, als er seinen Vater kennen lernte, bereits magische Fähigkeiten hatte und diese mehrmals demonstrierte. Er erzählte mir dazu einige lustige Anekdoten, aber das habe ich ja bereits in einem anderen Interview gesagt.

***Ogris:** Warum hast du Hemberger nicht aufgeklärt?*

Stejnar: Hab' ich. Aber als ich ihn kennen lernte, hatte er dieses Manuskript bereits herausgegeben. Übrigens, Bardon war auch kein Schüler Weinfurters, wie in dem ansonst recht brauchbaren "Lexikon des Geheimwissens" von Horst E. Miers behauptet wird. Bardon stand mit allen damaligen Okkultisten in Kontakt und sicher hat da einer den anderen befruchtet. Aber Bardons Lehrwerk ist einzigartig.

***Ogris:** Trotzdem wird im Internet immer wieder behauptet, die Magie des Franz Bardon funktioniert nicht.*

Stejnar: Wer sagt das? Kennst du diese Leute? Weißt du ob sie die Stufe eins und zwei aus dem "Weg zum wahren Adepten" beherrschen? Glaubst du, die haben mit einem anderen magischen System mehr Erfolg? Kennst du überhaupt jemanden, der mit Magie etwas Brauchbares zuwege bringt?

***Ogris:** Wie ist das mit dir, hast du Erfolg mit Bardons Magie? Hast du deinen Wohlstand mit Magie erlangt? Verdankst du deine Erfolge der Magie?*

Stejnar: Ich beschäftige mich schon lange nicht mehr mit Magie. Und um sich das Leben erfolgreich zu gestalten, ist die Magie ganz ungeeignet. Es genügt, wenn du nach Mulford arbeitest und richtig denkst. Ich garantiere dir, deine Vorstellungen, mit entsprechenden Gefühlen belebt, werden dir jeden Wunsch erfüllen.

***Ogris:** Wozu dann überhaupt Magie?*

Stejnar: Wegen der magischen Geist- und Seelenschulung. Was Bardon beschreibt, ist auch für den Alltag eine große Hilfe. Wer seine geistigen Organe solchermaßen trainiert, braucht keinen Zauber. Für den wird der Alltag zum Yoga und jeder Widerstand im Leben zum geistigen Sport. Dank der Naturwissenschaft und Technik beherrscht der Mensch heute immer mehr von der Welt. Aber beherrscht er auch sich selbst? Ist er Herr seiner Gedanken, seiner Gefühlsregungen und seiner Körpertriebe? Man wird nicht in die Welt, sondern in seinen Körper hineingeboren. "Inkarnation" kommt von "carnis", das bedeutet Fleisch, man ist Fleisch geworden und von seinen genetischen Strukturen abhängig. Diese genetischen Voraussetzungen zwingen jedem ganz bestimmte Anlagen, Eigenschaften und ein Verhalten auf, gegen das es nur ein Mittel gibt: Vorstellungskraft und Wille. Und genau diese werden durch eine hermetische Schulung entwickelt.

***Ogris:** Du hast in deinen Büchern eine Magie ohne Magie entwickelt und beschreibst einiges anders, als es Franz Bardon lehrt. Bei dir sind die Elementale und Elementare keine Hilfsgeister, sondern persönliche Wesenszellen, aus denen der Geist- und der Seelenkörper bestehen. Du beschreibst einen feinstofflichen Organismus mit Organen, die den Planetenmächten entsprechen und die man entwickeln muss, wenn man seinen fein- stofflichen Körper verwenden will. Für dich erwacht man nach dem Tod nicht in einem Jenseits, sondern in seinem persönlichen Seelengarten, in dem einen seine Wesensteile - jetzt sind die Elementale plötzlich wieder Geister - als Wesen gegenübertreten. Lässt sich das noch mit Bardons Hermetik vereinbaren?*

Stejnar: Sicher. Was ich beschreibe, steht in keinem Widerspruch zu Bardons Hermetik. Es ist im Gegenteil eine Vertiefung seiner Lehre. Auch die Hermetik muss man schrittweise erlernen. Erst muss man lernen, mit Elementalen umzugehen. Dann erst kann man das Mysterium von den eigenen Wesenszellen erfassen und die Anatomie seines Lichtleibes verstehen.

Tatsächlich ist bereits jeder flüchtige Gedanke, jede Vorstellung, jede Idee oder Melodie, die dir durch den Kopf geht, ein Elemental, und nicht erst die kompakteren "magischen" Gebilde, die du jemandem nachschickst, weil du etwas von ihm willst. Und die Lust auf die nächste Zigarette ist bereits ein Elementar. Was bleibt denn übrig von dir, wenn du deine Gedanken und Gefühle von dir wegnimmst? Auch die Ursachen deines Charakters und deiner Gewohnheiten liegen in diesen Wesenszellen. Sie sind die Zellen von deinem geistigen Fleisch und Blut. Auch die Wesenszellen der Genien und Götter. Und diese Tatsache ist eines der größten Mysterien, die es zu erfassen gibt.

Ogris: *Bardon beschreibt Genien, welche in der Zukunft die Menschen dahingehend inspirieren werden, dass ein modernes Paradies auf Erden entsteht. Einige Erfindungen, die er voraussah, zum Beispiel das Satelliten-Leitsystem und dessen vielseitige Anwendungsmöglichkeiten, sind bereits in Betrieb. Trotzdem scheint das Böse nicht zu schlafen. Du hast, lange vor dem Fall der Berliner Mauer, in einem deiner Bücher das Ende des Kommunismus vorhergesagt und gleichzeitig angekündigt, die Welt werde dadurch nicht friedlicher. Danach würden, so deine Prophezeiung, die Menschen durch religiöse Fundamentalisten polarisiert und in einen neuen kalten Kriegszustand versetzt werden. Inzwischen hat sich herausgestellt, dass auch deine zweite Voraussage stimmt. War Bardon zu optimistisch? Ist das Böse nicht zu besiegen?*

Stejnar: Das so genannte Böse hat viele Ausdrucksformen. In diesem Fall haben wir es mit Dummheit, Geldgier und Machthunger zu tun. Dummheit, weil die religiösen Fanatiker nicht das Gute, sondern einen "Gott" anbeten, und Machthunger, weil immer wieder Menschenführer auftauchen, welche die Dummen für ihre Ziele einspannen: die Rächerhelden, die Gotteskämpfer, die nationalistischen Ideologen und die verführbaren Labilen. An diesen neuen kalten und heißen Kleinkriegen gegen Terror und Schurkenstaaten verdienen einige Leute Milliarden Dollar. Diejenigen, die die fanatischen Terroristen aufhetzen und finanzieren, gewinnen Macht, und jene, die sich scheinbar dagegenstellen, die Vertreter der Erdöl- und Waffenindustrie, verdienen Geld. Es ist ja kein Kampf der Kulturen. Und es sind auch nicht die echten Probleme wie Hunger und Not die Gefahr. Das Gefährliche ist die Methode, mit Problemen oder Glaubensfragen als Vorwand Hass zu schüren. Die Hassdämonen finden immer Menschen, die sich für ihre Emotionen als menschliche Handlanger anbieten.

Daher halte ich jede Form von Religion und Glauben für gefährlich. Sogar die Esoterik wird zur Gefahr, wenn sie als Glaubensform auftritt und den Geist für sich einnimmt und daneben nichts anderes gelten lässt. Nicht, weil dabei Sektenbildung entsteht, sondern weil jeder Glaube einengt und den Blick für anderes vernebelt.

Eine Redewendung, die Bardon oft verwendete, war: "Nichts Schlechtes, das nicht auch etwas Gutes mit sich bringt." Das ist auch tatsächlich so, man kann das immer wieder beobachten. Das Böse hat seinen festen Platz in der Schöpfung. Das bedeutet aber nicht, dass man diese Mächte durch sein Denken, Fühlen und Handeln unterstützen soll. Man kann das Böse nicht besiegen, aber man muss nicht derjenige sein, durch den es in die Welt kommt.

Ogris: *Mir fällt auf, dass sowohl Bardon als auch du das Wort "Gott" so gut wie nie verwendet. Ihr umschreibt beide das Mysterium mit Göttlicher Vorsehung. Glaubst du nicht an Gott?*

Stejnar: Ich glaube nicht, dass ich an den Gott glaube, den die verschiedenen Religionen beschreiben und den die Gläubigen der unterschiedlichen Konfessionen anbeten. Das ist nicht mein Gott. Das sind vom Menschendenken geschaffene Phantome und nicht einmal Götter. Aber ich glaube an eine unsichtbare komplexe vielschichtige Macht, die in Form und im Rahmen nachvollziehbarer geistiger Gesetze existiert. Den Beweis dafür liefern mir die phantastische Schöpfung, das Wunder des Lebens und Bewusstseins und auch die genialen Schöpfungen der Menschen, sei es in der Kunst oder Wissenschaft - vor allem die Wissenschaft der Astrologie, die diese geistigen Vorgänge verstehen und berechnen lässt. Dass wir alle nur bewegte Figuren in einem gottlosen kosmischen Computerspiel sind, das sich aus reinem Zufall selbst programmiert hat, kann ich nicht glauben.

Ogris: *Du sagst wieder Macht und nicht Gott.*

Stejnar: Okay. Sag dazu, wie du willst. Du kannst sie auch personifizieren. Ich habe damit kein Problem, denn ich bin überzeugt, diese Macht ist sich ihres Daseins genauso bewusst wie die Menschen und alle anderen Geister. Wir werden sie aber nie begreifen, darum erwähne ich sie auch nicht.

Ogris: *Wie ist das mit den so genannten Göttern, Genien und Dämonen? Sind das nur Projektionen der Menschen oder gibt's die wirklich so, wie Franz. Bardon sie beschreibt?*

Stejnar: Also ich glaube schon, dass es sie gibt. Aber man sollte unterscheiden zwischen jenen, die schon existierten, bevor es Menschen gab, und jenen, die erst aus den Gedanken und Gefühlen der Menschen entstanden sind.

Ogris: *Welche von ihnen sind die Guten? Bei Bardon gibt es ja dieses Schwarz-Weiß-Denken nicht. Wie ist das mit Gut und Böse? Warum siegt scheinbar immer das Böse? Wie kommt es, dass das Gute in der Welt stets unterlegen ist? Wenn in der Tierwelt das Starke überlebt, ist das verständlich und wahrscheinlich zur Arterhaltung notwendig. Aber bereits in der Pflanzenwelt frage ich mich, warum die veredelten Pflanzen sofort vom Unkraut überwuchert werden, wenn man dieses nicht zeitgerecht am Wachsen hindert, und in der Menschenwelt sieht es so aus, als wären die wie Unkraut wuchernden kriminellen Elemente überhaupt nicht mehr zu bändigen.*

Stejnar: Also, ich unterscheide schon zwischen Gut und Böse. Das kann man auch ohne gescheit herum zu philosophieren. Man muss es aber von Fall zu Fall neu definieren. Und dabei wird man merken, es ist tatsächlich so, wie Bardon meint: Auch das auflösende Prinzip hat einen wichtigen Platz in der Schöpfung. Es lässt sich daher nicht ausschalten. Es kann nur in die Schranken gewiesen werden, indem man es umwandelt. Das Böse zeigt seine hässlichste Wirkung, wenn es durch die Menschen wirkt. Daher entscheidet immer jeder für sich selbst, was gut und böse ist. Der Einzelne kann es in sich kontrollieren. Am besten, indem er bereits seine Gedanken und Wünsche, die sein Handeln bestimmen, überdenkt und jede Situation auch vom Standpunkt seiner Mitmenschen aus betrachtet.

Was ist denn gut und was ist böse? Böse ist immer das, was zu viel ist, oder das, was zu wenig ist. Die Übertreibung und Entartung nach einer Richtung. Zu viel Mut wird Übermut, zu wenig bereitet der Angst den Weg und lässt erstarren. Aber auch Angst ist gut, denn sie macht vorsichtig und bremst den Übermut. Gut ist die Mitte. Damit ist klar, es gibt mehr Möglichkeiten für das Böse als für das Gute. Es steht zwei zu eins. Das so genannte Böse kann nach zwei Seiten entarten, das Gute hat nur die eine Möglichkeit, nämlich die Mitte zu bewahren. Damit erfordert Gutsein immer einen Verzicht auf das, was zu viel ist, wenn man den Regungen, die einen erfüllen, einfach folgt - und entartet. Daher ist es ganz wichtig, dass man sehr aufmerksam bereits jede kleinste Regung, die zu stark in eine Richtung drängt, aufdeckt und bremst.

Ogris: *Glaubst du an Baphomet, an Luzifer und an all die "bösen" Dämonen und Geister?*

Stejnar: Was für die braven Engel und Götter gilt, gilt auch für die anderen, die so genannten bösen Geister. Ich habe auch kein Problem damit, sie zu personifizieren. Ich finde das "Geistermodell" besser, als wenn man, wie das manche modernen Esoteriker tun, alle Wesen auf Felder und Frequenzen reduziert. Die Frage ist aber nicht, ob man an sie glaubt und ob es sie gibt, sondern wie sie entstanden sind. Es geht nicht um gut oder böse, sondern darum, dass die meisten Geister von Menschen abhängig sind. Wo das der Fall ist, können auch gute Geister entarten. Nicht, weil sie den Menschen schaden wollen, sondern weil sie, ohne es zu merken, verhindern, dass die Menschen mächtiger werden als sie selbst. Sie helfen und unterstützen die Evolution, indem sie sich einbringen, aber gerade dadurch lenken sie davon ab, dass sich der Einzelne gleichmäßig entwickelt und von ihnen unabhängig wird. Ich meine jetzt nicht die Schemen und Larven, die Schmarotzer, die Bardon beschreibt, und jene "Götter", die erst durch das Denken und die Anbetung der Menschen entstanden sind; ich habe den Verdacht, dass die ganze Hierarchie der Genien, die Bardon beschreibt, von den Menschen profitiert. Indem sie den Einzelnen dazu inspirieren, in ihrem Sinn zu denken und handeln, wird dieser zwar gescheiter und kann neue Erkenntnisse sammeln, aber gleichzeitig wird er auch in ihre Ebene einbezogen und verliert, wenn er sich nicht wieder löst, einen Teil seiner komplexen Identität. Man muss also wachsam sein und immer kontrollieren, was man gerade denkt und fühlt. Es ist schwer, seine persönlichen Elementale, also alle "eigenen" Gedanken und sonstigen feinstofflichen Bewusstseinsträger, von den Elementalen, die als Eingebungen im Bewusstsein aufscheinen, zu unterscheiden. Im Prinzip gilt, jede einseitige Spezialisierung und Entfaltung einer genialen Fähigkeit ist gefährlich, sobald sie auf Kosten anderer Interessen geht.

Ogris: *Was verstehst du unter schwarzer Magie? Ich las gerade ein Buch von Paulo Coelho. Gehörte der zu deinem "Esoterischen Kreis?" Der beschreibt nämlich eine Begegnung mit dem Bösen, und zwar genau so, wie auch du es in zwei deiner Bücher beschreibst.*

Stejnar: Du bist bereits der Vierte, der mich das fragt. Inzwischen hat mir jemand die beiden Bücher von Coelho geschickt und ich verstehe deine Frage. Du meinst sein schreckliches Erlebnis, als sich in seiner Wohnung diese rußige Finsternis manifestierte und tagelang nicht verschwand.

Ogris: *Genau. Er bekam solche Angst, dass er aus seiner schwarzmagischen Loge austrat und stattdessen aktives Mitglied in irgendeiner frommen katholischen Sekte wurde.*

Stejnar: Also, es ist viel gefährlicher, wenn sich das Böse in einem Menschen verbirgt, als wenn es sich in Form von Ruß und Rauch in einem Zimmer manifestiert. Es ist nicht das Böse, das Angst macht, sondern das ungewohnte Unerklärliche. Trotzdem verstehe ich nicht, dass Coelho, der ja angeblich ein harter Bursche ist, gleich die ganze Magie aufgab.

Das Interessante daran ist, dass angeblich auch andere Mitglieder seiner Loge das gleiche Erlebnis hatten. Aber bei mir war es anders. Die Begegnung des Protagonisten mit Baphomet, die ich im "Buch der Meister" und in "Andy Mo" beschreibe, habe ich mir bloß ausgedacht. Dass ich sie trotzdem so beschreibe, wie Coelho die Erscheinung des Bösen erlebte, ist jedoch kein Wunder. Du denkst dir etwas aus und natürlich erlebst du es im Geist. Jeder Gedanke ist ein Erlebnis und ein Ereignis auf der feinstofflichen Ebene. Wenn du etwas beschreiben willst, zeichnest du im Geist ein Bild und erschaffst es sozusagen, ganz egal ob es vorher, von deinen Gedanken unabhängig, existierte oder nicht. Und es existiert danach auch noch eine Zeit lang weiter. Wenn es andere lesen und damit geistig nachzeichnen, sogar recht lange. Es wäre interessant zu erfahren, wann Coelho und seine Freunde das Erlebnis hatten. Ich schrieb diese Passagen cirka 1993/94. Die Stelle in "Andy Mo" schrieb ich viel später, vielleicht wurde da sein Buch bereits gelesen und das Bild war von vielen Lesern aufgeladen.

Ogris: *Du schilderst ja im "Buch der Meister" die Ebene des Golema, dieser Intelligenz, die auch nach Bardon für Autoren zuständig ist. Da werden die Phantasien und Gedanken sämtlicher Schriftsteller wie in einer riesigen Bibliothek für alle zugänglich aufgelegt, und jeder schöpft aus demselben Bilderangebot. Coelho hat noch ein Buch geschrieben, in dem er deine Gedanken aufnimmt. Ich meine sein Buch "Der Alchimist". Das ganze Buch beruht auf der gleichen jüdischen Lehrgeschichte von dem Traum über einen vergrabenen Schatz, mit der du in deinem "Buch der Meister" die Suche nach dem wahren ICH- SELBST beschreibst. Bei dir eine Seite, bei ihm ein ganzes Buch.*

Stejnar: Ein Buch, das ein Bestseller wurde. Der weise Rabbi, der sich diese Geschichte einmal ausgedacht hat, würde sich freuen, wenn er wüsste, dass sein Gedankensame aufging und Früchte trägt. Aber zurück zu deiner Frage nach dem Bösen. Ich habe nie den Versuch unternommen, das Böse zu evozieren oder anzurufen. Aber ich hatte trotzdem einige ähnliche Erlebnisse, die mir mächtig Angst einjagten. Viele glauben, sie erleben eine Manifestation aus einer anderen Ebene, aber in Wahrheit sind es ihre eigenen geistigen Blähungen, die sich entladen. Die gespannte Erwartung und die zumeist gruselige Stimmung produzieren entsprechende Elementale, die den Anwesenden schaurig über den Rücken rieseln, oder ein Schemen entsteht und macht einige Geräusche. Wenn besonders begabte oder sensible Personen gemeinsam arbeiten oder sich über einen längeren Zeitraum einer gemeinsamen Vorstellung widmen, kann sich ein Gruppengeist bilden, ein so genannter Egregor. Der manifestiert sich aber in der Regel nicht vor seinen Opfern, sondern in ihnen, und zwar so, dass sie es gar nicht merken.

Zumeist passiert nämlich bei Evokationen oder Beschwörungen gar nichts. Zum Glück. Denn die meisten machen, sobald sie tatsächlich die Nähe einer Wesenheit spüren, in die Hose. Sogar Crowley brach angeblich seine Abramelin-Exerzitien vorzeitig ab, weil unangenehme Spukphänomene auftraten. Und ein Sohn des Großmeisters der Fraternitas Saturni landetet nach einer angeblich gelungenen Beschwörung des Luzifers bei den Zeugen Jehovas. Ich kenne noch einige Leute, die sich für große Meister hielten und die dann, nachdem sie ihr erstes Erlebnis mit einer übersinnlichen Erscheinung gehabt hatten, lammfromme Kirchengänger wurden.

Ogris: *Wie war das bei dir? Du hast in einem Artikel, der zuerst in der "Anderen Welt" und dann in "Anubis" erschien, ein Erlebnis beschrieben, bei dem dein Bett über einen Meter hochstieg, die Möbel sich verrückten und unheimliche Geräusche zu hören waren, so dass die Leute im Haus mitten in der Nacht fluchtartig das Haus verließen.*

Stejnar: Ja, das war 1958 in Schweden. Ich hatte gerade Besuch von meinem Freund aus Wien. Wir waren neunzehn Jahre alt und machten beide seit einigen Monaten die Bardon- Übungen. Das Schreckliche war die grauenhafte Angst, die ich dabei hatte, denn ich glaubte, ein Dämon in Form eines grünen Gesichts dringe in mich ein und wolle mich aus meinem Körper ziehen. Ich war wie gelähmt, habe dabei entsetzlich gestöhnt und das hat natürlich meinen Freund erschreckt, der nur sah, wie aus meinen Augen grünes Licht strahlte und sich mein Bett samt mir in die Höhe hob und Sachen durchs Zimmer flogen. Wir hatten beide danach tagelang Angst.

Ogris: *War das ein echtes Wesen oder ein Schemen?*

Stejnar: Was weiß ich. Bis vor kurzem dachte ich, es sei der "Hüter der Schwelle" gewesen, wie Rudolf Steiner dieses Phantom nennt, das sich einem entgegenstellt, wenn man sich zu weit auf geistiges Gebiet vorwagt. Das ist natürlich auch kein Wesen, sondern ein Komplex aus allen deinen Angst-Elementalen, die du mit dir herumschleppst. Dieser Komplex stellt sich dir gegenüber, sobald sich dein Geist von deinem Körper löst, du kennst das ja von deinen außerkörperlichen Erlebnissen. Hast du nicht genauso viele Mut-Elementale in dir, lähmt dich die Angst. Aber letzten Sommer - wie du weißt, verbringe ich die Sommermonate immer in Schweden -, letzten Sommer also las ich einen Artikel in der Lokalzeitung, dass sich gerade dort, wo das Haus stand, in dem wir dieses Erlebnis hatten, ein Hinrichtungsplatz befand, auf dem im sechzehnten Jahrhundert 65 Bauern nach einem Aufstand geköpft wurden. Auf dem Nachbargrundstück wurden noch Knochen ausgegraben. Es ist klar, dass die Todesangst Spuren hinterließ und wir diese Elementale von damals wieder belebt hatten. Wir waren nämlich an diesem Abend auch an einem anderen Hinrichtungsplatz gewesen, dem so genannten Galgenberg, und hatten bereits dort eine Gruselstimmung hochgefahren und mitgebracht. Ich habe das Erlebnis bis heute nicht vergessen.

Ogris: *Du hast dann trotzdem nicht, wie die anderen, der Magie entsagt und bist ins Kloster gegangen.*

Stejnar: Nein, nein. Ich hatte schon als Kind einige sehr beeindruckende Erscheinungen, damals waren es Lichtgestalten, die mir, obwohl ich sie für Jesus und Maria hielt, genauso Angst einjagten wie der Hüter der Schwelle. Ich war also bereits vorbereitet, so dass ich den Schrecken bald überwunden habe. Für mich war dieses Erlebnis sogar eine Herausforderung und eigentlich fing mein magischer Weg erst jetzt so richtig an. In ein Kloster brauchte ich nicht zu gehen, ich lebte sowieso bereits wie ein Eremit. Dieses schwedische Dorf, in dem ich lebte, war für mich, der ich aus der

Großstadt kam, wie das Ende der Welt und ich widmete meine ganze Freizeit nur noch meiner magischen Entwicklung. Ich war jung und neugierig und von den phantastischen Möglichkeiten fasziniert. Ich machte die unmöglichsten Experimente.

Ogris: *Kannst du mehr darüber erzählen?*

Stejnar: Nein. Ich möchte nicht Werbung für diesen Unsinn machen. Das ist Energieverschwendung und Zeitdiebstahl. Magie dient nicht dazu, dass man Geister beschwört und sich Lebensglück, Liebe und Reichtum erzaubert. Magische Schulung ist nicht dazu da, dass man die Welt und die Geister beherrscht, sondern dass man umgekehrt sich nicht mehr von der Welt und den Geistern beherrschen lässt. Um sich sein Schicksal glücklich und erfolgreich zu gestalten, gibt es viel einfachere Möglichkeiten. Magie ist dazu völlig ungeeignet. Erstens funktioniert die nicht immer so, wie man erwartet, und zweitens gibt es, um erfolgreich zu sein, viel einfachere Mittel. Aber das wusste ich damals noch nicht.

Ogris: *Du erwähnst das immer wieder. Trotzdem hast du ein Buch für Kinder und Jugendliche geschrieben, in dem du den magischen Weg nach Bardon und deinen Meisterbüchern beschreibst.*

Stejnar: Mein Buch "Andy Mo" ist quasi eine Antwort auf Harry Potter. Ich möchte damit Kinder, Jugendliche und Erwachsene in einfachen Worten in die Magie und Mystik einführen.

Ogris: *Wie war das mit der geheimnisvollen FOGC-Loge über die in "Frabato" geschrieben wird? Hat es die wirklich gegeben?*

Stejnar: Ich habe keine Ahnung. Die Namen und Adressen der angeblichen Mitglieder in Italien, die in einem Manuskript von Guido Wolther aufscheinen, gibt es. Das hat einer unserer italienischen Freunde überprüft. Von ihnen lebt aber keiner mehr. Aber ich will darüber nicht reden. Bardon selbst hat doch über diese Loge gar nichts geschrieben. Er hat sich angeblich über diesen Roman genauso geärgert wie ich.

Ogris: *Auch wenn Bardon den "Frabato" nicht selbst geschrieben hat und das Buch nicht mochte, so legte er offensichtlich Wert darauf, dass seine Leser ihn für einen großen Eingeweihten hielten. Ich kann das gut verstehen. Bei dir ist das anders. Du betonst* *immer, du wärest kein Adept. Aber wie sollen deine Schüler glauben, was du lehrst, wenn sie denken müssen, dass du es selbst nicht beherrscht?*

Stejnar: Sollen sie doch nicht. Ich will nicht, dass man glaubt, was ich schreibe, es genügt, wenn man es liest. Ich bin doch kein Guru, der missionieren geht. Wenn meine Leser über das, was ich schreibe, nachdenken und es auch versuchen, werden sie schon merken, dass es stimmt. Abgesehen davon, das, was ich schreibe, das beherrsche ich schon. Ich habe ja nicht wie Bardon ein Lehrbuch der Magie verfasst, sondern einen Weg beschrieben, der auch ohne "Magie" das Funktionieren der geistigen Mächte, besonders jener, die jeder selbst in sich trägt, vor Augen führt. Und ich habe versucht, Bardons Weg besser auszuleuchten. Das weltberühmte und beste Lehrbuch der Reitkunst wurde nicht von einem erfahrenen Experten, sondern von einem Schüler während seiner eigenen Ausbildung verfasst. Bardon wusste, dass nach seinen Werken erst in sechshundert Jahren gearbeitet wird, und trotzdem hat er sie bereits jetzt herausgebracht. Du kannst dir sicher denken, warum.

Ogris: *Du meinst, weil bis dahin seine Gedanken von hunderttausenden Lesern nachgebildet wurden und diese Elementale dann so mächtig sind, dass sie sich auch tatsächlich realisieren können.*

Stejnar: Genau. Was von vielen Menschen gedacht wird, kann sich leichter verbreiten und hat eher Bestand. Dazu kommt, jene, die den Weg schon früher schaffen, setzen ihre Gene in die Welt und die werden es den nachkommenden Generationen erleichtern, die nötigen Eigenschaften zu verwirklichen. Denn was sich als Wesensteil eines Menschen einmal entwickelt und manifestiert hat, das kann sich auch später wieder in der grobstofflichen Welt inkarnieren. Auch wenn es nur einzelne über die ganze Welt verstreute Eigenschaftsteilchen sind. Mental sind diese trotzdem verbunden und stehen zur Verfügung.

Ogris: *Hat es dann überhaupt einen Sinn, schon jetzt zu üben, wenn man doch nichts erreicht. Es gibt tausende Yogis und tibetische Mönche, die ihr Leben lang strengste Askese und geistige Übungen machen, aber trotzdem keine magischen Fähigkeiten entwickeln.*

Stejnar: Du hast es doch gerade selbst gesagt, es gilt, den Weg zu bereiten, den Weg zu erhellen und Elementale und Gene in die Welt zu setzen, damit die Nachfolgenden besser weiterkommen. Außerdem stimmt es nicht, dass man nichts erreicht. Es dauert nur etwas länger, als man glaubt. Aber bereits die erste Stufe nach Bardon verändert die ganze Persönlichkeit. Und wer dann auch noch Stufe zwei und drei in Angriff nimmt, wird staunen, wie sich nun auch das ganze Leben verändert.

Ende der Tonbandaufzeichnung

Ich danke Herrn Ogris für die Abschrift des Gespräches und dafür, dass er sich die Mühe macht, das "Archiv Hermetischer Texte" weiterzuführen.

Das "Archiv Hermetischer Texte" wurde von mir in den neunziger Jahren für den "Esoterischen Kreis" geschaffen, um den Brüdern seltene Manuskripte und Bücher zugänglich zu machen. Damit auch Außenstehende Einblick in diese den Weg erhellenden Werke bekommen, hat Walter Ogris das Archiv übernommen und weiter geführt. Es ist nun einem größeren Kreis interessierter Leser möglich, diese Texte einzusehen.

www.archivhermetischertexte.at
info@archivhermetischertexte.at

BARDONS GÖTTER, GENIEN UND DÄMONEN

Man wirft Bardon vor, er habe mit der Beschreibung der Genien der Erdgürtelzone Dämonen beschrieben, böse Geister - und keine positiven Intelligenzen.

Für jene Menschen, die glauben, ein "lieber" Gott habe vor zehntausend Jahren in sechs Tagen die Welt erschaffen, mag das so richtig sein. Aber der gebildete Mensch weiß, dass die Philosophen der Antike mit der Bezeichnung "Dämon" nichts anderes meinten als ein geistiges Wesen. Es war die Bezeichnung für Götter und für die Wesen, die zwischen den Göttern und den Menschen stehen: der Genius eines Menschen, der über ihm schwebt. Für Homer ist dämonisch, siehe "Lexikon des Geheimwissens", gleichbedeutend mit göttlich. Hesiod bezeichnet damit die Schutzgeister und Plato stellt die Dämonen in die Mitte zwischen Gott und Menschen als übermenschliche Wesen, welche auf die Schicksale der Menschen Einfluss ausüben. Und genau das ist auch nach Bardon die Aufgabe der Genien der Erdgürtelzone.

Erst die christliche Kirche hat die Dämonen verteufelt. Ich will da jetzt nicht näher auf die Gründe eingehen, sicher war es der Machtanspruch der Päpste und Kardinäle, die sich und ihre Priester als einzige Mittler zwischen Gott und den Menschen stellen wollten. Es gab jedoch auch kulturelle Gründe, weil natürlich die Götter der anderen Religionen verteufelt werden mussten. Das liegt auch im Interesse der Götter, denn die Götter, die sich anbeten lassen, sind nicht der Schöpfergott, sondern selbst nur "Dämonen", die sich bekämpfen und Macht und Einfluss über die Welt und die Menschen erringen wollen.

Als ich meine Entdeckung veröffentlichte, dass die Genien, die Bardon und Quintscher beschreiben, offensichtlich auch bereits Abraham von Worms bekannt waren, war mir nicht bewusst, was ich damit anstellte. Hätte ich geahnt, was ich damit anrichte, hätte ich die Sache für mich behalten.

Dass in dem Buch, in dem Abraham von Worms die Magie des Abramelin beschreibt, auch einige Genien aufscheinen, die seit dem Mittelalter in bestimmten christlichen Kreisen einen ganz besonders schlechten Ruf haben, darf man nicht Bardon anlasten. Er hat sie, obwohl auch die Intelligenzen Luzifer, der Lichtträger, oder Satan, der Versucher, in der kosmischen Ordnung eine wichtige Aufgabe erfüllen, in seinem Werk nicht angeführt. Wir wissen auch nicht, woher Abraham von Worms, der angebliche Autor der "Magie des Abramelin", die Namen hat und ob sie tatsächlich zu der von Bardon beschriebenen Hierarchie gehören.

Es geht, und das ist meine persönliche Erfahrung aus der eigenen Praxis, gar nicht so sehr um die Namen, sondern um die richtige Einstellung, auf die Eigenschaft, die besondere verdichtete Qualität, also um die Macht und Kraft eines Wesens, wobei der Ort und die Zeit eine größere Bedeutung haben als der Name oder das Siegel.

Ich habe vor etwa vierzig Jahren, noch bevor ich die Fehler bei den Geniennamen entdeckte, einige silberne Amulette mit dem Vorsteher der siebenten Mondstation hergestellt. Ich verwendete den Namen EMRUDUE, wählte aber für die Herstellung und Ladung die richtige Zeit. Die Amulette hatten trotz des falschen Namens eine phantastische Wirkung. Natürlich ist wie immer in der Magie der Zufall nicht auszuschließen. Auch meine These, dass bei den meisten Amuletten ein Elemental und nicht die mit dem Siegel angesprochenen Intelligenz selbst die Wirkung bestimmt, kann natürlich nicht ausgeschlossen werden.

Aber auch dabei ist es von Vorteil, wenn man die jeweiligen Eigenschaften der kosmischen Orte kennt und damit die gerade vorherrschende Qualität der Zeit nützen kann. Ein Amulett, in der richtigen Zeit geladen oder hergestellt, wird sicher besser wirken, ganz gleich ob das Siegel und der Name stimmen. Das hat auch Paracelsus festgestellt.

Um die jeweils aktivierte Eigenschaft zu bestimmen, dient die Ekliptik der Erde, die man dazu in verschieden große Abschnitte unterteilt und diese Abschnitte, je nach Größe, anderen Intelligenzen unterstellt. Das hat weder Bardon noch Quintscher erfunden, sondern wurde auch von anderen Okkultisten vor ihnen so gehandhabt. Ich bin im Besitz einer alten Handschrift aus dem Archiv einer pansophischen Loge, die eine ähnliche Aufstellung verwendet. Dort werden die gleichen Namen beschrieben, die Bardon, Quintscher und Kabelak in ihren Büchern für die Planetensphären angeben. Dass man die Siegel dazu auf medialem Weg ermitteln kann, hat Silias vorgeführt, und auch meine eigenen Erfahrungen mit der Magie des Abramelin haben das bestätigt.

Die Genien, ganz gleich aus welcher Sphäre, machen ihren Einfluss über die Ekliptik der Erde geltend. Jeder Intelligenz ist ein bestimmter Abschnitt als ihr "Zentrum" zugewiesen, von dem aus sie ihre Macht und Kraft zum Ausdruck bringen kann. Von der Erde aus gesehen ergibt sich damit auch ein bestimmter Zeitraum, in dem sie einem besonders nahestehen. Um diesen zu berechnen, wird die Ekliptik in unterschiedlich große Abschnitte unterteilt. So entspricht die Macht von einem Grad jeweils einem der 360 Genien der Erdgürtelzone, die Macht von einem Dekanat entspricht einer weiteren Sphäre, und der Einflussbereich eines ganzen Tierkreiszeichens kommt wieder aus einem anderen Bereich. Dass Bardon und Quintscher diese Sphären mit den Namen der Planeten bezeichneten, mag aufgrund der Analogiegesetze vielleicht richtig sein, hat aber meiner Meinung nach kosmologisch keine Bedeutung und mit den Planeten überhaupt nichts zu tun, wie auch Bardon selbst betont. Nur bei den Mondgenien würde die Zahl 28 den Mondstationen entsprechen. Bardon endet mit seiner Beschreibung bei der Zahl Zwölf, was kosmisch sicher richtig ist, denn ich vermute, dass die Genien, die die Zahl Vier und Drei vertreten, in der Hierarchie so hoch stehen, dass sie für die Menschen nicht in Erscheinung treten. Nur in der hebräischen Quabbalah und in der gnostischen Tradition, die übrigens ebenfalls 360 Genien erwähnt, tauchen auch diese drei und vier Teilaspekte der Vollkommenheit als unaussprechliche Namen Gottes auf.

Ich habe das alles bereits in meinem "Thebaischen Kalender" (Stejnar Verlag) ausgeführt und empfehle jedem Bardon-Schüler, selbst Experimente in diese Richtung zu machen, um eigene Erfahrungen zu sammeln. Mit der von mir beschriebenen Methode braucht man keine magische Evokation durchzuführen, um mit einem Wesen in Kontakt zu kommen. Es gibt die Technik der mystischen Invokation, bei der man die jeweilige Eigenschaft zur richtigen Zeit mit seiner Vorstellungskraft in sich wachruft.

Genius und Gegengenius

Bardons Kritiker behaupten, dass man zur Kontaktherstellung mit einer Intelligenz auch den Gegengenius evozieren muss. Das ist perfekter Unsinn und kann nur von einem unerfahrenen Theoretiker verbreitet werden, der noch nie eine Evokation oder Anrufung durchgeführt hat. Man kann nämlich nicht zwei entgegengesetzte Qualitäten gleichzeitig verdichten. Genau das wäre aber der Fall, wenn man auch den Gegengenius bezeichnet und ruft.

Denn wenn man ein Wesen auf sich aufmerksam machen will, muss man sich erstens bemerkbar machen und zweitens muss man dem Wesen die Möglichkeit geben, sich ebenfalls kundzutun. Dazu braucht man den "Geiststoff", aus dem das Wesen besteht, also Elementare und Elementale seiner Eigenschaft. So wie bei einer Evokation die Formeln, der Kreis, der Dolch und all die anderen magischen Werkzeuge nutzlos sind, wenn die Zeremonie nicht mit dem Geist, also bewusst durchgeführt wird, sind die Namen und Siegel bedeutungslos, wenn die Anrufung nicht von der entsprechenden Qualität als Trägerfrequenz und Code getragen wird.

Wenn man aber die Qualität richtig erfasst, dann baut sich auch dann ein Kontakt auf, wenn der Name oder das Siegel nicht ganz richtig sind. Das ist jedenfalls meine eigene Erfahrung und hat sich bei der Amulettherstellung immer wieder bestätigt.

Quintscher schreibt übrigens in einem seiner Lehrbriefe, dass sich die Namen und Zeichen der Genien im Laufe der Jahrhunderte ändern.

Wer eine Intelligenz anruft, muss sich also entscheiden, ob er das "gute" Gleichgewicht einer Eigenschaft wachruft oder die Entartung in Form eines Gegengenius. Beides gleichzeitig zu evozieren ist technisch nicht möglich.

Was ist gut und was ist böse?

Bardon weist zwar dem so genannten Bösen, dem zersetzenden Prinzip, den gleichen Wert zu wie dem positiven Wirken. Er hat aber dennoch die so genannten Gegengenien, die das zerstörende Prinzip vertreten, in seinen Werken nicht angeführt.

Bei der Arbeit mit dem Geist (und mit den Geistern) unterscheidet man immer zwischen Quantität und Qualität, zwischen Macht und Kraft, zwischen Energie und Eigenschaft. Das ist wichtig, denn die Quantität entscheidet auch über die Qualität, obwohl sie damit nichts zu tun hat. Wer das nicht begreift, hat von Magie überhaupt keine Ahnung und sollte lieber die Finger davon lassen.

Eine Eigenschaft ist eine Eigenschaft und nicht ein Stoff oder eine Energie. Mut ist Mut und nicht viel Mut oder wenig Mut. Die Intensität, die gebündelte Menge der Qualität, wird erst vom Kraftstoff, der sich mit der Eigenschaft verbindet und sie belebt, bestimmt. Mit "Qualität" ist ja nicht gut oder schlecht gemeint, sondern die Eigenschaft, um die es geht. Es ist keine Bewertung, sondern die Art der Beschaffenheit und Wirkweise einer Kraft.

Was ist denn gut und was ist böse? Schlecht ist immer das, was zu viel ist, oder das, was zu wenig ist. Die Übertreibung und Entartung nach einer Richtung. Die Qualität bleibt gleich. Liebe ist Liebe und nicht viel Liebe oder wenig Liebe. Aber zu viel Liebe weckt Leidenschaft und macht unfrei und zu wenig Liebe macht gefühlskalt und einsam. Das so genannte Böse kann nach zwei Seiten entarten. Die Qualität Liebe umfasst das Ganze, aber gut ist immer nur die Mitte. Auf diese Weise gesehen ist sogar ein gesundes Maß an Angst gut, wenn es nicht zu viel und nicht zu wenig Angst ist, und sogar Wut kann sehr heilsam sein und dazu führen, dass man sich rechtzeitig zur Wehr setzt, bevor man untergeht.

Das muss man sich immer vor Augen halten, wenn man sich mit einer geistigen Macht einlässt, ganz gleich, ob man sie evoziert oder in sich durch Übungen oder Anrufungen wachrufen will. Jede noch so edle Macht kann entarten, wenn sie zu stark oder zu schwach zur Geltung kommt. Nicht nur wenn sie quantitativ zu stark in Erscheinung tritt und sich dadurch auch die Eigenschaft verändert, sondern auch, wenn sie schwindet und damit ihre Aufgabe nicht mehr erfüllt, weil dadurch andere Eigenschaften überhand nehmen können.

Nicht nur die vier Elemente bilden als "vierpoliger Magnet" mit ihren Eigenschaften ein geschlossenes kreisläufiges System, auch die Hierarchie der Genien bildet einen geschlossenen Kreis, in dem, wie in der Natur, alles auf alles einwirkt. Wer da ausbricht, stiftet Unordnung. Am Beispiel Lucifer wird das besonders deutlich. Das "Böse" an Lucifer ist nicht das, was er in der Schöpfung bewirkt. Er ist sogar einer der wichtigsten Engel der Hierarchie, denn ohne seine Existenz könnte sich das Bewusstsein niemals zu einem Selbstbewusstsein entwickeln. Das schlimme ist, dass das, was sein Prinzip bewirkt, das Bewusstsein so sehr stärkt, dass es sich von dem Platz, den es aufgrund seiner Entwicklung gerade einnehmen sollte, entfernt und sich in den Mittelpunkt stellen will. Damit fällt es aus der Ordnung.

Wer sind die Geister der Abramelin-Magie?

Um ehrlich zu sein, ich weiß es nicht. Ich glaube, es ist auch gar nicht so wichtig. Wirklich ist, was wirkt. Und dass man mit den Namen und Siegeln eine ganze Menge bewirken kann, hat sich in der magischen Praxis bestätigt. Ich beschäftigte mich zwar nicht viel mit Evokationsmagie, dafür aber umso mehr mit den Sigillen.

Ich habe, vermutlich dank dieser Genien, die ich ganz bewusst als "Engel" verharmlose, tausende wirkungsvolle Amulette angefertigt, die den Menschen das Schicksal erleichterten, und das zählt. Dabei bin ich gar nicht so sicher, ob es wirklich die Siegel der Genien waren, die etwas bewirkten, oder der Glaube. Mein Glaube an die Macht und Gewalt, mit der ich meine Amulette herstelle und auflade, und der Glaube der Benutzer an die Engel, die angeblich dahinter stehen.

Dass der Kontakt mit den Genien, auch mit den bravsten Engeln, Gefahren birgt, hat Bardon betont und wird auch von mir in meinen Büchern immer wieder erwähnt. Ich mache daher prinzipiell auf meinen Amuletten immer mehr als ein Siegel und sehe in der Wirkung auch mehr die Folge eines Elementals, das ich erschaffen habe und das die Benutzer mit einer "magischen Geste" täglich beleben, und weniger die Genien, die eventuell tatsächlich dahinter sind und sich eventuell über das Elemental angesprochen fühlen. Auch Bardon warnt vor dem passiven Kontakt, der entsteht, wenn man zu lange mit nur einem Siegel eines Wesens arbeitet. Aber nicht, weil diese Genien böse sind, sondern weil man dadurch zu sehr in den Einflussbereich einer Sphäre gelangt, aus der man sich nur schwer wieder befreien kann. Ich habe das selbst mit einer Intelligenz von der Merkurzone erlebt, deren Siegel ich über Jahre trug, und dabei hat sich, ohne dass ich es bemerkte, mein ganzes Wesen verändert.

Bardon sieht in den 360 Vorstehern hochrangige selbständige Intelligenzen, neben die er nur einige Urintelligenzen und die Genien der Planetenzonen stellt, während der Jude Abraham über diese Geister noch Fürsten setzt, die als Dämonen verteufelt werden. Damit kam die ganze Hierarchie in Verruf. Während die christliche Tradition diese Wesen dem negativen Prinzip zuordnet, erwähnt Sättler, der umgekehrt in seinem Adonismus den Christengott als das Übel der Welt sieht, die Fürsten des Abramelin als positive Wesen. Ich bin nun wirklich kein Adonist und finde diese Lehre, auch wenn sie scheinbar die Freiheit der Menschen hervorhebt, sektenhaft, überholt und falsch, aber die Genien der Erdgürtelzone haben sich nach meiner Erfahrung immer nur als positive Wesenheiten gezeigt.

Bei Bardon scheinen die Namen der Fürsten nicht auf und es ist auch gar nicht sicher, ob diese Dämonen auch tatsächlich im Originaltext des Ägypters Abramelin erwähnt werden. Die als "Ober-“ und "Unter-Fürsten" bezeichneten Wesen stehen nämlich in anderen Schriften den zwölf Tierkreiszeichen vor und nehmen somit alle den gleichen Rang ein.

In dem Manuskript, das Abraham von Worms zugeschrieben wird, sind weder die Siegel der Geister und bis auf einige Ausnahmen auch nicht deren Eigenschaften beschrieben. Das hat erst Franz Bardon gemacht.

Nur von den 72 Engeln der jüdischen Mystik waren schon vorher Anrufungsformeln, Siegel und die jeweilige Aufgabe bekannt. Trotzdem hat Bardon auch diese Genien untersucht und sowohl deren Siegel als auch deren Zuständigkeitsbereich neu definiert. Dabei stellt sich die Frage, ob er sich zur Kontaktaufnahme auf den Namen, das Siegel oder auf die Qualität der jeweiligen Grade der Ekliptik einstellte. Dass er selbst jede Intelligenz und nicht nur die Vorsteher der Erdgürtelzone überprüfte, wurde mir von verschiedenen Zeugen bestätigt, die bei diesen Evokationen anwesend waren. Frau Pravica hat sie sogar mehrmals miterlebt, wenn sie bei ihrer Freundin Votavova in Prag zu Besuch war. Ihre Schilderung davon ist in dem Interview für "Gnostika" am Anfang dieses Buches nachzulesen.

Es ist auch nicht sicher, ob Bardon dazu Quintschers Unterlagen verwendete. Denn die Namen, die Quintscher auflistet, entsprechen nicht ganz den Namen in Bardons "Praxis der magischen Evokation". Nur die Namen der Sonnen- und Mondzonen sind in Quintschers Geheimschrift angeführt und könnten aus seinen Schriften sein.

Ich erwähnte bereits an anderer Stelle, dass viele der Intelligenzen auch in anderen Schriften aufscheinen. Auch die 360 Grade der Tierkreiszonen wurden von Hellsehern untersucht, aber jedes Mal anders beschrieben. Von den Siegeln der 72 Genien, die man der Merkursphäre zuschreibt, habe ich drei völlig unterschiedliche Versionen. Quintschers, Bardons und Kabelaks Beschreibung sind einander sehr ähnlich, aber die von Eliphas Levi und eine andere von Guido Wolther weisen ganz andere Siegel und auch Eigenschaften auf. Wolther schreibt aber selbst: "In der Tat habe ich mit den Siegeln, die Franz Bardon bekannt gab, zum Teil gute Erfolge bei Evokationen gehabt, andererseits haben traditionelle Praktiken gänzlich versagt. Also wäge und prüfe!“

Auch da hat Wolther Recht. Es ist völlig sinnlos, über Sigillen- und Evokationsmagie zu spekulieren, nur die Praxis zählt.

Über meine eigenen Erfahrungen mit den Geistern des Abramelin erschien 1988 in "Anubis" ein Bericht. Da diese Zeitschrift nicht mehr erhältlich ist, bringe ich nachstehend nochmals diesen Artikel über meine seinerzeitigen Experimente.

Trotzdem möchte ich keinem raten, sich damit zu beschäftigen. Ich kann es nicht oft genug betonen: Jede Form der Magie ist Zeitdiebstahl, es kommt dabei nichts heraus. Keiner hat von der Evokationsmagie oder dem, was er dafür hielt, wirklich auf Dauer profitiert. Etwas anders ist es vielleicht mit der Wirkung von bestimmten Sigillen, Figuren oder Amuletten. Aber auch davon rate ich ab. Jeder, der ein Siegel, ein Amulett oder ein Götteridol verwendet, begibt sich in die Abhängigkeit einer Macht. Und wer nicht wirklich weiß, welche Macht dahinter steht, wird diese auch nicht beherrschen. Trotz meiner jahrzehntelangen praktischen Erfahrung auf diesem Gebiet habe ich keine sichere Erklärung, was tatsächlich den positiven Effekt bei diesen Gegenständen bewirkt. Ob gute oder böse Geister, ob Engel, Genien oder die Vorstellung, dass es hilft, also die Glaubenskraft. So ein "Hilfsgeist" bleibt, wie jede Glaubens Vorstellung, die sich auf etwas anderes stützt als auf sich selbst, immer eine Krücke, auf die man besser verzichten sollte. Es ist weitaus gescheiter, gleich seine eigenen Geistesglieder so zu entwickeln, dass man sie erfolgreich gebrauchen kann. (Siehe dazu: "Die Vier Elemente. Der geheime Schlüssel zur geistigen Macht")

BARDON UND DER WEG

Brief an Peter E.

Lieber Peter!
Du fragst Dich, ob Bardon tatsächlich ein Adept gewesen sei. Da stellt sich zuerst die Frage: Gibt oder gab es überhaupt jemals Adepten, die jene universale Vollkommenheit erreicht haben, die Bardon als Ziel seines Weges beschreibt? Obwohl ich mich nun seit bald

sechzig Jahren mit Magie und Mystik beschäftige und die okkulte Szene wirklich gut kenne, ist mir bisher so ein "wahrer" Adept noch nicht begegnet. Auch die historisch überlieferten Persönlichkeiten, denen man nachsagt, sie haben Wundertaten vollbracht, und die man deshalb in den Rang eines Adepten erhebt, entpuppen sich bei genauerem Hinsehen als recht normale Menschen mit all den bekannten Schwächen, Trieben und Regungen der Normalsterblichen. Auch die erfolgreichen Religionsgründer Jesus, Moses oder Mohamed bilden da keine Ausnahme. Trotzdem neigen die Gläubigen dazu, ihre Heiligen zu verklären und ihnen einen Heiligenschein zu verpassen. Sogar die unzähligen Schelme und Scharlatane werden von ihren gutgläubigen Anhängern nicht durchschaut. Es ist erstaunlich, dass es so viele "Gurus" gibt, die ganz offensichtlich Betrüger sind und die trotzdem von ihren Schülern als Adepten vereint werden.

Überlege einmal, warum sollte sich ein Adept überhaupt inkarnieren? Sicher nicht um zu lehren, wie man sich mit Zauberei das Leben erleichtert, sondern um zu zeigen, wie man die grob- stofflichen Widerstände nützen kann, um seinen Geist zu schulen, damit man sich aus der Abhängigkeit von der grobstofflichen Welt befreien kann.

Zurück zu deiner Frage: Hatte Bardon wirklich magische Fähigkeiten, wie er behauptet? Manche zweifeln das an, weil er in seinem Leben mehrmals schwere Schicksalsschläge einstecken musste. Ich glaube nicht, dass das mit irgendeinem Karma, das er angeblich auf sich nahm, zu tun hat. Warum also hat er sich nicht besser geschützt?

Bardon selbst schreibt dazu, dass wahre Adepten für sich selbst nichts mit Magie bewirken wollen. Sie greifen nicht in ihr eigenes Schicksal und in die Gesetze, die die grobstoffliche Welt regieren, ein. Jede magische Handlung ist aber solch ein Eingriff in die Ordnung der Materie.

Angeblich sagte Bardon, wenn es ihm schlecht ging: "Gott sei Dank, die Göttliche Vorsehung hat mich nicht vergessen." Und das ist gar nicht so absurd, wie es im ersten Moment aussieht. Denn genauso wie die Geisteskraft schwindet, wenn man nicht täglich übt, erlahmt sie auch, wenn sonst keine Widerstände zu überwinden sind. Bei der körperlichen Kondition ist es doch genauso. Lass es Dir eine Zeit lang gut gehen, und Du wirst schlapp. Abgesehen davon halte ich es für unmöglich, ständig mit magischem Bewusstsein zu leben und jede Gefahr vorherzusehen. Eingeweihte sind auch nur Menschen und sind ihren Schwächen, und den Gesetzen von Raum und Zeit genauso unterworfen wie Normalsterbliche. Auch sie haben Zahnweh, Angst und Wut und Stimmungsschwankungen und werden, weil es einfacher ist, lieber zum Telefon greifen oder einen Brief schreiben, als jemanden mit Elementalen, die erst mühsam gebildet werden müssen, zu bombardieren. Bardon erwähnte gegenüber seinen Freunden immer wieder, dass die magischen Fälligkeiten sehr rasch verschwinden, wenn man nicht täglich ausreichend übt.

Der magische Aufwand für einige Vorteile im Leben lohnt sich daher nicht, vor allem auch weil man dafür wieder etwas schuldig ist. Wer würde sich in einem luziden Traum, also in einem Traum, bei dem man weiß, dass man träumt, für das Vergnügen, ein Schloss zu bewohnen, verschulden, wenn dafür nach dem Aufwachen eine Rechnung präsentiert werden würde?

Bardon hat aber seine magischen Fähigkeiten einigen seiner Freunde demonstriert. Abgesehen von den Wundern, die er wirkte, erschien er nach seinem Tod seiner Tochter Marie, um ihr zu zeigen, dass er die gleichen Fähigkeiten hatte wie Jesus Christus.

Ende des Briefauszugs

BARDON, QUINTSCHER UND EIN TIPP FÜR DIE PRAXIS

Brief an Sieglinde B.

Liebe Sieglinde!
Die Ehefrau von Franz Bardon hat sich nicht mit Magie beschäftigt. Das schrieb sie mir in einem Brief. Dabei hätte sie, astrologisch gesehen, sicher okkulte Fähigkeiten gehabt. Das beweist auch ihr Erlebnis mit dem Hahn, der ihr plötzlich erschien, als sie für ihren Mann ein altes Zaubermanuskript, ich vermute, es war das Buch Raziel, abtippte und dabei eine Formel laut mitlas. Auch seine Tochter Marie hat sich nicht mit praktischer Esoterik beschäftigt. Sicher hat Bardon ganz bewusst seine Familie aus seinen magischen Arbeiten herausgehalten. Ich verstehe das und finde es absolut richtig und machte es genauso. Wenn unsere Kinder Fragen stellten, habe ich sie natürlich beantwortet und eventuell entsprechende Bücher herausgesucht. Beide sind medial begabt, perfekt in der Astrologie, Cornelia macht auch Beratungen, und Christian pflegt auf vernünftige Art die hermetische Geistesschulung nach Franz Bardon. Auch Margareta steht mit beiden Beinen fest auf dem Boden und gehört auch keiner Freimaurerloge an. Damit bin ich bei Deiner zweiten Frage.

Es entgeht Dir sicher nichts, wenn Du keiner so genannten regulären Freimaurerloge angehörst. Die machen auch nichts anderes als ihr in den gemischten Logen, nur dass sie viel schlampiger arbeiten. Es werden sogar die gleichen Rituale verwendet. Bardon suchte Kontakt zu allen möglichen Leuten aus der damaligen esoterischen Szene und gehörte verschiedenen okkulten Gruppen an. Er arbeitete auch in einer gemischten Loge. Aber wie Du weißt, halte ich nicht viel von Orden, Logen und okkulten Zirkeln. Ich kann Dir da nichts empfehlen, die sind im Grunde genommen alle gleich bedeutungslos. Ich bin überzeugt, wer wirklich ernsthaft Bardons Weg der

Hermetik geht, der kommt allein besser voran.

Übrigens, Selbstfindung ist nicht Emanzipation. Es geht nicht darum, dass man sich nichts mehr gefallen lässt und nur noch tut, was man will, sondern dass man sich selbst als Geistwesen erfasst und erkennt, dass man ein Geistwesen ist, und dass man sich das auch immer wieder bewusst macht, indem man quasi im Alltag "erwacht".

Bardon und Quintscher

Nun zu Deiner letzten Frage. Natürlich finde ich die Sachen von Quintscher interessant und habe sie alle gelesen. Auch wenn er nicht Bardons Lehrer war, so waren die beiden miteinander befreundet und haben sich gegenseitig geistig befruchtet. Bardons hermetisches Weltbild unterscheidet sich jedoch grundlegend von Quintschers Lehre:

Ein wesentlicher Unterschied ist zum Beispiel Quintschers Vorstellung vom so genannten Jenseits. Er sieht neben der grob- stofflichen Welt nur eine feinstoffliche Ebene, in der sich alles, was geistig und seelisch ist, abspielt, während Bardon drei Ebenen, die Mental-, Astral- und Akasha-Ebene beschreibt und über der Erdgürtelzone noch weitere Sphären erkundet hat.

Für Bardon gibt es auch nicht Gut und Böse, wie das bei Quintscher der Fall ist. In den Meisterbüchern definiere ich das noch genauer, indem ich darauf hinweise, dass Gut und Böse nicht zwei Pole sind, sondern dass Übertreibungen und Auswüchse nach jeder Seite zerstörend wirken, und das Gute, die Mitte, das Gleichgewicht ist, weil es den alles beherrschenden gleichen Abstand zu allem zu wahren vermag.

Für Bardon ist auch die Magie nicht das Wesentliche, was angestrebt wird. Für ihn geht es ausschließlich um die Entwicklung von Geist und Seele, die durch die magische Schulung beschleunigt wird. Was sonst mehrere Inkarnationen dauern würde, lässt sich mit gezielter Geist- und Seelenschulung viel rascher erlernen. Das meinte übrigens auch Gustav Meyrink, wenn er schreibt, dass wenn man sich mit Magie und Mystik beschäftigt, das Schicksal zu galoppieren beginnt. Ich kann das übrigens auch bestätigen.

Bardon erklärt erstmals die Hierarchie der Genien. Ich meine damit nicht, dass er die Intelligenzen der Sphären, die ja bereits bekannt waren, den Planeten zuweist, das hat auch Quintscher getan, sondern dass er den Menschengeist der göttlichen Vollkommenheit gleichstellt und in den Mittelpunkt der Schöpfung stellt. Bardon lehrt, dass der Mensch über der ganzen Engelshierarchie steht, weil er die Eigenschaften aller Genien in sich trägt, während selbst die höchsten Erzengel nur Teilaspekte der Vollkommenheit repräsentieren.

Von wem die Siegel der Genien von der Erdgürtelzone stammen, ist mir nicht bekannt. Dass man mit der Methode des Abramelin erfolgreich arbeiten kann, habe ich, wie Du ja weißt, selbst erlebt. Dadurch habe ich ja entdeckt, dass Bardons Geniennamen mit den Geistern, die Abraham von Worms angibt, übereinstimmen. Möglicherweise war es Silias, der medial sehr begabt war und Quintschers Forschungskreis angehörte, der die Siegel auf medialem Weg empfing. Er hat ja auf diese Weise noch eine ganze Reihe von Geistern aufgespürt und von ihnen Mitteilungen erhalten, die vorher noch nicht bekannt waren. Studiere dazu "Das magische Tagebuch des Silias". Du kannst es im "Archiv Hermetischer Texte", wo Du bereits die Werke von Hemberger und die Originalmanuskripte von Quintscher bezogen hast, bestellen.

Gedankenkontrolle und Imaginationsübungen

Jetzt zu Deinem Problem mit dem Imaginieren. Da bist Du nicht allein. Es geht doch allen so. Die meisten brauchen Jahre, bis sie die ersten drei Stufen aus dem "Adepten" beherrschen. Aber es gibt einen kleinen Trick, mit dem Du einen Eindruck für ein Feedback bekommst. Übe, wenn Du total übermüdet bist. Oder während einer langen Flug- oder Zugreise, wo man diesen bestimmten gehobenen, wachen Bewusstseinszustand, in dem sich Imaginationen wie von selbst realisieren, leichter erreicht, ohne dass man dabei in einen

Trancezustand versinkt. Am besten gelingt es, wenn Du Fieber hast. Du wirst bemerken, dass dann alle Vorstellungen viel leichter Gestalt annehmen. Du kannst dann Töne, Farben und Empfindungen viel deutlicher imaginieren als im normalen Wachzustand. Und Du erkennst dabei, worauf es ankommt, diese gewisse Bewusstseinskante, die Du halten musst, ohne Dich in den Phantasien zu verlieren, die gleich daneben lauem. Bardon warnt zwar davor, bei den Übungen einzuschlafen, und das passiert natürlich, wenn Du diese Technik anwendest, aber nach meiner Erkenntnis ist es besser, so zu üben, um Erfahrungen zu sammeln, als gar nicht, weil man glaubt, man schafft es nicht. Ich glaube auch nicht, dass es gefährlich ist, wenn man bei den Übungen einschläft. Im Gegenteil, für manche Übungen eignet sich die Zeit vor dem Einschlafen, in der man sonst sowieso nur phantasiert, besonders gut. Was Bardon meinte, war, dass es schade ist um die Zeit, die man verpasst, wenn man, statt zu üben einschläft. Aber genauso ist es schade um das Bewusstsein, das man jeden Abend vor dem Einschlafen sinnlos verdöst.

PS: Noch ein Tipp für die Praxis

Bist Du sicher, dass Du die Gedankenkontrolle der Stufe eins bereits vollkommen beherrschst? Manchmal gelingen Imaginationsübungen der Stufe zwei leichter als die vorangehenden Übungen, weil man dabei einen Aufhänger hat, an den man sich halten kann. Aber lass Dich nicht täuschen, die Gedanken sind lästiger, als Du glaubst, und wenn Du sie nicht vollkommen beherrschst, werden sie Dich bei der erstbesten Gelegenheit bei Deinen Übungen wieder stören. Und zwar viel nachhaltiger als in der Zeit, wo Du noch nicht über die geschulte Imaginationskraft verfügt hast. Die kommt jetzt nämlich auch den nicht gewollten Vorstellungen zugute. Je stärker Deine Imaginationskraft wird, umso mehr musst Du darauf achten, was Du denkst und fühlst.

Ein Freund von mir, ebenfalls ein Bardon-Schüler, begann nach dem abgeschlossenen Jurastudium mit Medizin. Er hatte ein phänomenales Gedächtnis und schaffte den zweiten Doktor in nur vier

Semestern. Aber einmal fiel er bei einer Prüfung durch. Auf dem Weg in die Uni, in der Straßenbahn, kam ihm plötzlich der Gedanke, er würde die Prüfung nicht schaffen, und er wurde diesen Gedanken nicht los. Bardon wusste schon, warum er davor warnte, mit den Übungen der nächsten Stufe zu beginnen, bevor man die vorangehenden restlos beherrscht.

Gedankenstille

Aber ich verrate Dir auch zur Herstellung der Gedankenstille einen Trick. Du kannst dabei, wie gerade erwähnt, die nutzlose Zeit beim Einschlafen nützen. Mach Dir Deinen Körper bewusst, wie er wohlig entspannt im Bett liegt, und verschmilz mit der angenehmen Körperempfindung. Konzentriere Dich dabei ganz auf die Vorstellung ICHBIN. Diese Vorstellung sollte als DASEIN empfunden werden und nicht als Mantra. Also nicht denken oder murmeln "Ich bin", sondern sein. Du wirst Dich zuerst im Kopf empfinden und diesen ausfüllen, so dass kein anderer Gedanke Deinen Platz einnehmen kann. Wenn das gelingt, kannst Du Dich mit Deinem Bewusstsein auf den ganzen Körper ausdehnen und Dich in die Brust und Bauchgegend verschieben. Du kannst dann weitergehen und den Raum um Dich als Deinen "Körper" empfinden und hast damit eine gute Ausgangslage für weitere Übungen in der vierten Dimension.

Mit dem Üben ist es halt so eine Sache. So wie Dir geht es auch vielen anderen. Man ist nicht konsequent. Aber es ist immer noch besser, wenn Du die Zeit vor dem Einschlafen nützt, als Du machst gar nichts.

Ich glaube, ich habe auf diese Weise viel mehr geübt als bei den täglichen Meditationszeiten, die ich ja doch oft monatelang nicht einhielt. Damit wird das Zubettgehen zu einem Ritual, als würde man sich in seinen Tempel begeben.

Schlaf gut, alles Liebe.
Dein Emil

BARDON, BAPHOMET UND DER FOGC

Wenn man über Franz Bardon schreibt, muss man auch auf Baphomet und den "Freimaurer Orden des Güldenen Centuriums" - FOGC - eingehen. Fragen, die diesen geheimnisvollen Orden betreffen, regen die Phantasien der Bardon-Leser ganz besonders an und werden mir am häufigsten gestellt. Doch das Ganze hat mit Franz Bardon nichts zu tun. Er hat den Roman "Frabato", in dem dieser Orden erstmals öffentlich erwähnt wird, nicht geschrieben.

"Frabato" wurde nicht, wie Frau Votavova in einem Brief an den Bauer Verlag behauptet, von Franz Bardon diktiert, sondern weitgehend von ihr selbst verfasst. Frau Pravica hat das nicht nur mir gegenüber mehrmals erwähnt, sondern auch anderen Personen gesagt. Und wenn man den unmöglichen Stil, in dem das Originalmanuskript geschrieben wurde, mit Bardons Werken vergleicht, wird einem das sofort klar. Bardon, so sagte Frau Pravica, wollte keinen Roman herausbringen und war über das Manuskript von Frau Votavova nicht sehr glücklich. Er hat auch die vom Bauer Verlag umgeschriebene Druckvorlage nicht gelesen. Er wurde am 26. 3. 1958 verhaftet, also noch bevor Eberhard Maria Körner dieses vom Verlag überarbeitete Manuskript am 1. April 1958 zur Korrektur in die Tschechoslowakei brachte.

Eberhard Maria Körner berichtet in dein Buch: "Wege zum Licht", Schroeder Verlag 1962, von dieser Reise zu Franz Bardon nach Prag.

... Man hatte mich gebeten, das Roman-Manuskript FRABATO zwecks Korrektur nach Prag zu bringen, wo Bardon jeweils vierzehn Tage als Heilpraktiker und Leibarzt einiger Regierungsmitglieder residierte.

Dazu muss bemerkt werden, dass es nicht ungefährlich war, ein Buch über Magie in die Tschechoslowakei zu bringen.

... Die überaus strenge Zollkontrolle dauerte in Waidhaus für jeden der meist aus der Nähe kommenden Omnibusse etwa drei Stunden. Selbst die Aschenbecher wurden umgedreht. Zwischenfälle gab es aber nicht, wenn auch alles und jedes, der Autobus, die Gepäckstücke, und in manchen Fällen auch die Menschen, zu deutsch Leibesvisitation genannt, umgekrempelt wurden. Logischen Ermessens hätte nur ich, der in Sachen Esoterik Reisende, den Zwischenfall liefern können und müssen.

... Obwohl die Gepäckstücke aller anderen Mitreisenden buchstäblich ausgeschüttet wurden, um Schmugglerware oder sonstige verdächtige Dinge ausfindig zu machen, wurde ich vom jungen Zöllner nur aufgefordert, meinen Koffer zu öffnen, in dem, nur eben unter dem Schlafanzug liegend und gar nicht in einem Geheimfach, die "hochgeheime Reisesache" ruhte.

... Wenn mir auch versprochen worden war, dass das Manuskript "magisch abgesichert" worden sei, muss ich doch gestehen, dass ich mit folgendem Ereignis nun doch nicht gerechnet hatte. Denn kaum hatte ich den Koffer geöffnet, als der Zöllner schon sagte: "Ist gut. Machen Sie wieder zu." Und das war, um es deutlichst nochmals zu betonen, ein einmaliger Vorfall bei der ganzen Kontrolle.

... Wir betraten das schlichte graue Mietshaus, in dem der Meister wohnte, der den damals an Krebs todkrank daniederliegenden früheren Staatspräsidenten Benesch gerettet und ihm drei Jahre weiteres Erdenleben beschert hatte, wofür ihm sein Land mit verschiedenen verdienten Sonderlizenzen dankte. So wurde auch stillschweigend geduldet, dass er seine magischen Forschungen weiterbetreiben konnte. Aber der Weg wurde uns vom Hausmeister versperrt...

Wie dann Körner erfahren musste, waren Franz Bardon und seine Sekretärin kurz zuvor verhaftet worden und die Wohnung versiegelt und versperrt. Er musste also unverrichteter Dinge wieder zurück in den Westen.

... Auch die Heimfahrt später verlief völlig reibungslos. Der Koffer wurde überhaupt nicht mehr kontrolliert, auch das war gegen jede Wahrscheinlichkeit. Ich kann nur sagen, dass Franz Bardon Wort gehalten hat. Ich bleibe ihm immer dankbar für die großartige Absicherung des Manuskripts, das später doch noch erscheinen sollte...

Franz Bardon hat das Manuskript also nie gesehen. Körner nahm es wieder mit und Bardon starb wenige Monate später im Gefängnis. Erst nach dessen Erscheinen wurde ein Exemplar an Frau Votavova geschickt, die sich darüber in einem Brief an den Bauer Verlag heftigst beschwert.

Frau Bardon teilte mir dazu mit, dass Frau Votavova Franz Bardon überredet hätte, noch ein viertes Buch herauszugeben. Er selbst habe immer nur von drei Werken gesprochen, die er im Auftrag der Göttlichen Vorsehung schreiben sollte. Ob Frau Bardon mit dem vierten Buch den Roman "Frabato" meinte oder das unvollendete "Goldene Buch der Weisheit", kann ich nicht sagen. Nur eines ist sicher, Bardon war mit dem Buch nicht glücklich und hätte es, laut Pravica, in dieser Form niemals veröffentlicht.

Wenn man den Unsinn und die vielen Ungereimtheiten, die Frau Votavova sonst noch über ihren Meister verbreitet hat, betrachtet, so kann man davon ausgehen, dass auch in ihrem Roman mehr Phantasien als reale Begebenheiten beschrieben werden. Das bestätigt auch Josef Metzger, alias Peter Mano, der im Auftrag von Germer in den fünfziger Jahren Bardon in Tschechien besuchte. Er erzählte, dass ihm dieser zweimal seine ganze Lebensgeschichte erzählte und dass sich diese nicht mit der von Votavova in "Frabato" geschilderten Version deckt.

Das muss jedoch nicht bedeuten, dass die ganze Handlung frei erfunden ist. Dass Bardon unter dem Künstlernamen "Frabato" als Fakir auftrat, ist hinlänglich bekannt. Und über einen Orden namens FOGC gibt es noch andere Unterlagen. Die Frage ist nur, wie in dieser Loge gearbeitet wurde und was die Mitglieder tatsächlich zuwege brachten.

Hat es den FOGC tatsächlich gegeben?
Über den FOGC schrieb auch Guido Wolther, Logenname Daniel, der letzte bedeutende Großmeister der Fraternitas Saturni. Auch Wilhelm Quintscher erwähnt in seinen Schriften diesen Orden, in dem angeblich die Logenmitglieder mit magischen Mächten und einem Gerät, dem Tepaphon, operierten. Im Grunde genommen war das Tepaphon nichts anderes als ein magischer Spiegel, wie ihn Franz Bardon, vereinfacht, in seinen Werken beschreibt. Dass man einen magischen Spiegel auch in gemeinsamen Logenarbeiten verwenden kann, ist klar. Eugen Grosche beschreibt das in seinem Roman "Exorial". Es ist anzunehmen, dass man auch in der von ihm gegründeten Fraternitas Saturni, die damals noch eine magisch ausgerichtete Loge war, damit experimentierte. Sowohl Wolther, Grosches Nachfolger, als auch Quintscher, der ebenfalls kurze Zeit Mitglied dieser Loge gewesen war, kannten natürlich die Praktiken und Rituale und ließen sich bestimmt davon inspirieren.

Über Guido Wolther und Hemberger gelangten dann logeninterne Schriften der Fraternitas Saturni an die Öffentlichkeit. Von Wolther stammen auch die Informationen über den FOGC, die heute als Raubkopien durch die Okkultszene geistern. Er hat sowohl die Namen einiger Mitglieder als auch die Rituale und Siegel der 99 Hilfsgeister, die den Brüdern angeblich dienen sollten, an Hemberger verkauft. Dieser hat Kopien davon an einige ausgewählte Freunde weitergegeben. Inzwischen sind auch diese geheimen Manuskripte über das Internet jedermann zugänglich, und ein junger Wiener hat das ganze auch noch in einem gebundenen Manuskript: "FOGC - 99" zusammengefasst.

Ob dieser "Freimaurer Orden des Güldenen Centuriums" in der Form, wie es in "Frabato" und anderen Berichten geschildert wird, tatsächlich existierte, ist mir nicht bekannt. Die meisten bezweifeln es und meinen, Guido Wolther habe sich alles nur ausgedacht. Die Rituale der Fraternitas Saturni und die Rituale, welche angeblich der FOGC verwendete, sind nämlich nahezu identisch. Das ist aber nicht verwunderlich, denn im Grunde genommen folgen seit Jahrhunderten alle echten Rituale einem gleichen Schema. Die Magie eines wirkungsvollen Rituals unterliegt nämlich ganz bestimmten tiefenpsychologischen Gesetzen, die einen entsprechenden Aufbau und Ablauf des Wortlauts der Zeremonie und des Ritualgeschehens erfordern.

Ich persönlich glaube nicht, dass sich Wolther alles nur ausgedacht hat. Ich bin sogar überzeugt, dass tatsächlich Logenarbeiten nach diesem Ritual abgehalten wurden. Wieweit es aber auch gelang, die beschriebenen magischen Phänomene zu bewirken, ist eine andere Frage. Ich habe da nach Jahrzehnten praktischer Erfahrung mit Logen meine berechtigten Zweifel. In der Regel wird sich nicht Baphomet, sondern bestenfalls ein Logen-Egregor melden, und dessen Macht darf man nicht überschätzen. Es ist das gleiche Phantom wie der "Gotos" der Fraternitas Saturni, oder der "Philip", der bei der Beschwörung einer anderen ganz harmlosen Forschungsgruppe erschienen ist. Es kommt dabei ganz auf die magische Begabung der Teilnehmer an, welche Mächte geweckt und angesprochen werden. Und genau hier liegt das Problem.

Ich habe es bereits mehrmals erwähnt, wie schwierig es ist, die für einen magischen Akt erforderlichen Energien zu konzentrieren. Zeremonialmagie im Logentempel ist kein Freizeitspaß. Das sind keine geselligen Logenarbeiten, bei denen man sich entspannt zurücklehnt und dem Hammerführenden Meister die Arbeit überlässt. Das erfordert, genauso wie die Experimentalmagie, die man für sich allein macht, einen enormen spirituellen Einsatz und stellt an alle Beteiligten die höchsten geistigen Anforderungen.

Dass privilegierte verwöhnte Luxusmenschen einen Pakt mit Baphomet, ganz gleich was für ein Wesen man sich darunter vorstellt, zuwege bringen und von ihm auch noch Hilfsgeister zur Verfügung gestellt bekommen, halte ich für ausgeschlossen. Es ist völlig absurd zu glauben, dass es tatsächlich 99 fähige Hochgradfreimaurer gab, die in der Lage waren, eine Intelligenz mit dieser Macht und Kraft zu evozieren. Unter den Hochgradfreimaurern, die ich persönlich kenne - und ich kenne mehr als neunundneunzig Brüder ist nicht ein Einziger, der dazu imstande wäre. Das gilt auch für die

Brüder und Schwestern aus so genannten Winkellogen und magischen Zirkeln, obwohl sich da einige wirklich ernsthaft bemühen, "Magie" zu betreiben. Doch selbst die wären nicht einmal in der Lage, ein Wesen aus einer anderen Sphäre wahrzunehmen.

Ich kenne keinen einzigen lebenden Magier, der dazu fähig wäre, ein höheres Wesen zu zitieren und sich dienstbar zu machen, ganz gleich ob nach der Evokationsmethode des Franz Bardon oder mit den Zauberformeln mittelalterlicher Beschwörungsmagie. Ich kenne aber einige Personen, die das immer wieder versuchten und dabei jämmerlich gescheitert sind. Sie alle sind, nach einigen Scheinerfolgen, wie Wolther und Hemberger verarmt, vereinsamt und zumeist auf recht elende Weise ums Leben gekommen. Auf Geister kann man sich nicht verlassen und für das, was sie einem beschaffen, holen sie sich Lebenskraft.

Zeremonialmagie ist meiner Erfahrung nach, genauso wie die Alchemie, eine Beschäftigung, die von der Idee völlig besessen macht und früher oder später den Geist verwirrt. Nicht dass die Personen deswegen ins Irrenhaus kommen, aber sie lassen nicht locker und gehen vollkommen auf im Glauben an ein Gelingen ihres Vorhabens, vernachlässigen ihre profanen Aufgaben und Pflichten, während ihre Lebenszeit sinnlos verstreicht. Ihre Geisteskraft nährt ein Phantom, statt dass sie der eigenen Entwicklung zugute kommt. In meinem Archiv befinden sich zwei magische Tagebücher von solchen faustischen Naturen, die sich, ähnlich wie John Dee, ein Leben lang von ihren Gedankenschemen foppen ließen. Da sind tatsächlich die Theoretiker, die eifrig ein Okkult-Buch nach dem anderen lesen, aber nie mit der Praxis beginnen, besser dran.

Magie? - Man sollte lieber die Finger davon lassen

Wer mit magischen Mächten arbeitet, darf sich keine Schwächen leisten. Nicht die geringsten. Denn diese sind, wie alle Eigenschaften und Fähigkeiten, ein Wesensteil von ihm und werden genau wie seine guten Anlagen mit seinen Fortschritten wachsen. Franz Bardon hat das in seinen Werken immer wieder betont. Das ist kein erhobener Zeigefinger. Disziplin und Moral sind absolut notwendig in der Magie. Wer das Gleichgewicht seiner vier Elemente nicht halten kann, wird unweigerlich Rückschläge erleiden und, wenn er nicht vorher resigniert und aufgibt, an der Magie zu Grunde gehen.

Man darf daher, auch wenn scheinbar nichts passiert, wenn man eine magische Formel oder Glyphe verwendet, das ganze nicht unterschätzen. Die Energien sind unberechenbar, undurchschaubar und heimtückisch. Erfahrene Hermetiker wissen das. Ich erinnere mich an eine Begebenheit mit Prof. Dr. Adolf Hemberger, der wirklich ein moderner Dr. Faust gewesen ist, und einigen Brüdern. Wir waren nach einer Logenarbeit, zu der Hemberger extra nach Wien angereist war, noch gemütlich bei mir versammelt, als ein junger Bruder ein altes Manuskript aus meinem Buchregal hervorholte und laut etwas zitierte, das ich nicht verstand. Aber Hemberger verstand es und rastete total aus. Er sprang auf, brüllte ihn an und riss ihm die vergilbten Blätter aus der Hand. Es war eine äußerst peinliche Situation.

Ich möchte dringend davor warnen, aus Neugier oder sonst einer Gier mit Zauberformeln herumzuspielen. Auch nicht mit den Anleitungen zur Anrufung der Geister aus Guido Wolthers Hierarchie. Ich weiß nicht, woher er sie hatte, aber jedenfalls sind diese Namen und Siegel keine sinnlose Kritzelei, wie manche meinen. Ich habe mit einigen Siegeln und Formeln, die damals noch streng geheim waren, experimentiert.

Solche Experimente sind selten wiederholbar, sie gelingen nicht immer, aber fast immer haben sie Folgen, die sich erst später zeigen, wenn man schon längst an andere Dinge denkt. Folgen, mit denen man nicht gerechnet hat.

Mit Zauberformeln ruft man meiner Meinung nach keine Geister, sondern weckt Elementale, die sich den Lebensgeist des Zauberers holen. Das gilt eigentlich für jede Form der Magie.

Auch das, was Bardon beschreibt, kann für den, der sich wirklich ernsthaft damit beschäftigt, zu einer Falle werden, wenn er sich nicht an seine Unterweisungen hält und zu früh mit magischen Experimenten beginnt. Natürlich ist mir bewusst, dass sich keiner daran hält. Ich habe es auch nicht getan und trotzdem alles unbeschadet überstanden. Ich kenne aber Leute, denen die Beschäftigung mit der Magie nicht so gut bekommen ist und die, weil sie Bardons Anleitungen nicht befolgten, im Sumpf einer Pseudomagie versanken.

Das Tepaphon als magischer Spiegel und Strahlgerät

Von dem Tepaphon, das bei den Logenarbeiten im FOGC angeblich eingesetzt wurde, gibt es verschiedene Versionen. Bei einer der Beschreibungen wird statt Hochfrequenzstrom eine normale Batterie verwendet. Ich habe damit einen Versuch unternommen und es hat auf verblüffende Weise gewirkt. Danach habe ich nie wieder damit gearbeitet und kann also nicht sagen, ob der Erfolg ein Zufallsergebnis war oder auf die spezielle Konstruktion zurückzuführen war.

Ich bin aber der Meinung, dass auch dieses "magische" Werkzeug nach dem gleichen Prinzip funktioniert wie alle anderen Gegenstände der Macht. Es ist eine Bewusstseinsstütze, ähnlich wie der Stab, die Axt, oder die Puppen beim Voodoo, die es einem erleichtert, die für den magischen Akt erforderlichen Elementale besser zu konzentrieren, und gleichzeitig den Glauben an ein Gelingen stärkt.

Ähnlich könnte auch die größere Version des Tepaphons funktioniert haben, die angeblich bei Gemeinschaftsarbeiten verwendet wurde. Nur dass dabei nicht ein Elemental, sondern ein Gruppengeist, der Logen-Egregor, den Machtfaktor bildete und eventuell sogar in Erscheinung trat. Dieser ist ja auch nichts anderes als ein Hilfsgeist, gebildet aus den Elementalen, die sich durch den Glauben und die Bestrebungen der Logenmitglieder im Laufe der Zeit gebildet haben.

In dem Buch "Eine Gruppe erzeugt Philip", Aurum Verlag, wird das klar beschrieben. Da wird im Voraus von den Teilnehmern eines "magischen" Zirkels eine ganz bestimmte Persönlichkeit mit allen Charakterzügen bis ins kleinste Detail entworfen: ein englischer Adeliger aus dem sechzehnten Jahrhundert. Dieser wird dann in Gruppenarbeiten gemeinsam zitiert und erscheint auch tatsächlich. Und er verhält sich genauso, wie es seinem Wesen, das man sich ausgedacht hat, entsprechen würde.

Die Geister und Dämonen, die bei Evokationen und Logenarbeiten beschworen werden, sind, falls sich tatsächlich etwas manifestiert, in der Regel auch nichts anderes als Gruppengeister, die sich als die zitierten Wesen ausgeben. Da erscheint nicht Luzifer oder Baphomet. Staudenmaier beschreibt in seinem Buch "Magie als experimentelle Naturwissenschaft" ähnliche Erlebnisse.

Deshalb warnt Bardon sehr eingehend vor Experimenten mit Elementalen als Hilfsgeister, weil diese früher oder später ein Eigenleben entwickeln und einem Anfänger, der sie nicht beherrscht, über den Kopf wachsen würden.

Was man auf diese Weise mit "Geisterhilfe" magisch erreichen kann, lässt sich genauso gut, wenn nicht sogar besser, mit der einfachen Methode des positiven Denkens und Wünschens, wie sie Mulford beschreibt, erzielen. Man muss nur darauf achten, dass einem die Wunschkraft nicht entgleitet und sich selbständig macht. Die meisten Menschen wünschen sich viel zu viel und unkontrolliert und ständig etwas anderes, statt dass sie ihren Wunsch in Willen wandeln, indem sie sich ganz auf das Angestrebte einstellen. Sie werden eher von ihren Wünschen getrieben, als dass umgekehrt die Wunschkraft ihnen ihre wahren Ziele näherbringt.

Genauso wie die Wünsche wirkt auch die Macht des Zweifels und der Angst, welche die Gedanken an Ereignisse, von denen man fürchtet, dass sie eintreten, belebt und verwirklichen lässt. Hier liegt der Schlüssel zur negativen Form der Magie. Ist einmal der Glaube an den "bösen Zauber einer schwarzen Magie" vorbereitet, so ist es keine Kunst, den Betreffenden dann auch tatsächlich in Bedrängnis zu bringen. Da ist kein Baphomet, Luzifer oder Satan am Werk. Die meisten schaffen es ganz allein, sich mit ihrer Angst fertig zu machen.

Damit wird wieder einmal klar, wie wichtig die Gedankenkontrolle ist, die Bardon gleich an den Beginn seiner Instruktionen stellt.

ÜBER DEN FOGC

Brief an Christopher W.

Lieber Christopher!
Vielen Dank für die Übersendung Deines Märchenbuches über den FOGC und die Neunundneunziger. Du hast Dir ja viel Mühe gemacht, Wolthers Manuskripte aufzubereiten. Als ich in Deinem Alter war, hat mich dieses Thema genauso fasziniert und ich habe viel Zeit dafür verschwendet, um der Sache nachzugehen.

Heute, nach 35 Jahren Erfahrung mit Orden, Logen und magischen Zirkeln, sehe ich die Sache allerdings etwas anders. Ich glaube nicht mehr, dass hermetische Praktiken in einer Gruppe leichter durchführbar sind, als wenn man es allein versucht. Im Gegenteil, das lenkt nur ab. Es werden zwar immer noch Logenarbeiten abgehalten, bei denen man versucht, mit magischen Mitteln gemeinsam etwas zu bewirken, aber das sind harmlose Dilettanten oder Idealisten, und nicht die Mächtigen dieser Welt.

Macht und Einfluss über andere erlangt man heute anders als mit Magie. Die Machtstrukturen, die die Welt beherrschen, beruhen auf geheimen Netzwerken, Bestechung und Korruption. Die Zauberformel heute lautet: Bedrohung, Erpressung und Mord. Selbst die Mitglieder der berüchtigten italienischen Freimaurer Loge P 2 treffen sich nicht zu gemeinsamen Logenarbeiten. Die rufen keinen Baphomet. Wenn einer etwas braucht, ruft er den Gelli an. Der weiß, wer von den Brüdern am entsprechenden Hebel sitzt und im einzelnen Fall etwas bewirken kann. Angeblich kündigte Gelli bereits vor dreißig Jahren an, er werde Italien beherrschen, und zwar indem er zuerst die Medien beherrscht. Sein Freund Berlusconi hat die Arbeit für ihn bestens erledigt.

Die Zeit der Magier ist vorbei. Was immer Du mit Magie erreichst, wenn Du das gleiche nicht auch allein und ohne Hilfe der Geister schaffst, wirst Du es mit Sicherheit wieder verlieren. Es nützt Dir gar nichts, wenn Du Dir eine höhere Position, eine Frau oder Geld erzauberst, wenn Du nicht imstande bist, das Erreichte zu halten, weil Dir die nötigen Eigenschaften dazu fehlen, weil ihr nicht zusammenpasst oder weil Du mit Geld nicht umgehen kannst. Es ist einfacher, zuerst die nötigen Voraussetzungen für das, was man erreichen will, zu schaffen, sich die Kenntnisse und Befähigungen anzueignen und es auf normalem Weg zu versuchen, als Baphomet oder andere geistige Mächte zu bemühen.

Natürlich wird es immer magisch interessierte Personen geben, die sich zu Ritualarbeiten treffen und gemeinsam versuchen, mit Geisteskraft etwas zu verwirklichen. Soweit sie Kraft und Erkenntnisse, die der persönlichen Vervollkommnung dienen, anstreben, ist dagegen nichts einzuwenden. Jeder muss selbst entscheiden, wie er seine Zeit verschwendet. Aber alle anderen Experimente sind lächerlich. Ein Wesen aus einer anderen Welt wird bei einer Logenarbeit kaum erscheinen.

Du kannst Dir die Mühe sparen. Geh lieber wieder einmal in den Lainzer Tiergarten, wo es, wie Du schreibst, noch Adepten gibt, und schau Dir dort die Wildschweine an. Vielleicht bekommst Du in so einer Rotte wieder eine große Erleuchtung wie beim letzten Mal. Auf alle Fälle bekommst Du oben im Hirschgstemm einen echten Wiener Milchrahmstrudel, und der schmeckt meiner Meinung nach noch viel besser als Nirvana und das Himmelreich.

Ende des Briefauszugs

Ist Baphomet ein Phantom, ein Erdgeist, oder der Herr dieser Welt?

Ganz gleich ob der FOGC existierte oder nicht, der Baphomet spielt heute auch in den Hochgraden der Freimaurerei keine Rolle mehr. Er wird weder in den Ritualen noch in den Instruktionen irgendwelcher roter Logen erwähnt. Nur im schwedischen System und dem deutschen Freimaurerorden wird er in Verbindung mit dem zehnten - dort der letzte Grad - noch benannt und ziert das Amtssiegel des "Vicarius Salomonis". Dabei sind diese beiden Freimaurerorden die einzigen, die nur bekennende Christen in ihre Logen aufnehmen. Also sicher keine Teufelsanbeter.

Baphomet repräsentiert für sie das Prinzip der Weltseele, gilt als "Allvater in der Natur, die das Leben steuert und den Geist mit der Materie verbindet, die er stets belebt, zerstört und wieder gestaltet, ohne sie verlassen zu können". Das ist fürwahr ein Mysterium, über das es sich nachzudenken lohnt. Die Templer haben diese Macht personifiziert und verehrt. Vielleicht hat er ihnen dafür tatsächlich gedient, gelohnt hat es sich offensichtlich nicht, wenn man an ihr tragisches Ende denkt.

Oder vielleicht doch. Es gibt möglicherweise auch einen anderen "Baphomet". In den schwedischen Instruktionen steht nämlich, dass der Name Baphomet von Baffometus, das bedeutet der Bärtige, kommt.

Nun sah ich vor vielen Jahren in einer ägyptischen Ausstellung neben Ushebtis und Bronzen von Isis, Osiris, Horus und Bes zwei kleine Elfenbeinfiguren mit einem langen Bart und einer spitzen Kopfform oder Mütze, so wie in der Regel auch die Erdgeister wahrgenommen und dargestellt werden. Die Gnomen waren also auch im alten Ägypten bekannt und wurden offensichtlich schon damals als Götter und Idole verehrt. Diese beiden Idole sahen genauso aus wie der Erdgeist Andimo, als er mir in einer Traumvision erschien. Andimo ist nach Bardon für Alchemie, Gold und Goldbergbau zuständig und legt, wenn er erscheint, dem Magier den Stein der Weisen zu Füßen.

Dass sich die Templer mit Alchemie beschäftigten, geht aus den geheimen Unterlagen des schwedischen Freimaurerordens hervor. Der Ursprung der Alchemie ist vermutlich in der arabischen Welt zu suchen und die Kreuzritter pflegten bekanntlich regen Gedankenaustausch mit den fremden Wissenschaftlern und Philosophen. Vielleicht haben sie dabei die Magie des Abramelin kennen gelernt und sind mit Andimo in Kontakt gekommen. Wer sich mit Magie und Mystik beschäftigt, sollte am besten gar nichts glauben, aber er sollte auch nichts ausschließen.

BARDON UND DIE ALCHEMIE

War Bardon ein Phantast oder ein moderner Geisteswissenschaftler? Er beschreibt in seiner "Praxis der magischen Evokation" einige Genien, die unter anderem auch für Alchemie zuständig sind. Man muss also annehmen, dass er daran glaubte, dass es die Möglichkeit gibt, auf magischem Wege Gold herzustellen. Wenn man bedenkt, dass man mit Glyphen und Zauberformeln so manches bewirken kann, warum sollte das nicht auch mit einem Zauberpulver möglich sein?

Genau genommen wollten die Alchemisten nicht Gold herstellen, sondern suchten den "Lapis philosophorum" (Stein der Weisen), mit dem sie dann "Blei in Gold" verwandeln konnten. Aber ging es dabei wirklich um reales Gold? Es gibt zwar einige Geschichten über solche Transmutationen, aber tatsächlich belegt ist keine einzige davon. Die unzähligen Rezepturen, die im Laufe der Jahrhunderte verfasst wurden, erwiesen sich alle als unbrauchbar.

Trotzdem hatte auch Bardon vor, ein Werk über Alchemie zu schreiben, und hoffte, dass er von der Göttlichen Vorsehung die Erlaubnis dazu bekommen würde. Ich denke nicht, dass es sich bei diesem Buch um eine weitere Rezeptur zur Bereitung des Steins der Weisen gehandelt hätte. Es ging ihm sicher mehr um die Herstellung von wirkungsvollen Medikamenten, wie er sie selbst in seinem Labor herstellte.

Frau Pravica erzählte mir, dass er den Stein der Weisen besessen haben musste, da er allen seinen Medikamenten eine rote Tinktur beifügte, die er aus dem "roten Löwen" gewonnen hatte. Nach der alchemistischen Tradition wäre das der verflüssigte Stein, eine geheimnisvolle Tinktur, die, wenn man sie einnimmt, die beiden Fluide im Organismus so beeinflusst und ins Gleichgewicht bringt, dass der Körper die Lebenskraft besser aufnehmen kann und sich rascher regeneriert.

Als ich Frau Pravica in Graz besuchte zeigte sie mir die Medikamente, die sie noch von Bardon hatte und all die Jahre im Kühlschrank aufbewahrte. Solange er noch lebte, betreute sie seine österreichischen Patienten nach seinen Anleitungen und erlebte damit tatsächlich einige Wunderheilungen. Ich war erstaunt über den unbeschreiblichen Duft, der aus den verschiedenen Fläschchen strömte.

Woher Bardon die rote Tinktur, die auch seine Frau in einem ihrer Briefe erwähnte, hatte und woraus sie bestand, ist mir nicht bekannt. Er selbst behauptet ja, dass er den Stein, als ihm Andimo diesen zu Füßen legte, nicht annahm, worauf dieser zischend verschwand. Ich kann mir aber nicht vorstellen, dass er ihn selbst hergestellt hat. Selbst wenn es tatsächlich möglich sein sollte. Blei in Gold zu verwandeln, glaube ich nicht, dass es jemals gelungen ist, den Stein der Weisen, der das bewirken könnte, im Labor herzustellen.

Ich sehe in der Alchemie vielmehr eine Arbeit mit dem Geist und mit den Seelenkräften: die Verwandlung seines eigenen Wesens durch die Verwandlung seiner Wesenszellen. Das ist keine abstrakte Theorie. Die hermetische Wissenschaft des Franz Bardon liefert mit dem "vierpoligen Magneten" einen Schlüssel, nach dem man erfolgreich Vorgehen kann. Der feinstoffliche Leib ist ja kein nebulöses Lichtgespinst, sondern hat genauso wie der grob- stoffliche Körper Glieder und Organe, die den vier Elementen und den zehn kosmischen "Planetenkräften" entsprechen.

Bardon beschreibt, wie man seine Charaktereigenschaften, entsprechend den vier Elementen, ordnet, reinigt und veredelt und sich damit selbst zu einem komplexeren edleren Geistwesen wandelt. Wenn man daneben gleichzeitig analoge Handlungen in seinem Labor nach vollzieht, indem man die den Planetenkräften entsprechenden "Metalle" reinigt und bearbeitet, so mag das eine Methode sein, sich diesen Vorgang der Arbeit an sich selbst bewusst zu machen. Die Prozedur würde zu einem Ritual, das auf das Bewusstsein eine zusätzliche Wirkung ausübt, weil es das, was mental geschieht, auch grobstofflich symbolisch nachvollzieht. Im Grunde genommen ist jedes Ritual eine Art Gehirnwäsche, die einen bedingten Reflex auslöst.

Aber diese Wirkung lässt sich heute, nachdem Bardon den Weg

gewiesen hat, mit weitaus weniger Aufwand erzielen. Ich beschreibe im Buch "Die vier Elemente - Der geheime Schlüssel zur geistigen Macht" eine einfache Technik, die "Alchemistische Transformation", mit der man ohne Labor das gleiche erreicht. Und das Verblüffende ist, wer wirklich versucht, mit der alchemistischen Transformation sein Wesen mit Geisteskraft zu verändern und zu veredeln, der wird, falls er sich mehr Reichtum für sein Leben wünscht, ganz nebenbei auch reales Gold erlangen.

ÜBER GOLD, ALCHEMIE UND ANDIMO

Brief an Sven L.

Lieber Sven!
Auch wenn ich berufsbedingt viel mit Gold zu tun hatte und mich dieses edle Metall ungemein fasziniert, habe ich nie versucht, den Stein der Weisen herzustellen. Ich habe mich mit Alchemie nicht viel beschäftigt. Ich besitze zwar die nötigen Bücher dazu, uralte kostbarste Werke, und in meiner Werkstatt wäre auch Platz für ein Labor gewesen, aber ich habe nie daran gedacht, dass dieser Weg etwas bringt. Ich kann Dir also keine brauchbare Anleitung senden und ich möchte auch kein Buch empfehlen. Ich glaube nicht, dass es ein Rezept gibt, nach dem man den Stein der Weisen herstellen kann. Ich kann mir schwer vorstellen, dass man Blei in Gold verwandeln kann. Trotzdem schließe ich nicht aus, dass die Templer das Geheimnis kannten und wussten, wie man mit magischen Mitteln Materie transmutiert.

Ich meine damit aber nicht die Rezeptur, die Du erwähnst. Ich kenne die Unterlagen aus dem Archiv Deines Ordens, der sich ja auf die Templer beruft und seinen Ursprung in ihrer Tradition begründet sieht. Diese Anleitungen zur Herstellung des Steins der Weisen, bei der die Brüder als Ausgangsmaterie Blut und als Wärmequelle ungelöschten Kalk verwendeten, ist zwar originell, aber sicher genauso wie alle anderen Anleitungen falsch. Ich glaube nicht, dass danach wirklich erfolgreich gearbeitet werden kann. Du kannst Dir den Aderlass sparen.

Nimm stattdessen Dein geistiges Blut, Deine Gedanken, und belebe sie mit der alles durchdringenden Wärme der Nächstenliebe. Lösche den abgelagerten Kalk Deiner egozentrierten Gewohnheiten mit den geheimnisvollen magisch mächtigen Wassern der Geduld und Barmherzigkeit. Wandle die Hitze Deiner Emotionen in die milde Wärme Deines Mitgefühls, und der Same in Deinem Athanor wird aufgehen. Du wirst erkennen, worauf es den wahren Alchemisten ankam. Du musst das ganze symbolisch sehen. Die Templer haben es vermutlich genauso gemacht.

Das Gold haben sie sich anders beschafft. Es wäre doch möglich, dass sie einen Pakt mit Andimo, den sie für Baphomet hielten, eingegangen waren und von ihm, so wie es Bardon beschreibt, den Stein bekamen. Da die Templer zu den arabischen Philosophen und Alchemisten gute Kontakte hatten, wäre es kein Wunder, wenn sie dabei auch die Magie des Ägypters Abramelin, und damit auch Andimo, kennen lernten. Dass sie über enorm viel Gold verfügten, ist ausreichend belegt und bekannt. Vielleicht stammt es nicht nur aus ihren Bankgeschäften und Kriegsbeuten.

Irgendwo in eurem Archiv, ich glaube im elften Logenbuch, befindet sich der Brief eines Templers, der auf der Flucht vor den Türken mit seinen Brüdern am Berg Athos Zuflucht fand. Darin wird die Alchemie erwähnt. Er schreibt, dass sie von den Feinden verschont wurden, weil sie sich mit dem Gold, das sie auf alchemistischem Wege hergestellt hatten, freikauften. Ich weiß nicht, ob dieser Brief echt ist oder nachträglich eingefügt wurde; dass die Türken die Klöster am Berg Athos verschonten, ist jedenfalls bekannt. Vielleicht war wirklich das Gold der Templer ihre Rettung und vielleicht verdanken sie dieses Gold Andimo.

Ich gebe zu, dass ich zu diesem Erdgeist eine ganz besondere

Beziehung habe. Nicht nur weil in meinem Leben berufsbedingt viel Gold durch meine Hände ging und ich meine Unabhängigkeit diesem edlen Metall verdanke, sondern weil ich überzeugt bin, dass er es war, der mich zur Beschreibung der "Alchemistischen Transformation" inspirierte, dem wohl wichtigsten Kapitel in meinem Buch "Die vier Elemente". Und natürlich steckt er auch hinter der Idee zu meinem Buch "Andy Mo".

Ich denke, wenn wir uns als gebildete Menschen mit so verrückten Dingen wie Alchemie beschäftigen, darf man ruhig auch an Erdgeister glauben, oder? Ich halte die "Methode Andimo" für glaubwürdiger und zielführender als die Arbeit im Labor.

Ende des Briefauszugs

FRANZ BARDON - EIN BRIEF VON WALTER OGRIS

Lieber Emil!
Gerne komme ich Deinem Wunsch nach und sende Dir für Deinen dritten Meisterbrief eine Zusammenfassung der Ergebnisse meiner Nachforschungen über Bardon. Das meiste wird Dir ja bekannt sein, aber für Deine Leser ist sicher das eine oder andere neu. Du kannst aus diesem Brief zitieren, was Du willst, oder auch den ganzen Brief übernehmen. Ich bin sehr froh darüber, dass Du Dich nun doch entschlossen hast, dieses Buch über Franz Bardon herauszubringen, und ich bin überzeugt, mit mir werden sich viele andere Freunde der Hermetik freuen.

Ich möchte Dir überhaupt einmal dafür danken, dass Du in Deinen "Meisterbüchern" einige Unklarheiten in Bardons Werken beseitigt und vieles für die Praxis im Alltag verständlicher gemacht hast. Gleichzeitig ist es Dir gelungen, wichtige und völlig neue Erkenntnisse für die Esoterik der Zukunft darzustellen. Mir ist niemand bekannt, der sich wie Du sein ganzes Leben lang mit Esoterik beschäftigt und Bardons Lehre so gut verarbeitet hat. Inzwischen bist Du genauso bekannt wie er und giltst zu Recht als sein Nachfolger. Bei der Analyse der Suchbegriffe im "Archiv Hermetischer Texte" stehst Du bereits vor Bardon und Quintscher.

Es ist gut, dass Du die Lehre Bardons in Deinen Büchern noch weiter aufbereitest und vervollständigst. Denn bei meiner Beschäftigung mit Bardon ist mir immer wieder aufgefallen, dass fast alle seine Leser - nicht nur die, die seine Bücher nur flüchtig überflogen haben - meinen, Bardon hätte nur ein Werk über Magie geschrieben, wie es schon einige Vorgänger getan haben. Die wenigsten scheinen zu begreifen, dass es dabei um keinen "Zauberlehrgang", sondern um eine, nur durch die eigene Praxis erfahrbare Schulung für Geist und Seele handelt, welche es bis dahin noch nicht gegeben hat. Es geht Bardon nicht darum, die Welt zu beherrschen, sondern den Geist.

Wenn man einen Überblick über die vielen Schriften der verschiedensten Traditionen hat, fallt einem auf, dass es bisher niemandem gelungen ist, in so einfachen und schlichten Worten ein Lehrsystem, ganz frei von allen geschichtlichen und philosophischen Abirrungen, für jedermann verständlich zu schreiben. Heute, fünfzig Jahre nach den Erstausgaben, scheint mir Bardons Aussage, er habe seine Werke 600 Jahre zu früh verfasst, gar nicht so abwegig zu sein. Da ist es gut, dass Du mit Deinen Büchern eine Brücke von seinen Gedanken ins nächste Jahrtausend geschaffen hast.

Bardon hatte ja selbst eine Schwäche für Bücher. Er besaß eine umfangreiche Bibliothek und verborgte gerne seine Bücher an seine Schüler und Freunde. Es gibt zwar eine Aussage von **Karl Spiesberger**, dass ein wahrer Adept Bücher nicht mehr braucht und sich auch gar nicht darum bemüht, sie auch noch zu sammeln. Aber ich glaube, dass diese Ansicht falsch ist. Alle großen Praktiker der Magie, von John Dee bis zu Deinem Lieblingszauberer Dr. Hemberger, hatten eine große Büchersammlung oder waren wie Grosche oder Tränker selbst Buchhändler. Sie haben alle viel gelesen. Auch Deine Bibliothek ist beachtlich und umfasst sicher ein paar tausend

Bände. Sogar Mozart, der schon als Wunderkind auffiel und komponierte, bevor er lesen konnte, sagte von sich, dass er mehr als jeder andere die Grundlagen der Komponierkunst studiert hatte. Nur in der Hermetik meinen die meisten, dass man sofort und ohne langwierige Ausbildung von Geist und Seele ein Eingeweihter werden kann. Wenn man ins Internet schaut, sieht man, wie weit die Esoterik durch diese Einstellung mittlerweile am Versumpfen ist. Du hast das ja auch in Deiner Abhandlung "Über die Magie der Bücher und die Wortmagie" (aus dem Buch "Die vier Elemente") heftig kritisiert. Von allein und ohne eigene Anstrengung tut sich da ganz bestimmt gar nichts, und daher gehören Bücher, aus denen man lernt, wie man Vorgehen soll, unbedingt dazu. Frau Pravica hat ebenfalls erzählt, dass Bardon Bücher auch deswegen bestellt und kurz durchgesehen hat, um in seinen Büchern nicht Themen zu wiederholen, welche von anderen Autoren bereits beschrieben wurden.

Bardons Witwe **Marie Bardonova** schrieb Dir ja in einem der Briefe, die Du mir überlassen hast, dass sich Bardon seit seiner frühesten Jugend mit allen Themen der Esoterik praktisch auseinandergesetzt hat und bereits mit 19 Jahren so wirkte, als hätte er schon sehr viel erlebt. Er war schon damals medizinisch begabt und hat ihre Mutter geheilt. Dafür durfte er dann im Dachzimmer wohnen. Er hat aber nicht nur Bücher gesammelt. Wie Du bereits in der Neuauflage 2006 des **3. Meisterbuches** erwähnst, hat er die "*Lehrbriefe*" von **Dr. Lomer** ins Tschechische übersetzt. Angeblich hat er auch weniger Bedeutsames, wie die "Runenmagie" von **Siegfried Adolf Kummer**, für seine Freunde übersetzt, um damit auch jenen, die nicht Deutsch konnten, einen Überblick über die verschiedenen okkulten Praktiken, die damals verbreitet wurden, zu geben.

Es gibt auch eine Tagebucheintragung von **Aleister Crowley**, in welchem dieser erwähnt, dass Bardon sein Werk "Magie in Theorie und Praxis" übersetzen wollte. Crowley lehnte jedoch ab, weil er meinte, Bardons Englischkenntnisse würden dazu nicht ausreichen. Bardon konnte jedoch sehr gut Bücher in der englischen Originalsprache lesen. So hatte er von seinem Lieblingsautor

Swami Sivananda Sarasvati alle 150 Bücher, die auf Englisch herausgebracht worden waren.

Herbert H. G. Engel beschreibt in seinem Buch "Der Sphärenwanderer", wie wirkungsvoll - in seinem Fall Übungen mit dem Feuerelement - die Konzentrations- und Imaginationsübungen nach Bardons Buch "Der Weg zum wahren Adepten" waren.

Fast unbekannt ist, dass die Ungarin **Maria Szepes** 1999, im Nachwort einer Neuauflage ihres in mehreren Auflagen erschienen Romans "Der Rote Löwe", über Bardon schreibt: "*Denselben göttlichen Geist, welcher von St. Germain ausstrahlt, habe ich in Franz Bardon wieder erkannt. Ich bin mir absolut sicher, dass Franz Bardon und St. Germain das Geheimnis der Transmutation, der königlichen Kunst, welche die Sublimation des sterblichen Menschenwesens in ein goldenes, unsterbliches Wesen vollbringt, kannten.*"

Nachweislich stand Bardon mit fast allen damaligen deutschen und englischen Schriftstellern und Praktikern der Mystik und Hermetik seiner Zeit in Kontakt: mit **Heinrich Tränker, Dr. Henri Birven, Dr. Georg Lomer, Joachim Winkelmann, Hermann Josef Metzger, Karl Johannes Germer, Dr. Arnold Krumm- Heller, Sebottendorf, Alexandra David-Neel.** Sogar mit **Swami Sivananda** in Indien wechselte er Briefe. Natürlich kannte er auch die esoterischen Forscher und Gelehrten der damaligen Tschechischen Republik wie **Karl Weinfurter, den Mystiker Kvetoslav Minarik, P. A. Klíma-Toušek** und die verschiedenen Mitglieder der "**Universalia**" und des "**Horev-Klubs**". Von dem berühmten "**Wunderrabbi von Kaschau**" (Košice) bekam er Hinweise zur wahren Quabbalah. Durch Bekannte aus Prag hatte er auch Unterlagen aus dem persönlichen Nachlass von **Gustav Meyrink**. Die meisten Briefe, Schriften und Bücher Bardons wurden ja, wie bekannt, zuerst durch die Gestapo und später neuerlich durch die Kommunisten beschlagnahmt oder vernichtet.

In seinen letzten Lebensjahren arbeitete Bardon intensiv an seinen Lehrwerken und suchte in der Schweiz und der BRD nach möglichen

Verlegern für seine Bücher, welche in der Tschechischen Republik nicht erscheinen durften. Zu diesem Zweck wurden Kontakte zu **Hermann Josef Metzger** und dem Verleger **Erich Sopp** geknüpft, aber schlussendlich wurden seine Werke - durch die Vermittlung von Frau **Maria Pravica**, einer Freundin von Bardons Sekretärin Frau **Otti Votavova** - durch den *Hermann Bauer Verlag* herausgegeben.

Seit seiner Jugend war Bardon mit **Wilhelm Quintscher** und dessen Familie befreundet. Mir liegt ein Schreiben Bardons vom 12. 07. 1957 vor, in welchem er **Ernst Quintscher** bevollmächtigte, seine Interessen bezüglich seiner Werke in jeder Hinsicht zu wahren. **Ernst Quintscher**, der Sohn von Bardons Freund Wilhelm, hat nach Bardons Tod verschiedenen Personen von dessen magischen Fähigkeiten berichtet. Herr Schmidinger z.B. hat noch genauso wie Du mit **Ernst Quintscher** persönlich gesprochen. Dieser erzählte ihm, dass, als er einmal mit Bardon nach Troppau (heute Opava) fuhr, bereits eine Menschenmenge von der Straße bis in den ersten Stock seines Hauses auf Bardon wartete. Bardon war beliebt und als Wunderdoktor im ganzen Land bekannt.

Die Tochter von Ernst Quintscher, Frau G. Quintscher, erzählte mir, was ihr Vater über Bardon erzählt hatte. Ihr Vater war bei Bardon im Zimmer gewesen, in dem er die Patienten behandelte. Da kam eine Frau mit einem schwer kranken Kind herein. Bardon sagte der Frau, sie solle kurz im Vorzimmer warten. Er sprach eine Formel, machte eine Handbewegung, und das Kind war innerhalb kürzester Zeit völlig gesund. Bardon sagte zu Ernst Quintscher: "Siehst du, wenn ich eine Behandlung so machen würde, wie ich es dir gerade gezeigt habe, bekäme ich die größten Schwierigkeiten mit den Ärzten und Behörden." Er nahm die Formel wieder zurück und behandelte das Kind dann mehrere Male unter Verwendung seiner speziell hergestellten spagyrischen Arzneimittel.

Zu ihrer Tante sagte Bardon einmal im Spaß: "Vertraust du mir?" Sie sagte: "Ja." Da nahm er ihre Hand und durchbohrte diese mit einer großen Nadel. Dann zog er die Nadel wieder heraus und hielt seine Hand darüber. Sie verspürte während dieser Aktion keinerlei Schmerzen und danach blieb weder eine Wunde zurück, noch war eine Verletzung der Haut zu sehen.

Frau **Gerlinde Riedl**, welche eine der letzten deutschen Besucherinnen kurz vor der Verhaftung Franz Bardons in Troppau war, schreibt in einem Brief, dass Bardon sie innerhalb weniger Tage von ihrem schweren Asthma geheilt hat. Obwohl Bardon nur die "Volks- und Bürgerschule" besucht hat, diktierte er seiner Sekretärin Frau **Otti Votavova** oft mehrere Nächte lang seine Werke fließend und ohne zu stocken. Frau Riedl kannte eine Familie in München, welche Bardon schon im Alter von 19 Jahren gut gekannt hat. Die Frau erzählte ihr, dass schon damals öfter **Evokationen** vorgenommen wurden. Oftmals - erzählte sie - sei Bardon mit ihrem Mann nachts in die einsamen Wälder von Schlesien gegangen, um an Kreuzwegen die Elementarwesen zu rufen. Aber auch in der Wohnung wurden mit Erfolg solche Experimente vorgenommen. Frau Riedel - die Bardon persönlich sehr gut kannte - beschreibt ihn als heiter, humorvoll und ein Zentrum von Ruhe, Kraft und Weisheit. Sie erwähnt, dass Bardon in den letzten Monaten noch ein Werk über "Alchemistische Heilweisen" und "Das goldene Buch der Weisheit" auf Tonband gesprochen hat. Leider wurden diese kostbaren Tonbänder beschlagnahmt und sind nie wieder aufgetaucht.

Die schon erwähnte **Maria Pravica** berichtet mir folgendes über Bardons Wahrnehmungsfähigkeit. Sie war zu Besuch in Prag. Bardon pflegte sich für gewöhnlich zu Mittag ein wenig auszuruhen. Auch sie legte sich kurz nieder, bekam dann aber ein starkes Durstgefühl. Sie wollte sich jedoch nichts zu trinken holen, da die Tür zur Küche sehr laut knarrte und sie Bardon nicht wecken wollte. Plötzlich kam er mit einem Glas Wasser zu ihr herein. Bei einigen durchgeführten Evokationen war sie ebenfalls anwesend.

Über Bardons Hellsehfähigkeiten erzählte sie auch folgendes. Einer ihrer Freundinnen wurde einmal die Handtasche samt der Geldbörse gestohlen. Sie kam weinend und völlig aufgelöst zu Bardon.

Dieser sah kurz in die Luft und sagte zu ihr: "Gehen Sie schnell in diese Straße und suchen Sie dieses bestimmte Haus auf. Dort gehen Sie in den ersten Stock, läuten an dieser Tür und verlangen die Herausgabe Ihrer Tasche." Die Freundin tat, was ihr Bardon empfohlen hatte. Als sie vor der besagten Tür stand, öffnete eine Frau und fragte, was sie wolle. Nachdem sie der Frau gesagt hatte, was Bardon ihr geraten hatte, lief die Frau nervös in ein Zimmer und brachte ihr die Tasche mit der Bitte, sie nur ja nicht anzuzeigen.

Das letzte lebende Mitglied der **Loge Universalia** und des **Horev-Klubs**, Herr **Ladislav Behounek**, schreibt, dass sein Bekannter **Stanislav Kulovaný** anwesend war, als Bardon auf dem Karlsplatz einen Regenguss hervorrief. Herr J. M aus Kladno in Tschechien berichtete, dass er und seine Bekannte Augenzeugen waren, als Bardon an einem wolkenlosen Tag, mitten am Friedensplatz in Prag, "ein Donnerwetter wie aus heiterem Himmel, herbeiführte". Dieses "Donnerwetter" bestätigte auch Hr. B. J. aus Prag, der erwähnt, Bardon hätte dort einen Blitz erzeugt und sogar die Prager Tageszeitungen - "Národní Politika" oder die deutsche Ausgabe der "Prager Presse" - haben darüber berichtet.

Diese kleinen Anekdoten bezeugen, dass Bardon wirklich magische Kräfte besaß. Für jene, die noch immer an seinen Fähigkeiten zweifeln, möchte ich nochmals **Maria Pravica** zitieren: "*Als ich Herrn Bardon seinerzeit in Prag fragte, warum er nicht auch den Personen, die an der Magie zweifeln, solche Dinge zeige wir mir, meinte er: Die Reifen erkennen ihn an seinen Werken, und den Unreifen darf er keinen Glauben aufdrängen. Sie würden seine Wunder doch nur als Schwindel hinstellen und Beweise auf Beweise fordern.*"

All dem kann ich - auf Grund meiner langjährigen und persönlichen Erfahrungen - nur hinzufügen, dass das größte Vermächtnis von Franz Bardon nicht die Tatsache ist, dass er so viele wunderbare Fähigkeiten besessen und auch demonstriert hat, sondern dass wir durch ihn nun drei Lehrwerke haben, die jeden ebenfalls befähigen, den eigenen Geist zu entwickeln.

Der bewusste Umgang mit den eigenen Gedanken und Gefühlen und die Ausbildung einer alles realisierenden Imaginationskraft sind das größte Mysterium, das man als Mensch erfahren und verwirklichen kann. Dass Du, lieber Emil, Deine ganzen Bemühungen ebenfalls diesem Ziel gewidmet und es noch auf das Fundament des wahren "ICH SELBST" gestellt hast, dafür werden Dir viele Menschen, in der nahen und fernen Zukunft, dankbar sein.

Mit lieben Grüßen,
Dein Weggefährte Walter Ogris

DIE MAGIE UND MYSTIK IM 3. JAHRTAUSEND

Es gibt nicht nur Esoteriker, die an Franz Bardon zweifeln, manche zweifeln inzwischen überhaupt an der ganzen Hermetik. Immer öfter bekomme ich Briefe, in denen Argumente vorgebracht werden, die aus den modernen Naturwissenschaften stammen und die scheinbar nachweisen, dass es den Geist und die Seele nicht gibt.

Sind Magie und Mystik noch zeitgemäß? Darf im dritten Jahrtausend ein intelligenter Mensch an eine göttliche Vorsehung, an einen Geist, an eine Seele glauben? Kann es ein gerechtes "Karma" geben, wenn bereits in der Mikrowelt der Materieteilchen das Gesetz von Ursache und Wirkung nicht mehr stimmt? Wo bleibt der Sinn der Tugend und der Geistesschulung, wenn Gene und Moleküle den Charakter bestimmen?

Werden heute Religion und Esoterik von der Wissenschaft widerlegt? Die Antwort ist nein. Im Gegenteil. Gerade die neuesten Erkenntnisse aus der Astrophysik lassen die Möglichkeit einer Einwirkung unbekannter Mächte auf unser Universum nicht mehr ausschließen. Und auch die Forschungsergebnisse der Quanten- und Neurophysik zeigen Mechanismen und Schaltstellen des Bewusstseins, die die Grenzen der materiellen Ebene überschreiten.

Von all diesen Dingen wussten die alten Meister nichts. Während in den letzten zweitausend Jahren die Philosophie und die Magie die Wissenschaft befruchtet haben, ist es heute umgekehrt. Die Philosophie, die Magie und die Mystik, das Gedankengut der Alten, sind ausgeschöpft. Jetzt steht die moderne Naturwissenschaft an der Schwelle zur geistigen Welt.

Daher folgt der Magier des dritten Jahrtausends zwar den Spuren der Gnosis und Hermetik, aber genauso verfolgt er aufmerksam die Erkenntnisse der modernen Forschung. Auch die Geisteswissenschaft muss sich weiter entwickeln. Dazu lernen kann man nur noch durch eigenes Erleben aus der hermetischen Praxis und von den Erkenntnissen der modernen Wissenschaft. Auch der Hermetiker muss ständig sein Wissen erweitern.

DIE WELT DER MATERIE

Datenbank für den Geist und Energiequell für die Seele

Sind Magie und Mystik noch zeitgemäß? Darf ein intelligenter Mensch noch an Gott, an einen Geist und eine Seele glauben?

In den letzten Jahren wurden sensationelle Entdeckungen gemacht. In der Hirnforschung, Neurologie, Molekularbiologie und Zellforschung kam man dank moderner Technik und Computer zu Erkenntnissen, die scheinbar beweisen, dass alles durch die Materie bestimmt wird; nicht nur das Leben, auch die Emotionen, die Gefühle, der Charakter und der Geist. Hormone und andere Botenstoffe, deren Qualität wieder von bestimmten molekularen Strukturen abhängen, und neuronale Vernetzungen für elektrochemische

Impulse geben unsere Fähigkeiten und den Inhalt unseres Bewusstseins vor.

Wir wissen heute: Körperliche Empfindungen, also grobstofflich Bedingtes wie Schmerzen, und feinstofflich Seelisches, also Gefühle wie Angst, werden von denselben Proteinen und Rezeptoren gesteuert. Anlagen, Eigenschaften und Begabungen sind durch die vorhandenen Gene vorgegeben. Versuche haben gezeigt, dass sogar kriminelle Neigung sich aus der Unfähigkeit ergibt, Vorstellungen und Gefühle in eine analoge Verbindung zu setzen. Etwas Chemie in Form von Alkohol hebt die Stimmung und das Selbstbewusstsein. Drogen schaffen Glücksgefühle. Fehlt ein bestimmtes Hormon, lähmt Depression die Energie der Persönlichkeit. Der "Geist", mit dem wir scheinbar denken, fühlen und wollen, hat also eine feste greifbare Grundlage und ist in stofflichen Strukturen eingebettet und gespeichert.

Und das ist gut so. Denn genau diese Strukturen sind auch biochemische Informationen für die Erbsubstanz und lassen sich über die Gene weitervererben. Erst die Möglichkeit der Speicherung und der Reproduktion in der Erbmasse sichert die Evolution der Natur des Lebens und des Geistes. So können auch neu erworbene Eigenschaften an die nächste Generation weitergegeben werden. Das wurde mit einem Experiment an Fliegen nachgewiesen. Man setzte Fliegen einem Hitzeschock aus, worauf diese roten Augen bekamen, und schon die nächste Generation hatte ebenfalls rote Augen. Es wäre unvernünftig, würde die Geisteswissenschaft diese Erkenntnisse der Evolutionsbiologie nicht akzeptieren.

Es ist nämlich umgekehrt genauso erwiesen, dass auch der Glaube und die Vorstellungen, also absolut Unstoffliches, auf den Körper verändernd einwirken. Die Moleküle, die Glücksgefühle bewirken, können auch als körpereigene Botenstoffe durch Gedankenarbeit wie Meditation und gezielte Imaginationen ausgeschüttet werden. Vorstellungen können den gesamten Hormonspiegel verändern. Der Placebo-Effekt beweist, dass Glaube heilen kann. Sogar Scheinoperationen, also eingebildete Eingriffe, bringen bei manchen Beschwerden den gleichen Erfolg wie wirklich ausgeführte

Operationen. Der Wunsch und der Wille können den Charakter verbessern. Gedanken können nicht nur gesund oder krank machen, sondern auch Eigenschaften und Fähigkeiten fördern und entwickeln helfen. Nicht nur zur Geistesschulung, auch beim Sport nützt man diese Tatsache zur Steigerung der Leistungsfähigkeit.

Nur weil diese Wechselwirkung zwischen Geist und Körper in der Regel vom Körper ausgeht, bedeutet das nicht, dass der Geist am psychophysischen Geschehen nicht beteiligt ist, oder dass es ihn gar nicht gibt.

Rudolf Steiner bemerkte in einem Vortrag über das Sterben: "Nicht der Geist verlässt den Körper, sondern der Körper entlässt den Geist." Über diese Aussage diskutieren die Anthroposophen noch heute. Dabei bedeutet diese Tatsache nur, dass der Körper selbst das Leben regelt. Auch die großen modernen Passagierflugzeuge fliegen weitgehend computergesteuert. Sie können ohne Eingreifen des Piloten fliegen und landen und bei bestimmten Manövern könnte dieser gar nicht gegensteuern, selbst wenn er wollte, weil es nötig wäre.

Die Erkenntnis, dass Moleküle Gefühle bewirken, steht daher in keinem Widerspruch zu den Erkenntnissen der Magie und Mystik des dritten Jahrtausends. Der gnostische Hermetiker betrachtet die grobstoffliche Welt als Datenbank für den Geist. Ohne Materie gäbe es keine geistige Entwicklung. Zumindest nicht auf diesem Planeten, auf dem wir unser Bewusstsein erlangen. Man wird in einen lebendigen Körper hineingeboren und nicht in eine tote, mechanistisch funktionierende Welt. Jeder trägt sein eigenes Universum mit sich. Jeder kann mit seinem Geist in sein persönliches "Universum" eingreifen und seine Welt, also sich selbst, verändern.

So wie Geistiges und Seelisches von Molekülen beeinflusst werden, werden umgekehrt Moleküle von Geistig-Seelischem verändert. Der solchermaßen "gespeicherte Geist", oder besser gesagt die für den Geist gespeicherte Information, kann mit den Genen auf nachfolgende "Inkarnationen" übertragen werden. Erworbene Eigenschaften und Fähigkeiten stehen damit späteren Generationen wieder zur Verfügung. Es ist, wie bei einem hochalpinen Vorhaben, ein mentales Basislager für den weiteren "Aufstieg" vorbereitet, was die Fortsetzung der Entwicklung des Geistes ermöglicht. So wie das theoretische Wissen in den Datenträgern unserer Bibliotheken gespeichert ist, sind die lebendigen Eigenschaften und Fähigkeiten in den Proteinstrukturen der Gene erhalten und können abgerufen und umgeschrieben werden.

Die Schöpfung nach Plan

Auch wenn sich die Natur bestimmter Mechanismen bedient, die Evolution und die Entfaltung der Menschheit sind deshalb kein Prozess zufälliger Variationen und natürlicher Auswahl, wie das die Neodarwinisten meinen. Sie sind die Folge der durch die Naturgesetze vorgegebenen und der Natur innewohnenden Möglichkeiten. Das ist wie ein Computer, der langsam hochgefahren wird und immer genialere Programme installiert: Zuerst die zu Elementarteilchen gepackte Energie, die in dieser "materiellen" Form im Zusammenwirken die Konstruktion eines Atoms ermöglicht. Eines Atoms, das sich aufgrund seiner besonderen Eigenschaften verändern und mit anderen Atomen verbinden kann, so dass dann neue komplexere Strukturen entstehen: Strukturen von Elementen, die die Grundlage zur Bildung der Galaxien bieten, in denen Sterne und Planeten entstehen können. Planeten, auf denen sich dann, unter ganz bestimmten Voraussetzungen, die aber durch das, was bereits entstanden ist, vorhanden sind, Leben entwickelt.

Das Wunder der "Evolution" begann schon vor Milliarden Jahren mit der besonderen Anordnung der nuklearen Bausteine für die Bildung der Atome des Wasserstoffs, des Heliums, des Kohlenstoffs. Bereits hier ist der Plan verankert, nach dem sich dann die Atome jener Elemente bilden konnten, aus denen heute der Menschenkörper besteht. Bereits in diesen Nanostrukturen steckt der Schlüssel zum späteren biologischen Leben als Träger des Geistes. Da mussten sich erst einfache Elemente verdichten und Sterne bilden, in denen komplexere Elemente entstehen konnten, und diese als Supernova explodieren, damit das Material für den Aufbau eines Planeten wie die Erde zur Verfügung stand. Wie die Astrophysiker herausfanden, gibt es nur in den Armen der so genannten Spiralgalaxien, also jenen Galaxien, die vermutlich als letzte im Universum entstanden, die nötigen physikalischen Voraussetzungen dafür.

Das ist ein gigantischer Reifeprozess der Materie zu immer komplexeren Strukturen. Da steckt nicht Zufall dahinter (sonst würde man bestimmte Elemente und schwere Metalle auch in jüngeren Galaxieformen finden), sondern notwendiges alchemistisches Köcheln der "Ursuppe". Auch wenn wir den Koch der Materie, den "großen Baumeister aller Welten" nicht kennen, in seinem Rezept steckt Sinn. Das Endprodukt, der Menschengeist, ist kein Schnellgericht, das, wie manche Kreationisten glauben, in sechs Tagen, "Hokuspokus, es werde", entstand. Und es kann, wenn man die ungeheure Leistung betrachtet, die im Schöpfungsplan enthalten ist, auch kein Zufall sein, dass wir sind. Das Wunderwerk des Organismus, der das Leben und unser Bewusstsein hervorbringt, ist nur die Krönung des Wunders der materiellen Welt, die dieses Leben erst ermöglicht. Es ist weitaus logischer, wenn man die Schöpfung staunend und in Ehrfurcht vor dem genialen Plan als "vorgesehen" betrachtet, als dieses grandiose Werk als kosmische Zufälligkeit anzusehen.

Wie oben, so unten

Die Erkenntnisse der modernen Wissenschaft widersprechen also keinesfalls den Thesen der Hermetik. Im Gegenteil, vieles, das die alten Meister bereits ahnten und lehrten, kann erst jetzt in seiner vollen Weisheit erkannt und bestätigt werden.

Um noch einmal Rudolf Steiner zu zitieren. Er verglich schon vor hundert Jahren das menschliche Gehirn mit dem Universum. Von den neurologischen Strukturen, den biochemischen Abläufen und den Impulsen feuernden Neuronen hatte man damals noch wenig Ahnung. Nun sah ich vor kurzem eine preisgekrönte Computeranimation, in der ein Teil unseres Weltalls als exakte Simulation der astronomischen Realität graphisch dargestellt wurde, und war überrascht: Die sichtbaren Lichtfelder der durch die Gravitation verbundenen leuchtenden Materie, die Nebel, Galaxien und Sterne, ergeben tatsächlich Strukturen, die der neuronalen Vernetzung der Gehirnzellen zum Verwechseln ähnlich sind.

Ich bin überzeugt, könnte man auch die vierdimensionale zeitlose Wirklichkeit der geistigen Ebenen dreidimensional darstellen, so würde die Vernetzung der elementalen und elementaren Wesenszellen, die unser Bewusstsein tragen, und die Verbindungen zwischen den Sphären der Hierarchie genauso aussehen wie die Lichtstrukturen des Universums und die Vernetzung der Nervenverbindungen unseres Gehirns.

Der gnostische Hermetiker wird weder die irdische Welt noch ihre Wissenschaft ablehnen oder gar wie die Gnostiker verteufeln, sondern bewusst für seine geistigen Erkenntnisse und seine Entwicklung nutzen. Er ist kein weltfremder Phantast, sondern steht mit beiden Beinen fest im Leben. Der Magier des dritten Jahrtausends folgt zwar den Spuren der Gnosis und Hermetik, aber genauso verfolgt er aufmerksam die Erkenntnisse der modernen Forschung. Auch die Geisteswissenschaft muss sich weiter entwickeln. Die Philosophie, die Magie und die Mystik, das Gedankengut der Alten, sind ausgeschöpft. Dazu lernen kann man nur noch durch eigenes Erleben aus der hermetischen Praxis und von den Erkenntnissen der modernen Wissenschaft. Während in den letzten zweitausend Jahren die Philosophie und Magie die Wissenschaft befruchtet haben, ist es heute umgekehrt.

Wenn jemand magische Fähigkeiten demonstriert, indem er mit seinem Geist auf die materielle Welt einwirkt und in dieser kraft seiner Vorstellung neue Situationen schafft, so gilt das als ein Wunder. Dass aber die Materie ganz von selbst ständig Wunder wirkt, indem sie Leben und den Geist hervorbringt, nehmen die meisten genauso selbstverständlich hin wie ihren Laptop oder ihr Handy. Dabei steckt in der Natur viel mehr Know-how als in einem der modernen Rechner und viel mehr Weisheit als in einem Magier. Das Programm, nach dem sich die Materie auf eine Weise bildete, dass daraus nach Milliarden Jahren Planeten, die Leben hervorbringen können, entstanden, ist weitaus genialer als jedes denkbare Wunder.

Das Universum mit den nachvollziehbaren, ordnenden Naturgesetzen ist das wohl Großartigste, das man sich denken kann. Es ist die Welt, die den Körper, in dem wir leben, und unser Gehirn, mit dem wir sie wahrnehmen und nach-denken können, hervorgebracht hat. Das Mysterium des Geistes ist daher in den komplexen Zusammenhängen dieser grobstofflichen Welt enthalten. Im Erforschen und Erkennen der Wunder der Schöpfung kann man auch die Wunder der geistigen Welten erfahren. Die Wissenschaft, welche die Geheimnisse der Materie und des Lebens erforscht, lässt uns heute mehr Wunder erkennen als die Wissenschaft der Magie.

Wie oben, so unten, lautet das alte hermetische Gesetz und umgekehrt. Und in der Tat zeigt die hermetische Praxis, dass die Gesetze, welche die Kräfte der Materie und das Entstehen des Lebens regeln, auch auf die geistigen Prozesse anzuwenden sind. Man kann den unfassbaren genialen Geist, der hinter den Gesetzen des sichtbaren Weltalls steht, aus den Formeln erahnen, die den Aufbau der Materie und die Regeln des Lebens bestimmen. Das geistige Geschehen folgt den gleichen Regeln und ist auf den gleichen Grundlagen, nach denen sich das Universum gestaltet, aufgebaut.

Als Beispiel die Zahl Vier

Ein immer wiederkehrender Schlüssel ist die Zahl Vier. Wir finden diese Tatsache, die Bardons Hermetik als den "vierpoligen Magneten" bezeichnet, in allen Wissenschaften bestätigt, in der Nanowissenschaft, der Genforschung, der Physik und Chemie. Es ist ein Universalschlüssel der Kybernetik, der auch die mentalen Strukturen des Bewusstseins lenkt.

Das erkannten bereits die Philosophen der Antike und machten die vier Elemente Feuer, Wasser, Luft und Erde zum Ausgang ihrer Natur- und Geistesforschung. Heute haben wir weitaus größere Einblicke in die Wunder der Materie und des Lebens. Die Forschung dringt immer tiefer ein in die Welt der Elemente. Die Einblicke in die Mikro- und Nanowelten lassen bereits den Code des Lebens entschlüsseln. Und in Analogie zu den entdeckten Molekülen und Zellen, die als Bausteine des Lebens dienen, kann man Rückschlüsse auf die fein stofflichen Moleküle und Zellen des Geistes ziehen.

Elektromagnetische Kräfte halten die Elementarteilchen in den Atomen im richtigen Abstand zusammen und auch die von den Atomen gebildeten Strukturen und Moleküle werden von Kräften der Anziehung und Abstoßung geordnet und geschlichtet. Die Hermetik kennt in Analogie dazu das "elektrische und magnetische Fluid", das sich im geistigen Geschehen als Zuneigung und Abneigung äußert und das Temperament und die menschlichen Eigenschaften prägt. Die Elementenlehre der Antike kann sowohl zur Beschreibung der Welt als auch zur Beschreibung der ganz konkreten Eigenschaften des Geistes, die den persönlichen Charakter formen und Träger des Bewusstseins sind, herangezogen werden. Der Schlüssel zur Materie ist auch der Schlüssel zur geistigen Welt.

Die gnostische Hermetik nützt sowohl das Wissen der Alten als auch die Erkenntnisse der modernen Naturwissenschaft. So wie in der Natur durch Gleichgewicht Ordnung entsteht, wird durch den Ausgleich zwischen den persönlichen Eigenschaften, die den vier Elementen entsprechen, die Ordnung im Bewusstsein hergestellt. Das ist der erste Schritt bei der Arbeit mit dem Geist. Wir werden uns im Weiteren sehr eingehend damit beschäftigen.

Die Welt als Fitnesscenter für den Geist

Die materielle Welt ist aber nicht nur Regelwerk und Datenbank, sondern auch eine Energiequelle für den Geist. Raumschiffe, die einen Satelliten ins All befördern, werden, um mehr Schub zu bekommen, auf Umwegen um andere Planeten oder Monde gelenkt. Durch die Anziehungskraft und deren Überwindung bekommen sie den nötigen Schwung, um weiter zu fliegen. In Analogie dazu nützt der Hermetiker den Anreiz der Lust seiner Körpertriebe.

Die Anziehung des so genannten "Bösen", die Gelüste, Emotionen, die Trägheit und Triebe, die sich aus dem Körperregungen ergeben und den Geist verführen, geben, wenn es gelingt, sich aus dem Einflussbereich wieder zu befreien, die Geisteskraft für den nötigen Schwung, sich weiter zu entwickeln.

Die gnostische Hermetik verwendet dazu Transformationstechniken, mit denen man diese Geisteskraft gewinnt. Für den Magier des dritten Jahrtausends ist die Welt nicht nur Gebärmutter, sondern auch Fitness-Studio für den Geist. Wie man diese Geisteskraft gewinnt, ist ein weiteres wichtiges Thema der gnostisch-hermetischen Tradition und wird in meinen Meisterbüchern eingehend behandelt.

Vom "Es werde" zum "Ich bin"

Einstein sagte: "Gott würfelt nicht." Man könnte auch sagen, Gott zaubert nicht. Er wirkt keine Wunder, sondern entwarf einen vollkommenen Plan für die Voraussetzungen, nach denen sich das Universum, die Natur und der Menschengeist gestalten.

Das ist ja gerade das Wunder, dass die Natur ganz natürlich wirkt und imstande ist, sich aus sich selbst heraus zu gestalten; dass offensichtlich die Genialität des Geistes dem Werk innewohnt und gegenwärtig ist. Und zwar nicht nur im Mysterium des Lebens und des menschlichen Bewusstseins, nicht nur in der Unendlichkeit des Alls mit seinen Galaxien, Sternen und der harmonischen Gesetzmäßigkeit unseres Planetensystems, sondern auch im scheinbar akausalen Verhalten der kleinsten Bausteine, aus denen die Atome bestehen.

Denn auch in der Welt der Teilchen, wo laut Quantenphysik Ursache und Wirkung nicht immer nachvollziehbar sind, steckt Sinn. Nur weil sich Energiequanten unberechenbar verhalten, bedeutet das nicht, dass sie nicht lenkbar wären. Immerhin kreisen die meisten von ihnen, einer geheimnisvollen Information folgend, um einen Atomkern, und wenn sie den verlassen, ergibt das in der Regel auch wieder einen Sinn. Dass sich gerade aus diesen scheinbar ungebändigten Teilchen Atome mit genau der Ladung bildeten, die aufgrund ihrer Substanz zum Grundbaustein der Schöpfung nötig waren, könnte man, weil es kausal nicht nachvollziehbar ist, als Beweis eines Eingriffs aus unbekannter Sphäre sehen. Erst die Aufhebung der Kausalität schafft die Voraussetzung dafür, dass aus einer anderen Dimension, die wir nicht ermessen können, Ursachen in unsere Welt einwirken können.

Da beginnt etwas Intelligentes im Nanobereich der kosmischen "Ursuppe", in der Materie noch als Energie erscheint, und endet Jahrmilliarden später im Nanobereich der elektrischen Gehirnströme, wo etwas von sich behauptet "Ich bin". Und da dieses ICHBIN über die Energiefelder dieser aus unserer Sicht unberechenbaren Teilchen auf den Körper einwirken kann, ist es nicht unlogisch anzunehmen, dass auch vor Jahrmilliarden ein Geist seinen Einfluss auf Energiefelder geltend machte und mit bestimmten Informationen diesen Teilchen Richtung gab. Vielleicht liefern gerade die Quanten- und Neurophysik den Schlüssel zur Magie und Mystik.

Ob Urknall oder Steady State, ob die Menschen von den Affen, Mäusen oder Delphinen abstammen, oder umgekehrt, ist bedeutungslos. Ob Darwin, Bibel oder moderne Wissenschaft, nicht was war, sondern was ist, ist von Bedeutung. Wichtig erscheint die Beantwortung der Frage, wohin sich der Mensch, dank der innewohnenden Eigenschaften und der noch ungenützten Möglichkeiten, entwickeln kann. Er muss zwar noch immer sterben wie ein Tier. Aber muss er damit auch sein Bewusstsein verlieren? Kann er das, was "tierisch" erscheint, ablegen und den Geist in sich erwecken, der von sich sagt "Ich bin der ich bin“? Den Geist, der sich auf sich und auf die Vorstellung von sich selber stützt und damit von der Materie unabhängig wird.

Genau hier beginnen die "Magie und die Mystik des 3. Jahrtausends". Die gnostische Hermetik versucht auf diese Frage Antwort zu geben und einen nachvollziehbaren Weg zu weisen, der dieses Ziel im Auge hat und erreichen lässt. Esoterik muss in Zukunft auch die Erkenntnisse der Naturwissenschaften nutzen. Nur in

Zusammenarbeit mit der neuen "Magie", die uns die moderne Forschung, die Elektronik und die Technik bescheren, wird sich dem Hermetiker das wahre lebendige Wesen von Bewusstsein, Geist und Seele erschließen.

DIE GNOSTISCH-HERMETISCHE TRADITION UND FRANZ BARDON

Bardons "Weg zum wahren Adepten" ist nicht in wenigen Jahren zu meistern. Noch nicht. Gewisse Einsichten und Erkenntnisse müssen erlangt werden, damit man nicht zu rasch weiter geht und mit Experimenten beginnt, deren Folgen man nicht absehen kann. Auch wenn Neugier und Ehrgeiz rascher vorwärts drängen, als die Entwicklung des Geistes folgen kann, wer zu rasch weiter geht, kommt nicht früher ans Ziel. Er wird von Teilerfolgen getäuscht oder von Misserfolgen enttäuscht, gerät auf Abwege, macht Umwege oder bleibt stehen. In einem einzigen Leben lässt sich der Weg nicht vollenden.

Die Beschäftigung mit Magie hat nämlich immer Folgen, fast immer unliebsame, und die sind in der Regel erst nach vielen Jahren spürbar. Diese Erfahrung wird jeder Praktiker machen. Man muss gewisse Reifeprozesse durchlaufen, ehe man die richtige Energie aufbringt, die einerseits für eine weise Zurückhaltung nötig ist, einem aber andererseits nicht ganz den Wind aus den Segeln nimmt.

Aus diesem Grund habe ich die "Meisterbücher" geschrieben. Es sind Wegweiser am Weg. Es wäre nämlich genauso falsch, würde man nach einigen Jahren resignieren oder meinen, man wäre für den Weg, den Franz Bardon beschreibt, nicht reif. Auch in der Magie und Mystik sind Erfolgserlebnisse wichtig.

Wer meine Wegweiser beachtet, wird auch ohne Experimentalmagie mit der Macht und Kraft des Geistes arbeiten können und die Thesen der Hermetik bestätigt finden. Denn die Magie der gnostischen Hermetik beruht nicht auf magischen Formeln, geheimen Zeremonien oder irgendwelchen mächtigen Geistern, sondern in erster Linie auf den eigenen beherrschten geistigen Wesenszellen. Nur wenigen Hermetikern ist bekannt, dass es diese Möglichkeit gibt. Diese letzten Zusammenhänge zwischen Bewusstsein und Geist und zwischen Geist und Materie hat auch Bardon nicht veröffentlicht. Die von mir begründete "gnostische Hermetik" erhellt den Weg, den Franz Bardon beschreibt, und setzt ihn dort fort, wo Bardon endet.

Bestimmte Instruktionen waren ursprünglich nur für Lehrer der Hermetik zur Ausbildung der Priester in den Tempelschulen vorgesehen. Doch die Zeit der Priester ist vorbei. Heute muss jeder seinen Weg allein gehen. Daher wird nicht nur der fortgeschrittene Hermetiker, sondern erst recht der Anfänger von dieser Wegleitung profitieren. Denn wer die Fähigkeiten, die Bardon beschreibt, noch nicht erlangt hat, kann sich trotzdem, dank der Thesen und Praktiken der gnostischen Hermetik, von der Macht und Kraft des Geistes überzeugen:

Praktische Magie: Die in den Meisterbüchern beschriebenen Transformations-Techniken lassen Eigenschaften und Fähigkeiten reifen, die das Leben dank der gesteigerten Geisteskraft auch ohne Zeremonialmagie, mit scheinbar ganz profanen Mitteln, erfolgreich meistern lassen. Auch diese realisierende Macht des Geistes, die direkt über die Gedanken und Wünsche funktioniert, ist Magie.

Beschwörungsmagie: Man kann auch ohne "magische Evokation" den Kontakt zu einem geistigen Wesen herstellen und die Qualitäten seiner Sphäre nützen. Die besondere Technik der mystischen Invokation, die auch in meinem "Schutzengelbuch" und im "Thebaischen Kalender" beschrieben wird, eröffnet den Zugang zu den Qualitäten einer Sphäre, ohne dass man dazu die betreffende Intelligenz zitieren muss. Im 5. Buch, "Astrologie", wird gezeigt, dass man auch die Schicksalsmächte beherrschen kann, wenn man die Orte und die Gezeiten der Macht der Intelligenzen kennt und beachtet, und erklärt, wie man sich vor unerwünschten Einflüssen negativer Mächte schützt.

Außerkörperliche Erlebnisse: Wer sich nicht in die vierte Dimension versetzen kann, aber trotzdem sein Bewusstsein aus seinem Körper lösen will, wird das mit der im 4. Buch beschriebenen Technik, die das Traumbewusstsein als Startrampe für außerkörperliche Erfahrungen nutzt, schaffen. Er erlebt, dass er ein Geistwesen ist und tatsächlich auch ohne Körper existieren kann.

Unsterblichkeit: Die spezielle Übung des Wachseins versetzt jeden in die Lage, seinen eigenen Geist zu erfassen. Das ist die erste Voraussetzung für die Arbeit mit anderen geistigen Mächten und die Grundlage für das Überleben des eigenen Bewusstseins nach dem Tod. Nicht magische Macht, sondern magisches Wachsein wird angestrebt. Die gesamte Geistesschulung dient letztlich nur dem einen Ziel, zu erwachen: also, das wache, geistbewusste ICH in Form der Vorstellung "ICHBIN" zu erfassen und sich damit zu identifizieren. Das Bewusstsein "ICHBIN" ist die Grundlage für das geistige Leben und die Arbeit mit dem Geist. Wer so weit kommt, braucht keine Wegleitung mehr. Er braucht keinen Guru, keinen Priester, keinen Meister, weil er selbst ein Meister geworden ist. Er wird seinen Weg allein finden und gehen können.

Das Werk, das Franz Bardon darüber verfasste, wurde 1957 von den kommunistischen Handlangern des Schattens konfisziert und bis auf einige Fragmente vernichtet. Es ist jedoch bekannt, dass alle fünfzig Jahre der geistige Weg neu ausgeleuchtet und bereitet wird. Ich hoffe daher, dass dieser neue Versuch, den Weg zu einem geistbewussten ICH zu weisen, gelingt und das BUCH DER MEISTER (die 13 Bände der "Magie und Mystik im 3. Jahrtausend") in die rechten Hände kommt.

DIE THESEN DER GNOSTISCH-HERMETISCHEN TRADITION

Die "gnostische Hermetik" verwendet Elemente aus der Gnosis und baut auf der Hermetik Franz Bardons auf. Sie weist jedoch einige Unterschiede auf. Diese stehen zwar in keinem Widerspruch zu den Überlieferungen, zeigen aber dennoch ein anderes Bild von der Natur des Geistes und der Hierarchien. Es sind neue Erkenntnisse, aus der Praxis gewonnene logische Erweiterungen, die sich in Analogie aus den Forschungen der modernen Naturwissenschaften ergeben. Manche in meinen "Meisterbüchern" vertretenen Thesen und Praktiken sind völlig neu und revolutionieren das bisherige Weltbild. Sie leiten ein neues Zeitalter der Psychologie und Geisteswissenschaft ein. Für jene Leser, die meine Meisterbücher noch nicht kennen, werden nachstehend die wesentlichen und grundlegenden Vorstellungen in einer kurzen Übersicht zusammengefasst.

Wie die Gnostiker, glaubt auch der gnostische Hermetiker, dass das Universum ein gigantisches Gefängnis für den Geist ist, aber er sieht in der grobstofflichen Welt auch gleichzeitig die Gebärmutter jenes Geistes, der sich daraus befreit. Adam wurde nicht von irgendeinem Gott verstoßen und in die Welt der Materie verbannt, sondern das Bewusstsein muss sich selbst irgendwo sammeln, damit es sich erkennt und sich verdichten kann und sich nicht in der Endlosigkeit verliert. Daher wird die grobstoffliche Ebene der Schöpfung nicht verteufelt, sondern als Grundlage für Raum und Zeit der feinstofflichen Welt des Geistes gleichgestellt.

Der Geist, der das individuelle Bewusstsein des Menschen heute trägt, war nicht seit Ewigkeiten vollkommen. Er ist auch nicht durch irgendwelche Sünden oder ein Versehen (auch nicht in Form einer Seele, die er später rettet) in die Finsternis der materiellen Welt gestürzt. Er hat sich vielmehr, aufgrund der besonderen Gegebenheiten in unserem sichtbaren Universum und dem unsichtbaren kosmischen System, nach und nach zu seinem heutigen selbstbewussten Zustand entwickelt und kann sich durch die Bedingungen des Lebens in einem grobstofflichen Körper noch weiter entwickeln. Der sogenannte Göttliche Funke muss erst vom Einzelnen gezündet werden.

Es gibt daher nur ein ICH, das von sich sagen kann: ICH BIN, nämlich das ICH, das erwacht, sich selbst erkennt und erfasst, dass es ist. Das "WAHRE ICHSELBST" ist daher kein anderes, besseres oder höheres ICH, das in Konkurrenz zu einem niedrigen ICH oder EGO steht, sondern nur ein anderer Standpunkt, von dem aus man sich selbst und sein bewusstes SEIN beobachten kann. Diese Erfahrung von sich selbst ist am leichtesten in einem physischen Körper möglich. Denn mit diesem Bewusstseinsträger kann man sich, und zwar ohne ihn zu verlassen, gedanklich von sich selbst distanzieren, quasi lösen, und sich selbst beim Denken, Fühlen, Wollen und Dasein beobachten. Dabei wird man sich SELBST als Beobachter bewusst und hat das Gefühl, als wäre man erst jetzt richtig erwacht. Man erkennt sich SELBST. Man weiß: "ICH BIN DER ICH BIN", und nicht das, was man denkt oder fühlt oder empfindet zu sein. Dieses magisch-mystische "Erwachen" ist das erste Ziel der gnostischen Hermetik. Erst nach diesem Erwachen, das beim ersten Mal wie eine Initiation erlebt wird und nicht selten das ganze Leben verändert, beginnt für den gnostischen Hermetiker die eigentliche Arbeit mit dem Geist. Denn eine Meditation, selbst wenn das Thema die erhabensten Vorstellungen und höchsten Ideale betrifft, wäre, wenn man sich nicht gleichzeitig seines ICHSELBST bewusst ist, völlig sinnlos, und wenn man Gedankenleere herstellt, ohne "wach" zu sein und wach zu bleiben, also sich dabei verliert, wäre das sogar nachteilig für den Geist.

Leider kann dieser Zustand des "Wachseins", in dem man sich selbst erkennt und bewusst erlebt, dass man ist, immer nur für kurze Momente aufrecht gehalten werden. Man wird sich danach sofort wieder vergessen und in sein dumpfes Normalbewusstsein zurückfallen. Die Übung des Wachseins kann aber jederzeit durchgeführt werden. Der Alltag eignet sich dazu sogar besser als eine stille Meditation. Denn gerade im täglichen Trott vergisst man sich am häufigsten und kann sich ständig dabei ertappen, wie man sich schon wieder verloren hat. Je öfter man dann denkt "ICH BIN" und sich daran erinnert, dass man ist, umso mehr verdichtet und festigt sich das wahre ICHSELBST und mit ihm die ganze magische und auch die profane Persönlichkeit.

Die gnostisch-hermetische Tradition ist keine Religion oder Ordensgemeinschaft, sondern zeigt einen Weg, der es jedem ermöglichen soll, selbst seinen Gott, sein Weltbild und sein ICHSELBST zu gestalten. Es gibt keine bindende Lehre, keine Lehrer und keine Vorschriften. Im Gegenteil, die im "Buch der Meister" zusammengefassten Gedanken und Erfahrungen sollen die Leser von allen Religionen, Gurus und Glaubensvorstellungen unabhängig machen. Selbst das dann gefundene eigene Weltbild soll immer wieder hinterfragt und in Frage gestellt werden. Nur so sind neue Erkenntnisse möglich und kann die geistige Freiheit gewahrt bleiben. Denn jede geglaubte Meinung, jede Vorstellung, jedes Ideal bedeutet die Einverleibung und Bindung an einen elementalen Komplex. Dieser verbindet den Betreffenden mit allen anderen Personen, die das gleiche glauben und denken, und mit der Ebene jener Wesenheit, die früher oder später aus dieser Gemeinschaft entsteht oder die bereits zuvor dahinter stand. Wer an nichts gebunden ist, hat Zugang zu allem.

Die gnostische Hermetik macht keine Aussage über Gott. Selbst die Vorstellung vom "Allmächtigen Baumeister aller Welten und Wesen" wird nur als Bewusstseinsstütze verwendet und bietet keine Erklärung für das Mysterium des Unfassbaren. Erkenntnisse, die jenseits der Sphären der Götter liegen, muss jeder selbst machen, die können nicht gelehrt werden. Dabei gilt es die Wechselwirkung zwischen Bewusstsein und objektiver Welt zu erforschen. Gott als Ursache oder lebendiges Wesen? Als Ursache und Schöpfer des unendlichen Raumes mit seiner unfassbaren Schöpfung muss er der persönlichen Erfahrung unerreichbar sein. Gibt es trotzdem persönliche Erfahrungen als Spuren des Göttlichen? Jeder muss selbst seine Meinung dazu bilden. Dogmen und Verhaltensregeln nehmen nicht nur dem Einzelnen die Freiheit, sondern begrenzen das Bewusstsein auf den kleinen Raum des persönlichen "Seelengartens". Die wahren Weiten der geistigen Welten bleiben dem verschlossen, der sich an eine Meinung bindet. Für den gnostischen Hermetiker ist es daher nicht der selbe Gott, den alle Religionen verehren. Es handelt sich vielmehr um verschiedene "Götter", die danach trachten, von möglichst vielen Gläubigen als der "wahre Gott" angebetet zu werden. Durch die Zuwendung der Gläubigen strömt ihnen Bewusstsein zu, das sie stärkt und ihren Einflussbereich sichert. Das erklärt die für die Menschen völlig unsinnigen Glaubenskriege.

Ergänzend zu Franz Bardon beschreibt die gnostische Hermetik auf der Erdgürtelzone, neben den Spiegelungen der Sphären der Planetengenien, auch die abgegrenzten individuellen Sphären der Menschen, die so genannten Seelengärten. Das sind die ganz persönlichen Bewusstseinsräume, in denen sich der Geist nach dem Ablegen des grobstofflichen Körpers wiederfindet. Wer stirbt, ist nicht automatisch in einem "Jenseits", sondern in seinem persönlichen Seelengarten. In diesem Seelengarten erlebt man seine Gedanken, Gefühle und Wünsche nicht in sich, sondern sie treten einem als das, was sie sind, nämlich eigenständige kleine Geister, gegenüber und füllen den Bewusstseinsraum als "Umgebung". "Meines Vaters Haus hat viele Wohnungen", sagte Jesus, der erste Meister der gnostischen Hermetik, und meinte damit nicht nur die Sphären der Hierarchie, sondern auch die Bewusstseinsräume der Menschen.

Im Unterschied zu Franz Bardon sieht die gnostische Hermetik in Elementalen und Elementaren die feinstofflichen Wesenszellen und Energiequanten des Geistes und der Geister, und nicht nur kleine Geister, mit denen man magische Effekte erzielen kann. Elementale und Elementare sind die lebendigen Bausteine, aus denen sich jede Persönlichkeit formt. Sie sind Bewusstseins- und Energieträger. Sie bilden nicht nur den fein- stofflichen Leib der Menschen, sondern auch den der Geister, Genien, Götter und Dämonen. Daher verbinden diese Wesenszellen die Menschen mit den anderen Wesen.

Darüber hinaus dienen die Elementale und Elementare der persönlichen Vervollkommnung. Denn wenn man die Wesenszellen, die zu viel oder zu wenig in Erscheinung treten, also die negativen

Eigenschaften von Geist und Seele, umwandelt, so dass ein Gleichgewicht entsteht, profitiert davon der eigentliche Geist des wahren ICHSELBST. Während Bardon dazu die Qualitäten eines Elements mit den Qualitäten des entgegengesetzten Elements bekämpfte, kann man mit dem Schlüssel der gnostischen Hermetik über die Urqualitäten ein Element auch in das danebenliegende verwandeln.

Daher verwendet die gnostische Hermetik für die Herstellung des geistigen und seelischen Gleichgewichts nicht nur die Eigenschaften, die den vier Elementen Feuer, Wasser, Luft und Erde zugeordnet werden, sondern auch die "Elemente" der Elemente, also die vier Urqualitäten Warm, Kalt, Feucht und Trocken, aus denen die vier Elemente bestehen.

Auch die Götter, Genien und Geister bestehen aus diesen Wesenszellen und stehen daher über die Elementale und Elementare, also über die Vorstellungen und Gefühle, mit den Menschen in Verbindung. Sie inspirieren die Menschen, in ihrem Sinn zu handeln, was die Menschen aktiviert und bewegt. Umgekehrt profitieren die Götter und Genien von den Wesenszellen, die dadurch im Bewusstsein der Menschen belebt werden. Denn durch die Gedanken der Menschen fließt den Wesen geistige Nahrung zu, was ihren Machtbereich vermehrt.

Je mehr man sich durch seine Interessen und Neigungen einer Macht zuwendet, umso mehr wird man von dieser Sphäre angezogen. Es gibt aufbauende und zerstörende Mächte und Kräfte. Jeder wird von diesen Mächten inspiriert, beeinflusst und je nach deren Fluid zu Über- oder Untertreibungen verleitet. Jeder ist über seinen Charakter mit den analogen Mächten in Kontakt. Der rücksichtslose Egoist ist mit der so genannten Unterwelt, der Tugendhafte mit den ausgleichenden Sphären, die man harmonisch empfindet, verbunden. Wahrheit, Gerechtigkeit und Mitgefühl zu üben, liegt daher im eigenen Interesse. So wie bereits im Leben, wird sich auch nach dem Tod jeder von den Sphären angezogen fühlen, die seinem Wesen entsprechen.

Daher sind Tugend, Moral und Opferbereitschaft für den Hermetiker keine religiösen, weil gottgefälligen Forderungen, sondern die vernünftige Folge der Einsicht, dass nur diese Eigenschaften, die die kosmischen Gesetze des Gleichgewichts und Ausgleichs berücksichtigen, die Freiheit und Unabhängigkeit auf den feinstofflichen Ebenen gewähren. Egoismus lohnt sich nicht.

"Gut" und "Böse" sind nicht zwei einander entgegengesetzte Pole. Schlecht ist das Zuviel, oder das Zuwenig. Gut ist die Mitte. Gut ist die Fähigkeit, das Gleichgewicht herzustellen. Das so genannte Böse wird daher nicht ausgeschaltet, sondern umgewandelt.

Das so genannte Jenseits der Menschen ist keine für alle Zeiten festgelegte feinstoffliche Welt. Es verändert sich ständig mit den Gedanken und Glaubensvorstellungen, die sich die Menschen aufgrund der jeweils vorherrschenden Tradition machen. So wie sich eine irdische Großstadt verändert, an der die Menschen bauen, verändert sich im Lauf der Jahrhunderte mit den Gedanken der Menschen die geistige Welt.

Ein Leben nach dem Tod oder eine Wiedergeburt ist damit aber nicht garantiert. Nach dem Ablegen des grobstofflichen Körpers erlebt sich das Bewusstsein eine Zeit lang im persönlichen "Seelengarten" und nicht in einem allen Geistern und Verstorbenen zugänglichen Jenseits. In diesem Seelengarten treten einem, ähnlich wie im Traumzustand, Gedanken, Gefühle und Emotionen - also das zu Lebzeiten Bewusste und Unbewusste - als Umwelt und in Form scheinbar eigenständiger Wesen gegenüber. Was man nicht beherrscht, kann einen nun gegen den eigenen Willen beherrschen und Teile des Bewusstseins rauben. Das kann bis zur Auflösung des persönlichen Bewusstseins gehen, was dann den tatsächlichen Tod bedeutet.

Wesenszellen, die dank einer hermetischen Schulung beherrscht werden, wirken wie Glieder und Organe eines feinstofflichen Körpers, mit dem man seinen Seelengarten verlassen kann, um in Ebenen anderer Wesen zu gelangen. Die gnostische Hermetik hat dazu eine eigene Anatomie und Physiologie des Geistes entwickelt, die auf der Grundlage der astrologischen Elemente beruht. Während die Wechselwirkung der vier Elemente die Grundlage und Kybernetik von Geist und Seele erklärt, bietet die Astrologie den Schlüssel zur geistigen Genetik.

Zur Selbstschulung kennt die gnostisch-hermetische Tradition verschiedene Transformationstechniken. Dabei werden unerwünschte Eigenschaften, also Elementale und Elementare, die das Gleichgewicht stören, in andere Eigenschaften umgewandelt. Grundlage ist: Jede Überwindung setzt Energie frei, die man speichern oder nutzen kann. Selbstüberwindung setzt mehr Energie frei, als man aufwendet. Das ist das Geheimnis der magischen und mystischen Schulung. Die gnostische Hermetik beschreibt erstmals, wie man dazu die hermetischen Wissenschaften, die Magie und Mystik, die Astrologie, die Alchemie und die Quabbalah nutzen kann, und erklärt deren eigentliche Funktion und wirkende Mechanismen.

Der gnostische Hermetiker verwendet das Übungsprogramm, das Franz Bardon in seinem Werk "Der Weg zum wahren Adepten" beschreibt. Ihm ist jedoch bewusst, dass er allein für die ersten drei Stufen einige Jahrzehnte brauchen wird. Franz Bardon erwähnte selbst, er habe seine Bücher um 600 Jahre zu früh veröffentlicht. Daher wurden als Ergänzung dazu die "Meisterbücher" geschrieben. Diese Übungen bereiten den Weg. Das Ziel der gnostischen Hermetik ist nicht magische Macht, sondern das magische Wachsein, also die Macht über sich selbst und seine eigenen Wesensteile.

Der gnostische Hermetiker strebt nicht nach magischen Fähigkeiten, um damit die Welt oder Geister zu beherrschen, sondern er schult seinen Geist, damit ihn die Welt und die Geister nicht mehr beherrschen können. Sein Ziel ist das magische Wachsein.

Mit dem Wachsein ist nicht das Nicht-Schlafen gemeint oder irgendeine große Erleuchtung, Trance, Ekstase oder Vereinigung mit einem Gott, sondern die kurzen klaren Augenblicke, in denen man sich bewusst ist, dass man als Geist in seinem Körper steckt und ein Geistwesen ist, das von sich sagt "Ich bin". Der erste Schritt dazu ist, dass man sich selbst beobachtet.

Das ist auch der erste Schritt zur Unsterblichkeit. So wie die grobstofflichen Glieder nur im Schlafen wachsen, wachsen die geistigen Glieder nur im Zustand dieses "Wachseins". Im Wachsein entfaltet sich das unsterbliche ICHBIN. Es ist sowohl das spirituelle Zentrum des magischen Menschen als auch das lebendige Zentrum der selbstbewussten erfolgreichen Persönlichkeit, die mit beiden Beinen fest auf dem Boden steht.

Der gnostische Hermetiker sitzt nicht stundenlang weltfremd da, um zu meditieren, sondern nützt bewusst den Alltag als Schulung. Nicht Trance, sondern Wachsein wird angestrebt, und dieses Wachsein lässt sich jederzeit üben. Das wichtigste Anliegen ist, neben dem inneren elementaren Gleichgewicht, die Übung des Wachseins, also die bewusste Beobachtung, wie man denkt, fühlt und ist, indem man sich selbst beobachtet. Der gnostische Hermetiker macht sich immer wieder bewusst, dass er ein Geistwesen ist. Das ist etwas anderes, als wenn man nur darüber philosophiert. Diese sekundenlangen Einblicke in das eigene Sein, ohne dabei das Bewusstsein für sich und die Welt zu verlieren, werden täglich mehrmals gesucht.

Das Erkennen und Erfassen: "ICH BIN ein Geist im Körper" gebiert den Geist für das wahre ICHSELBST. Jeder Augenblick dieses erlebten Wachseins fügt dem Geist, der man wirklich ist, weitere Wesenszellen hinzu und damit wächst der Lichtleib, der das Bewusstsein dann tatsächlich unsterblich macht. Der Ausspruch Gottes: "Ich bin der ICH BIN" (Exodus 3,14) wird dann Wahrheit und zur tatsächlichen Grundlage der eigenen Persönlichkeit. Auch wenn man sich am Anfang dieser Übung immer wieder vergisst und verliert: Das ICHBIN, hat man es einmal erfasst, kann sich nicht mehr verlieren und wird sich immer wieder in der Vorstellung "ICH BIN DER ICH BIN" erkennen und finden. Je öfter man sich SELBST ins Bewusstsein ruft, umso eher wird ICH BIN DER ICH BIN zum bestimmenden Geist des Seins. Alle anderen Übungen dienen diesem einzigen Ziel: dem Erwachen. Die Schulung des Willens, die Stärkung der Konzentrationskraft, die Steigerung der Imaginationsfähigkeit, die Veredlung der persönlichen Wesenszellen - das Ziel ist der wache, bewusste Geist, der sich jederzeit auf sich SELBST stützen kann und das, worauf er sich stützt, auch beherrscht.

Geist manifestiert sich in Form von Vorstellungen, Gedanken und Gefühlen. Sowohl der eigene Geist als auch die anderen Geister bestehen aus diesen elementalen Wesenszellen. Wer geistige Welten und Wesen sehen will, muss daher zuerst geistig sehen, hören und empfinden lernen. Dazu schult der gnostische Hermetiker seine Imaginationsfähigkeit. Er stellt sich Dinge vor, die gar nicht sind. Er konzentriert den Geist und bildet daraus Elementale, also Wesenszellen des Geistes. Er formt mit seiner Vorstellungskraft Bilder, Töne, Gefühle und Empfindungen, die zuvor weder außerhalb noch in ihm waren. Indem er mit seiner Imaginationskraft den Geist fixiert und verdichtet und quasi aus dem Nichts Wahrnehmungen erschafft, lernt er nicht nur den Geist, mit dem er arbeitet, sondern auch die geistigen Welten, die er zuvor nicht wahrnehmen konnte, wahrzunehmen. Die Konzentrationskraft ist zugleich auch die Macht, die es ihm ermöglicht, sowohl die von ihm selbst geschaffenen Formen als auch andere geistige Formen und "Geister" zu sehen und zu beherrschen. Sobald man tatsächlich sieht, hört, riecht und spürt, was man denkt, ist man in der Lage, sich in geistigen Welten zu orientieren und zu agieren.

Die Fähigkeit der Imagination ist daher für den gnostischen Hermetiker genauso wichtig wie die Fähigkeit des Wachseins. Sie ist die Grundlage der Konzentration, der Meditation und der Gedankenstille. Der gnostische Hermetiker wird erst dann meditieren, wenn er die geistigen Formen, mit denen er sich in seinen Meditationen beschäftigt, auch beherrscht, sie also willentlich hervorrufen und auch wieder jederzeit aus seinem Bewusstsein verbannen kann. Und er wird erst dann in die Gedankenstille gehen, wenn er in der Lage ist, seine Gedanken willentlich zu entlassen, und nicht, so lange er sie aus dem Bewusstsein verliert, weil er sich SELBST gehen lässt, um sich zu entspannen oder zu schlafen. Der gnostische Hermetiker wird sich erst dann auf eine andere Ebene versetzen, wenn er die Ebene, auf der er sich befindet, vollkommen beherrscht. Und er wird sich erst dann mit einer "Gottheit" verbinden, nachdem er sein eigenes Wesen erkannt und erfasst hat und es nicht mehr verliert.

Das Ziel, das die gnostische Hermetik in Aussicht stellt, ist nicht die Verschmelzung mit einem Gott, das Eingehen in die ewige Glückseligkeit oder die "Große Erleuchtung". Wer diesem Weg folgt, wird auch nicht gleich ein "wahrer Adept" im Sinne von Franz Bardon werden. Was Bardon beschreibt, ist in einem Leben nicht zu erreichen. Der gnostisch-hermetische Weg führt zu sich selbst. Man muss zuerst sich selbst erkennen und erfassen und lernen, die geistigen Wesensteile, die das eigene Bewusstsein tragen, zu beherrschen, ehe man daran geht, andere Geister zu beherrschen. Erst dann, wenn man sich selbst beherrscht, kann man geistige Welten und Wesen beherrschen.

Der gnostische Hermetiker ist aber trotzdem den geistigen Mächten nicht ausgeliefert. Im Gegenteil, er weiß, wie er die verbindenden Wesenszellen nützt. Mit Hilfe der Transformation seiner Wesenszellen stärkt und entfaltet er sein geistiges Wesen. Mit der Technik von "Zeichen, Wort und Griff1 und geeigneter Symbole als Kyilkhore benützt er die Wesenszellen der Genien und baut sie in sein eigenes Wesen ein. Und dank der "Magie mit Astrologie" nützt er die Gezeiten ihrer Macht und lernt sein eigenes Schicksal zu meistern.

Das erste Ziel aber ist das Erwachen, zuerst während des Tages im Alltag und dann in der Nacht in der Welt der Träume. Aus diesem Bewusstseinszustand kann man dann, dank der gnostisch-hermetischen Methode des luziden Wachseins, auch ohne ein Adept zu sein, seinen Körper verlassen und erlebt sich dann wirklich als geistiges Wesen. Mit dieser Initiation beginnt dann der eigentliche Weg zu einem geistbewussten ICH.

Die gnostisch-hermetische Wissenschaft kennt - außer, dass sie sich kompromisslos auf die Seite jener Mächte stellt, die Mitgefühl, Wahrheit, Gerechtigkeit und das Bestreben zur wachen Bewusstheit vertreten - keine Dogmen. Wer dem Weg folgt, wird jedoch zwingend erkennen müssen, dass das Ziel nur erreicht werden kann, wenn neben dem magischen auch das mystische Erleben gepflegt wird. Hier lässt die Erfahrung keine Kompromisse zu.

Trotz seiner Beschäftigung mit Magie und Mystik ist der gnostische Hermetiker kein weltfremder Phantast. Er steht mit beiden Beinen fest im Leben und sorgt erfolgreich für seinen täglichen Lebensunterhalt. Er folgt zwar den Spuren der Gnosis und Hermetik, aber noch aufmerksamer verfolgt er die Erkenntnisse der modernen Wissenschaft. Denn er weiß, gemäß dem hermetischen Gesetz "Wie oben, so unten" lassen sich umgekehrt aus den Gesetzen, welche das Geheimnis des Lebens und der Materie bestimmen, Rückschlüsse auf die verborgenen geistigen Ebenen schließen.

DER WEG IST DAS ZIEL

Zum Abschluss noch ein Rat für jeden, der sich auf dem Weg befindet, den Franz Bardon weist.

Dieser Weg hat kein Ziel. Wer die Übungen macht, weil er sich davon etwas erhofft, kommt früher oder später vom Weg wieder ab.

Ganz gleich ob er die "große Erleuchtung", magische Macht oder Glück und Erfolg im Leben anstrebt. Sogar die Selbstvervollkommnung als Ziel ist hinderlich, erstens weil man auch damit etwas für sich will und zweitens, weil diese Bestrebung nicht selten in Fanatismus ausartet.

Am besten ist, man betrachtet seine Bewusstseinsschulung als gesunde Geist- und Seelenhygiene.

Wer sich mit Magie beschäftigt, sei es aus Neugierde, Sensationslust oder um irgendwelche Erfolge zu erzielen, wird mit Sicherheit scheitern. Wer dagegen den Weg als Ziel sieht und ihm folgt, obwohl er sich nichts erwartet, wird irgendwann merken, dass er sich verändert hat. Nicht nur seine Persönlichkeit, sein ganzes Leben wird anders werden. Das kann nach einem Jahr sein oder erst nach zehn oder zwanzig Jahren passieren.

Bis man ein Handwerk erlernt und ein Meister wird, vergehen sechs Jahre. Damit man den "Master" einer Wissenschaft oder Kunst verliehen bekommt, muss man in der Regel noch viel länger studieren. Trotzdem glauben viele, dass man die höchste Kunst und Wissenschaft, die es gibt, die Magie, in wenigen Monaten, noch dazu ganz nebenbei, indem man täglich eine halbe Stunde lang an nichts oder an etwas Bestimmtes denkt, erlernen kann. So einfach ist es nicht. Die Geistesschulung erfasst den ganzen Menschen und fordert mehr von seiner Lebenszeit. Aber nicht in einer Höhle, einem Kloster oder einem Alchemistenlabor hinter Tempel mauern. Der Weg zum wahren Adepten führt durch das ganz normale Leben: Familie, Beruf und die Erfüllung der täglichen Alltagspflicht. Wer das im Bewusstsein, dass er ein Geistwesen ist, schafft, ist auf dem richtigen Weg, auch wenn er nicht magisch wirken kann.

Kaum jemand wird die Übungen so gewissenhaft und systematisch durchführen, wie Bardon es verlangt, es sei denn, er war schon in seinem letzten Leben ein Eingeweihter. Ansonst traue ich das nur einem Fanatiker oder Sektierer zu und das war bestimmt das Letzte, was Bardon von seinen Schülern erwartet hat. Der Normalsterbliche wird, wenn er nicht ein Musterschüler ist, nach einigen Wochen oder Monaten schlampig werden und daran zweifeln, ob er je sein Ziel erreicht.

Aber in einem Jahr ist noch keiner ein Adept geworden. Vermutlich auch nicht in einem einzigen Leben.

Auch andere sind Jahrzehnte auf dem Weg und werden immer wieder Rückschläge erleben und zwischendurch resignieren. Man darf sich also nicht entmutigen lassen, wenn die Fortschritte gering sind und man bemerkt, dass man es nicht schafft oder nachlässig wird. Ich glaube nicht, dass es viele Bardon-Schüler gibt, die mehr als die ersten drei Stufen tatsächlich beherrschen. Trotzdem kann man auch damit schon eine ganze Menge erreichen, wenn man die gewonnenen Fähigkeiten, die sich aufgrund der Geistesschulung entwickeln, bewusst im Alltag verwendet. Wichtig ist daher, dass man das, was Bardon lehrt, nicht aus den Augen verliert.

Auch wer nicht regelmäßig übt, ist noch auf dem Weg, solange er sich bewusst macht, dass er nur eine Pause macht und die Absicht hat, später wieder weiter zu gehen.

Hauptsache ist, man kommt immer wieder darauf zurück, auch wenn Monate dazwischen liegen. Man muss sich sein ganzes Leben dafür Zeit nehmen.

Und noch etwas ist wichtig: Schweigen. Wer den Weg der Hermetik geht, sollte mit keinem Menschen darüber reden. Und schon gar nicht, wenn er spürt, dass er Erfolge hat. Die sicherste Art, magische Macht wieder loszuwerden, ist, darüber zu reden. Wer imstande ist, mit dem Geist zu arbeiten, wird darüber nicht einmal eine Andeutung machen.

Aber es kommt nicht darauf an, dass man magische Fähigkeiten erlangt, sondern auf das Geistesmuskeltraining und die Energie, die beim Üben gewonnen wird. Die Lebensschule, durch die man geht, und die bewusste Meisterung des täglichen Alltags sind, wenn man sie bewusst als Schulung sieht, dazu genauso geeignet und vielleicht sogar noch wichtiger als der hermetische Unterricht. Um das klar zu machen und um die Perioden des scheinbaren Stillstands sinnvoll zu nützen, habe ich im "Buch der Meister" das Üben im Alltag beschrieben.

Man muss sich für die Übungen, die Franz Bardon beschreibt, nicht jedes Mal in seinen Tempel zurückziehen. Man kann auch die Widerstände, die sich einem im Alltag entgegenstellen, bewusst für sein Geistesmuskeltraining benutzen:

Rot bei der Ampel: statt ungeduldig zu werden, Gelassenheit wachrufen.
Warten in einer Schlange: entspannen und einige Sekunden in die Gedankenstille gehen.
Eine Treppe hochsteigen: statt an Anstrengung denken, die Kraft

kostet, die elastische Kraft, die man einsetzt und daher in sich hat, bewusst machen, wodurch sie einem erhalten bleibt.
Atmen: Man atmet, ohne zu denken, täglich tausende Male Sauerstoff ein. Warum nicht ab und zu den Vorgang bewusst zum Auftanken von Vitalität benützen? Die Luft ist voll von Lebenskraft.

Man braucht sich diese Energie nur bewusst zu machen, also einzuatmen und seinen Körper damit zu imprägnieren, indem man sich klar macht, dass sich diese Kraft, genau wie der eingeatmete Sauerstoff, automatisch im ganzen Körper verteilt und diesen bleibend belebt.

Das geht auch mit der goldenen Energie des Lichts: Wenn die Sonne scheint, kann man überall und jederzeit diese Energie in sich aufnehmen. Dazu braucht man sich nicht in sein Meditierzimmer zurückzuziehen.

Die Magie der Vorstellung ist das größte Mysterium, das es gibt. Sie funktioniert auch ohne Glaube und Willen. Das ist eine Tatsache. Sowohl das Diesseits als auch das so genannte Jenseits werden ständig vom Menschendenken umgeformt und gestalten sich nach den Elementalen, die die Menschen in ihren Köpfen beleben.

Wer gewissenhaft und heiter, in der Überzeugung, dass es seiner geistigen Entfaltung dient, seine Pflichten erfüllt, wer gegenüber seinem Nächsten Mitgefühl empfindet und verständnisvoll dessen Sorgen teilt, wer versucht, auch in schwierigen Situationen Gelassenheit zu bewahren, ist, wenn er sich zwischendurch immer wieder bewusst macht, dass er ein Geistwesen ist, genauso auf dem Weg, als wenn er stundenlang hermetische Übungen macht.

Natürlich ist es wichtig, dass man sich täglich zumindest zehn Minuten lang in seine Stille zurückzieht und Körper. Geist und Seele miteinander in Einklang bringt. Das wird sogar zu einer angenehmen Gewohnheit werden, wenn man es regelmäßig pflegt, und garantiert, dass man seinen Weg nicht ganz aus den Augen verliert. Aber Üben allein macht noch keinen Meister, auch wenn man die richtigen Übungen macht. Der Alltag, die Lebensschule, ist genauso wichtig. Man muss sich nur bewusst machen, dass das Leben eine Schule ist.

Bardons Geist- und Seelenschulung betrifft ja in erster Linie den Geist. Es geht aber nicht darum, die Macht des Geistes über die Materie zu erlangen, sondern zuerst muss sich der Geist so weit entwickeln, dass er imstande ist, die seelischen Kräfte zu beherrschen. Für das Dasein nach dem Tod, im persönlichen Seelengarten und auf den so genannten Astralebenen, ist das von größter Bedeutung.

Ich hoffe, dass ich mit diesem Buch alle Bardon-Leser, die an sich zweifeln oder ermüdet sind, dazu bringe, ihren Weg nicht zu verlassen, und sie ermuntere, wieder mit der Arbeit an sich zu beginnen. Auch wer dabei kein Adept wird, wird davon ungemein profitieren und an seinem Lebensende feststellen, dass er sein Dasein sinnvoll für seine geistige Entwicklung genützt hat.

Die Instruktionen des Franz Bardon lassen, auch wenn man sie nicht ständig befolgt, Geist und Seele so weit reifen, dass man auch ohne Magie sein Leben immer besser meistern kann. Nach einigen Jahren ist die ganze Persönlichkeit wie verwandelt und eines Tages wird man bemerken, dass man magische Macht gar nicht mehr anstrebt, weil man sie nicht mehr braucht. Jeder, der dem Weg zum wahren Adepten folgt, wird dieses Mysterium erleben.

AUS DER PRAXIS

Zweck meiner Bücher ist es, den Weg, den Franz Bardon beschreibt, zu erhellen und auch Anfängern den Weg zu Bardons Weg zu weisen. Wie mir meine Leser bestätigen, ist mir das gelungen. Skeptiker aus akademischen Kreisen und mystisch oder religiös veranlagte Menschen verstehen jetzt, was die hermetische Geistesschulung eigentlich will, und langjährige Bardon-Leser, die sich bisher nur theoretisch mit seinen Werken befassten, schreiben mir, dass sie dank meiner Anleitungen, welche die ersten Stufen der Geistesschulung ausführlicher behandeln und in den Alltag integrieren, doch ein gutes Stück des Weges vorangekommen sind.

Leider bekomme ich auch Post von verzweifelten Lesern, die sich nicht an Bardons Instruktionen halten und sich den Weg verkürzen und vereinfachen wollten. Die Folgen sind psychische Störungen, einschneidende Lebenskrisen und Zweifel an der Macht der positiven Kräfte, mit denen sie glaubten in Verbindung zu stehen. Ich nenne es das Esoterik-Syndrom. "Es fühlt sich manchmal so an, als greift eine mir unbekannte Macht nach mir, die mich schwächt und nach meiner Lebensenergie greift." Solche und ähnliche Symptome werden mir laufend geschildert. Werden dann weiter "hermetische Übungen" gemacht, verschlimmert sich die Situation.

Da ich die Flut der an mich gerichteten Briefe nicht mehr bewältige, möchte ich nachstehend auf diese Gefahren und die immer wieder auftauchenden Fragen und Probleme näher einzugehen. Dem Stil des Buches folgend, verwende ich dazu wieder einige Briefauszüge und Gesprächsprotokolle, welche diese Themen von unterschiedlichen Seiten erhellen und einen Ausweg aus der Krise finden lassen sollen.

Ich hoffe, dass man meine Warnungen nicht als erhobenen Zeigefinger sieht, sondern ernst nimmt. Immerhin beschäftige ich mich seit über sechzig Jahren mit Magie und Mystik und habe oft genug selbst in der Praxis erlebt, wohin es führen kann, wenn man magische Macht und Kontakt mit Wesen aus geistigen Welten sucht. Die

Geistesschulung dient ausschließlich der Vervollkommnung von Geist und Seele. Wer etwas anderes anstrebt, wird enttäuscht sein oder im Sumpf niedrigster Elementale und Elementare versinken.

GEFAHREN AM WEG UND WIE MAN IHNEN BEGEGNEN KANN

Verrückt, besessen oder selbst der Täter?

Ärzte und Therapeuten wissen, dass ein Großteil der Patienten, die sich in psychiatrischen Krankenhäusern befinden, sich mit Magie und Mystik beschäftigten. Daneben gibt es noch einmal so viele Personen, die sich von Wunderheilern, Exorzisten und anderen Scharlatanen behandeln lassen und ebenfalls reif für die Klinik sind.

Über die Folgen, die durch falsches Üben auftreten können, schreibt Bardon in einem Brief vom 7. Oktober 1953 an den Verleger Sopp: "*Momentan arbeite ich an einem Manuskript, welches die praktische Theurgie behandeln wird, in welchem ich die Buchstabenmystik auf richtige kabbalistische Grundlage stelle. Ich muss mich da leider in vieler Hinsicht gegen Weinfurter stellen, der leider Kerning nicht verstanden hat, wie ich mich persönlich in einer Unterhaltung mit ihm überzeugen konnte. Meine Arbeit wird eine Umwälzung auf dem Gebiete der Buchstabenmystik bedeuten und auch auf die Gefahren der Kerningschen Mystik hinweisen. Kerning ist leider vielfach missverstanden worden abgesehen davon, dass Weinfurter selbst nicht nach Kerning geübt hat, geschweige die Möglichkeit hatte, tiefer in die Geheimnisse des Wortes usw. einzudringen. Man soll über Tote nichts Schlechtes sprechen und ich greife nicht seine Person direkt an, sondern nur seine Bücher.* ***Abgesehen davon, dass ich mehr als dreißig seiner Schüler aus dem Irrenhaus herausgeholt habe und ihnen durch magische Behandlung das seelische Gleichgewicht wieder hergestellt habe,*** *kenne ich Schiller der Kerningschen Schule, die seit Jahren*

Buchstabenmystik praktizieren und nicht den geringsten Fortschritt aufzuweisen haben."

Ich bekomme fast jede Woche Briefe von verzweifelten Personen, oder deren Angehörigen, die berichten, wie falsche Glaubensformen und okkulte Praktiken in den Irrsinn führen. Franz Bardon hat vor diesen Gefahren eindringlich gewarnt und bemerkt, wie schwierig es ist, diesen Patienten zu helfen. Der Grund dafür sind die besondere Struktur von Geist und Seele und die lebendigen Wesenszellen, welche die feinstofflichen Moleküle von Geist und Seele sind.

Die Anatomie und Physiologie von Geist und Seele betrifft das Mysterium der vierten Tarotkarte. Deshalb hat Franz Bardon, der nur die ersten drei Karten offenlegen sollte, über die Seelenorgane und die Wesenszellen nichts geschrieben. Er verrät lediglich, dass Elementale und Elementare kleine Geister sind und wie man sie bewusst erzeugen und als Hilfsgeister verwenden kann.

Es ist jedoch eine Tatsache, dass auch die persönlichen Wesenszellen, aus denen der Menschengeist besteht, Elementale und Elementare sind. Auch wenn man sie nicht bewusst und gezielt ins Leben ruft, können diese Wesenszellen, aus denen sowohl der Menschengeist als auch der Geist der anderen Wesen und Intelligenzen besteht, wie kleine Geister ein Eigenleben führen. Obwohl sie scheinbar wie die Bienen eines Schwarms im persönlichen Bewusstseinsraum herumschwirren, sind sie Teile vom eigenen Wesen und mit dem persönlichen Geistkörper, dessen mentale Substanz sie faktisch bilden, fest verbunden.

Da aber nicht nur der Menschengeist, sondern auch alle anderen feinstofflichen Intelligenzen aus solchen elementalen Wesenszellen bestehen, ergibt sich über die Elementale und Elementare, also über die Vorstellungen und Gefühle, eine Verbindung zu den analogen Wesen in der feinstofflichen Welt.

Das erhellt, wie wichtig die Überwachung der Gedanken und Gefühle ist und wie sehr man darauf achten muss, was man durch seine Aufmerksamkeit, quasi als Geistesnahrung, in sein Bewusstsein holt. Werden zum Beispiel regelmäßig durch einschlägige Bilder, Filme oder tatsächliche Erlebnisse Elementale der Brutalität konsumiert, so verdichten sich diese und entwickeln Neigungen, die ganz dem Wesen dieser negativen Qualitäten entsprechen. Wenn sich dann die Phantasie mit diesen Bildern und Regungen weiter beschäftigt, verbinden sich diese lebendigen geistigen Moleküle zu komplexen Machtstrukturen, die man von den Intelligenzen aus den Sphären der Gewalt kaum unterscheiden kann.

Das erklärt die brutalen Überfälle von Jugendlichen auf wehrlose Personen - etwas, das früher undenkbar war. Da wird aus reiner Freude und Lust an der Gewalt getreten, misshandelt, erniedrigt und getötet. Die Mörder werden immer jünger. Durch die einschlägigen Computerspiele und Gewaltfilme kann das Element des Bösen in das Bewusstsein der Kinder dringen und für deren Verrohung sorgen, ohne dass dazu ein Dämon die Betroffenen verführen muss. Der Wahnsinn der religiösen Selbstmordattentäter, die Kurzschlusshandlungen der Schüler, die ein Blutbad in ihrer Schule anrichten, die Sexualtäter, die immer jünger sind, sie werden nicht von Dämonen gezwungen, sondern von den eigenen Elementalen, denen sie sich hingeben, zu ihren Wahnsinnstaten verführt.

Kein Geist kann in die grobstoffliche Welt blicken oder hier wirken, ohne dass man ihm einen entsprechenden "Körper", der seinen Qualitäten und seinem Element entspricht, verdichtet. Bardon beschreibt das sehr eingehend in seiner "Praxis der magischen Evokation". Ob man dazu gezielt die feinstofflichen Wesenselemente der betreffenden Intelligenz vor sich in ein Dreieck oder unbewusst im persönlichen Inneren verdichtet, ist nicht von Bedeutung.

Ich will damit nicht ausschließen, dass es tatsächlich Fälle gibt, wo ein fremdes Wesen Besitz von einem Menschenkörper ergreift und anstelle von seinem Ich agiert oder den Betreffenden durch Eingebung, also über Elementale, so manipuliert, dass dieser in seinem Sinne denkt, fühlt und handelt. Aber in den allermeisten Fällen, wo von Schizophrenie, Besessenheit oder multiplen Persönlichkeiten die Rede ist, handelt es sich lediglich um Auswüchse von entarteten persönlichen Wesenszellen. Auch die so genannten Komplexe, die von einigen Jung-Schülern als Geister und Dämonen aufgefasst werden, sind nichts anderes als übermächtige Wesensteile, die sich aus dem eigenen Geist entwickelt haben.

Hat man aber einmal die entsprechen Wesenszellen in sich gebildet, so besteht tatsächlich die Gefahr, dass man in den Einflussbereich der entsprechenden kosmischen Wesen gelangt. Es ist anzunehmen, dass die negativen Wesenheiten jene Personen aufspüren, deren mentalen Wesenszellen ihrer Qualität entsprechen, und deren Nähe suchen. Zum Glück gilt das auch für die so genannten guten Geister. Auch sie werden sich von Elementalen angezogen fühlen, die ihren positiven Qualitäten entsprechen.

Es liegt also an einem selbst, welche Geister man aufgrund der Gedanken und Gefühle, die man pflegt, in seine Nähe ruft. Auch wenn diese dann nicht in der Lage sind, einen direkt zu beeinflussen, indirekt tun sie es doch. Da kann es dann schon vorkommen, dass ein Gewaltdämon den letzten Funken zündet und den Betreffenden, der zum Messer greift, tatsächlich zustechen lässt. Vernichtung, Selbstmord, Mord, Folter, Hass und Gewalt, es gibt für alle zerstörenden Kräfte eine feinstoffliche Macht, die sich in der Realisierung und im Erlebnis dieser Qualitäten selbst erlebt und geeignete Personen dazu inspiriert, in sich diese Qualitäten zu pflegen.

Deshalb ist die ständige Überprüfung der Gedanken, Gefühle, Vorlieben und Gewohnheiten so wichtig. Aber Wachsamkeit allein genügt nicht. Man muss seine Regungen auch kontrollieren und beherrschen. Die bewusste Geist- und Seelenschulung, die Franz Bardon beschreibt, ist daher nicht nur zur Entwicklung magischer Fähigkeiten, sondern auch für den persönlichen Schicksalsverlauf von größter Bedeutung.

Lieber Walter

Nachstehend meine Antwort auf den Brief von Frau H., die wohlige Vibrationen und Glücksgefühle spürt, seit sie die Chakra-Übungen macht. Du kannst diesen Brief an sie weiterleiten. Es handelt sich meiner Meinung nach eindeutig um Folgen falscher Meditationstechniken. Ich bekomme laufend solche Briefe, und man sieht wieder, wie wichtig die Bücher von Franz Bardon sind. Diese Begleiterscheinungen sind nämlich nicht, wie manche irrig meinen, die Vorboten der großen Erleuchtung, sondern kündigen im Gegenteil den Beginn einer psychischen Störung an.

Sämtliche Phänomene, die bei, nach oder in Zusammenhang mit geistigen Übungen auftreten, sind unerwünscht und deuten darauf hin, dass man sein feinstoffliches Wesen und die Wesenszellen, aus denen der feinstoffliche Körper besteht, nicht beherrscht. Alle Gefühle und Empfindungen, die unkontrolliert auftreten, und seien diese noch so angenehm, sind Wesenszellen, die eigenmächtig den persönlichen Bewusstseinsraum erfüllen. Dabei macht es keinen Unterschied, ob diese als angenehm oder störend empfunden werden. Genauso wie Frau H. zunächst noch ein wohliges Gefühl und zartes, feines Vibrieren empfindet, kann sie demnächst unangenehme "elektrische" aufdringliche Vibrationen erleben, die gegen ihren Willen in sie eindringen und ihren Körper attackieren. In der Folge treten dann Angstneurosen und andere psychische Störungen auf.

Bardon warnt eindringlich vor diesen Begleiterscheinungen, die auftreten, wenn man durch einseitige oder unsinnige geistige Übungen das mentale Gleichgewicht verliert. Energien, die man "empfindet", sind nie positiv. Positiv sind nur jene Energien, die man selbst aktiviert und gezielt in geistige, seelische oder physische Arbeit umsetzt.

Es macht keinen Unterschied, ob sich einem Gedanken, Gefühle oder Körperempfindungen aufdrängen. Zu Vorstellungen und Visionen, die man nicht selbst hervorruft, sagt man Halluzinationen und betrachtet den Betreffenden als verrückt. Unkontrollierte Gefühle und Emotionen bezeichnet man als Hysterie. Unerklärbare

Körperempfindungen bedeuten aber genauso eine Bewusstseinsstörung und sollten behandelt werden.

Bardon achtet bei seinen Instruktionen sehr darauf, dass man jeder Qualität, mit der man arbeitet, die entgegengesetzte Eigenschaft gegenüberstellt und jede Vorstellung, die man imaginiert, zurücknimmt, ehe man die Übungen beendet. Meditiert man zum Beispiel über das Luftelement, indem man sich die Qualitäten warm, hell, flüchtig, fröhlich, locker, bewegt usw. vergegenwärtigt, dann muss man sich danach die entgegengesetzten Qualitäten des Erdelements ins Bewusstsein rufen. Das gilt natürlich für alle Formen der Meditation und für die Meditation ohne bestimmte Vorstellung erst recht. Meditation setzt Entspannung voraus und ist somit eine einseitige Übung. Das Gegenteil von Meditation ist Konzentration. Beides muss gleichermaßen geübt werden, was aber die meisten Esoteriker nicht tun. Die meisten setzen sich hin, entspannen sich, denken an nichts oder geben sich ihren Gedanken hin, was nichts anderes bedeutet, als dass sie sich öffnen und die Kontrolle über ihren Geist verlieren. Da nützt es auch nichts, wenn man über eine Idee "meditiert", oder sich auf ein Mantra konzentriert, das man in der Regel gar nicht versteht. Jede Meditation bewirkt einen Bewusstseinszustand, der das ICH, wenn es nicht gefestigt ist, schwächt.

Das gleiche gilt für unsachgemäße Konzentrationsübungen. Besonders die so genannten Kundalini-Übungen, bei denen man "Energien" hochsteigen lässt und sich auf bestimmte Körperstellen konzentriert in der irrigen Annahme, man aktiviere damit die Chakren, sind der größte Unfug, den man praktizieren kann. Die Nebenwirkungen, die nach einigen Monaten auftreten, können verheerend sein.

Unsachgemäßes Üben hat immer Folgen. Verdrängte Vorstellungen, unterdrückte Gefühle und versagte Körperbedürfnisse gewinnen, ohne dass der Betreffende es merkt, an Macht und können sich in anderen mentalen Hüllen, zum Beispiel als Empfindung einer "Energie" oder des Gegenteils, einer Lähmung und Müdigkeit, bemerkbar machen. Selbst eine positive Empfindung wie die entspannte Leichtigkeit, die sich in der Meditation einstellt, kann sich zu einem Schemen verdichten, der sich selbständig macht und in Form von Glücksgefühl oder Erleuchtungswahn ungerufen das Bewusstsein erfüllt. Auch wenn es sich dabei um eigene Wesensteile handelt, ist das eine Form von Besessenheit, die das Bewusstsein beinträchtigen kann.

Fast alle so genannten Besessenheitszustände sind auf eigene Elementale zurückzuführen und nicht auf einen Dämon, der von dem Betroffenen Besitz ergreift. Was die Sache aber nicht weniger gefährlich macht. Denn da die eigenen Wesenszellen, die einem über den Kopf wachsen, mit einem verbunden sind, kann man sie schwerer loswerden als einen eingedrungenen Dämon. Wenn einen wirklich ein fremdes Wesen beeinflusst, so ist einem das in den meisten Fähen gar nicht bewusst. Die gehen raffinierter vor, denn sie wollen nicht, dass man es merkt.

Was kann man tun, wenn man merkt, dass man den Boden unter den Füßen verliert? Am besten man hört eine Zeit lang auf, sich mit Magie und Mystik zu beschäftigen, und konzentriert sich stattdessen auf die Annehmlichkeiten, die das Leben bietet. Auch die täglichen Pflichten im Alltag werden zur Geist- und Seelenschulung, wenn man sie bewusst und nicht mit Frust erfüllt. Wer trotzdem meditieren will, sollte sich an die Anleitungen von Bardon halten und anstelle unsinniger Meditationspraktiken die Übungen nach Stufe eins und zwei und die von mir in meinen Büchern beschriebene Technik der Transformation der Urqualitäten praktizieren.

Das Wichtigste jedoch ist: Jede Übung, jede Meditation, jede meditative Entspannung und Öffnung muss mit dem Gefühl des "Wachseins" und der Konzentration auf die Vorstellung "Ich bin" begonnen und beendet werden.

Ende des Briefauszugs

Ergänzung zu diesem Brief

Magische Übungen sind keine Spielerei und kein Gesellschaftsspiel. Okkulte Rituale, Channeling oder Geisterbeschwörungen sind kein harmloser Zeitvertreib. Auch die gemeinsamen Meditationen in einschlägigen Esoterik-Seminaren und die schamanistischen Zeremonien, die heute in Verbindung mit Fernreisen angeboten und wie ein Theaterbesuch konsumiert werden, können unliebsame Folgen haben. Emotionale Erlebnisse hinterlassen Spuren. Da bleibt in der Regel etwas hängen. Aber nicht immer sind es positive Kräfte, die man mit nach Hause nimmt. Nicht jeder wird sofort verrückt davon, aber die Perspektiven und gewohnten Fundamente verrücken sich.

Die gedankliche Beschäftigung mit geistigen Welten und Wesen rückt diese in die Nähe und lässt vieles aus einem anderen Blickwinkel sehen. Da werden plötzlich ganz normale Ereignisse den bösen Geistern in die Schuhe geschoben und kleine Ärgernisse als Folgen von Verhexung ausgelegt. Man wird misstrauisch, überlegt, wer dahintersteckt, und macht einen Gegenzauber. Da der nicht wirkt, vertraut man sich einem "Guru" an, der mit magischen Kräften helfen soll, was die Sache nur noch schlimmer macht. Spätestens jetzt zeigen sich die ersten typischen Symptome. Man konsultiert Wahrsager, Kartenleger und Astrologen, liest einschlägige Bücher, die den Verdacht, dass man Opfer dunkler Mächte ist, bestätigen, und glaubt an die unsinnigsten Welt Verschwörungstheorien. Die Psyche reagiert mit Angst und Depressionen, Beziehungen lösen sich auf, man zieht sich zurück. Wenn dann zufällig noch eine ernsthafte Erkrankung oder ein Schicksalsschlag folgt, ist der Keim gelegt für einen Schemen, der den Geist des Betroffenen endgültig verrückt.

Bis es so weit ist, vergehen oft Monate, manchmal können es auch Jahre sein. Dazwischen liegen nicht selten scheinbar positive Erlebnisse. Man hat das Gefühl, man sei auf dem richtigen Weg und im Besitz wertvollster Erkenntnisse, fühlt sich eingebunden in einen Kreis auserwählter Personen und hatte vielleicht sogar das Erlebnis einer Erleuchtung, was in Wahrheit nur eine Verblendung war. Irgendwann bricht die Illusion dann zusammen.

Wer meint, ihm könne das nicht passieren, denn er sei doch trotz seines Glaubens ein vernünftiger, aufgeklärter Mensch, ist besonders gefährdet. Den meisten fällt nämlich gar nicht auf, dass sie längst vom Geist der Lust am Geheimnisvollen, Übersinnlichen besessen sind. Der kritiklose Glaube an Reinkarnation, an Karma, an Geister und Magie unterscheidet sich durch nichts vom einfältigen Glauben religiöser Sektierer. Da sind auch jene Bardon-Schüler nicht ausgenommen, welche bei der Stufe sechs beginnen und glauben, die Ausbildung zum wahren Adepten wäre einfacher als die zu einem Chirurgen oder Facharbeiter in der Industrie.

Wenn ich mir heute die "Suchenden" anschaue, so weiß ich wirklich nicht, was mir wichtiger erscheint: ihnen den Weg zu erhellen oder sie davon abzuhalten, sich mit Magie und Mystik zu beschäftigen. Es ist ungemein schwierig, ernsthaften Geistesforschern einen Weg zu weisen und gleichzeitig zu verhindern, dass sich neugierige Dilettanten auf diesem Weg verirren.

Lieber Walter

Danke für die Kopien der an mich gerichteten Briefe, die auf Deiner Website gelandet sind. Ich habe mich zwar nicht zurückgezogen, um dann im Internet zu diskutieren, aber auf zwei Fragen möchte ich doch antworten. Die angesprochenen Probleme betreffen viele Menschen, die sich mit Esoterik beschäftigen, und meine Gedanken dazu werden auch für andere Leser Deines Forums von Interesse sein. Auf die anderen Briefe gehe ich nicht näher ein. Einige Fragen werden die Betreffenden, sobald sie alle meine Bücher gelesen haben, selbst beantworten können, manches werden sie erst im Laufe der Zeit verstehen. Ich beschäftige mich seit über sechzig Jahren mit Magie und Mystik und weiß, dass man gewisse Wegabschnitte nicht überspringen kann. Erkenntnisse und Glaubensvorstellungen wandeln sich mit der Erfahrung und der geistigen Reife und vor allem mit dem Alter ganz von allein.

Das Problem, das Frau T. hat, ist leider nicht ungewöhnlich und belastet sehr viele Menschen, die sich mit Magie und Mystik beschäftigen. Es geht um das Phänomen unerwünschter Visionen und Erscheinungen von Wesen, Geistern und verstorbenen Menschen. Franz Bardon hat bereits auf die Gefahren der "Verfolgung" durch Larven, Schemen und Phantome hingewiesen und auch ich bekomme laufend Briefe von verstörten Personen, die sich von aufdringlichen "Geistern" belästigt fühlen. Es ist eine Tatsache, dass nicht nur sensible oder psychisch kranke Menschen, sondern auch scheinbar starke Persönlichkeiten, die sich für okkulte Phänomene interessieren, von elementalen Komplexen bedrängt und nicht selten in den Wahnsinn getrieben werden. Im Fall von Frau T. handelt es sich um ein Phantom ihres verstorbenen Mannes, das sie belästigt und nicht zur Ruhe kommen lässt.

Wer sich mit Magie beschäftigt, möchte in der Regel auch gerne Geister sehen, quasi als Beweis dafür, dass es Geister und geistige Welten gibt. Offensichtlich vergessen die meisten, dass sie selber geistige Wesen sind. Ein Menschengeist in einem Körper ist ein weitaus größeres Wunder als ein Erdgeist vor einem Felsen im Wald. Dass man andere Menschen sehen hören und mit ihnen kommunizieren kann, sollte einen mehr beeindrucken als die Gespenster, die einem möglicherweise erscheinen.

Trotzdem wollen sich auch Bardon-Schüler von der Existenz geistiger Wesen überzeugen. Wenn es dann aber tatsächlich zu einer übersinnlichen Wahrnehmung kommt, machen die meisten in die Hose (sogar Crowley brach deswegen seine Versuche mit der Abramelin-Magie vorzeitig ab) oder fühlen sich belästigt, weil sie die "Geister", die sie riefen, nicht beherrschen können und nicht mehr loswerden. Kein Wunder, beherrschen sie doch nicht einmal ihren eigenen Geist, die Elementale der Lust auf eine Zigarette, eine Pizza oder Sex. Wer nicht in der Lage ist, seine Triebe, seine Emotionen, seine Gedanken zu kontrollieren, wird auch die Elementale von aufdringlichen Wesen nicht in den Griff bekommen.

Franz Bardon warnt immer wieder davor, zu rasch oder einseitig vorzugehen. Denn nicht nur die Vorstellungskraft, auch die Phantasie wird durch die geistigen Übungen gestärkt, so dass die bei jedem Denkvorgang und jeder Gefühlsregung gebildeten Elementale weitaus mächtigere Strukturen aufweisen als bei einem normalen Gedankenablauf. Das kann sich gegen den Schöpfer und Eigner dieser Wesenszellen richten. Alle Wesenszellen besitzen einen Selbsterhaltungstrieb und wollen gedacht, gefühlt und bemerkt werden, weil sie dadurch am Bewusstsein teilhaben und am Leben bleiben. Sie stimulieren daher die entsprechenden Neuronen im Gehirn und machen sich über die Botenstoffe bemerkbar.

Auch der Geist des wahren "ICHSELBST", der sich in der Vorstellung "Ich bin" seiner selbst bewusst wird, benötigt, wenn er in einem Körper steckt, Gehirnzellen, über die er in der Lage ist, seine persönlichen mentalen Fähigkeiten zu mobilisieren. Neurologen konnten nachweisen, dass sich beim Meditieren, also bei der Arbeit mit dem Geist und der Kontrolle seiner Gedanken, besonders viele neue Gehirnzellen bilden. Und zwar nicht nur an einer bestimmten Stelle, wie das bei der Aktivierung von bestimmten Aufgaben der Fall ist, sondern in sämtlichen Gehirnregionen. Die Leistung der Gehirnfunktionen wird deutlich verstärkt, wobei es jedoch, je nach Art der Meditationstechnik, Unterschiede gab.

Aus "Der Spiegel" Nr. 19 vom 4.5.2009

Meditation wirkt sich positiv auf die Gehirnleistung aus, allerdings kommt es dabei sehr auf die verwendete Methode an. Zu diesem Resultat gelangte eine Forschungsgruppe um die US- Psychologin Maria Kozhevnikov von der George Mason University. In der Studie traten Freiwillige aus einer Kontrollgruppe gegen Vertreter zweier buddhistischer Meditationstechniken an: bei der "Open Presence"- Meditation wird versucht, einen Zustand der Leere zu erreichen; bei "Diät-Yoga" versetzt man sich in die Vorstellung von einer Gottheit (oder sich selbst: "Ich bin“). Vor der Meditation schnitten Probanden aller drei Gruppen ähnlich gut ab bei Tests, in denen es um das Wiedererkennen von Bildern und um dreidimensionales Vorstellungsvermögen ging. Beim Bildertest beispielsweise wurde im Schnitt etwa jede dritte Aufgabe auf Anhieb richtig gelöst. Nach einer kurzen Pause, in der entweder ausgeruht oder meditiert werden konnte, gab es dann erstaunlicherweise klare

Sieger: Die Götter-Meditierer konnten ihre Treffsicherheit fast verdoppeln. Alle anderen dagegen legten nur leicht zu. Allerdings ließ sich kein Langzeiteffekt feststellen: Das göttliche Hirn-Tuning muss vor jeder Aufgabe neu aufgefrischt werden.

Ende des Spiegelzitats

Daher ist die Übung "Wachsein", die durch Bewusstmachung der Vorstellung "Ich bin" praktiziert wird, so wichtig. Wichtiger als das gewöhnliche Meditieren, bei dem sich die meisten entspannen und versuchen, einem Gedankengang zu folgen, oder überhaupt an nichts denken und sich in einem scheinbaren Trancezustand verlieren. Das Festhalten der Vorstellung "Ich bin" entspricht der "Götter-Meditation" und schafft einem tatsächlich einen eigenen "göttlichen" Komplex als unverrückbaren feinstofflichen Körper, auf den man sich stützen kann und durch den man imstande ist, wie ein Gott über seine Wesensteile zu herrschen.

Ende des Briefauszugs

Liebe Frau T.

Danke für Ihren Brief. Auf die Probleme, die Sie haben, hat bereits Franz Bardon in seinem Buch "Der Weg zum wahren Adepten", Seite 158, hingewiesen. So wie Ihnen geht es vielen Hermetikern, die das Gleichgewicht der vier Elemente ihres Bewusstseins nicht bewahren können und trotzdem mit der magischen Praxis beginnen. Bevor die Willens- und Imaginationskraft richtig ausgebildet ist, sollte man sich nicht mit Magie und Mystik beschäftigen.

Bei dem Geist, der Sie bedrängt, handelt es sich um einen mentalen Komplex, einen so genannten Schemen, und nicht um den Geist eines Verstorbenen. Dieses Phantom haben Sie durch Ihr Denken und Fühlen selbst geschaffen. Es besteht aus Elementalen und Elementaren aus Ihrem eigenen persönlichen Bewusstseinsraum und ist faktisch ein Wesensteil von Ihnen selbst. Alles, was

Sie gegen diese Auswüchse Ihres Geistes unternehmen, wird diese nur noch stärker machen. Jeder Kraftaufwand zur Gegenwehr macht das Phantom nur noch deutlicher und fließt diesem feinstofflichen Gebilde zu. Das ist der Beginn einer "Besessenheit" und kann in einer ernsthaften psychischen Erkrankung enden.

Ich empfehle in solchen Fällen, einen erfahrenen Arzt und Psychotherapeuten zu konsultieren. Entspannende und beruhigende Medikamente können manchmal Wunder wirken, weil sie die Intensität der eigenen Vorstellungen dämpfen. Man nimmt sie nicht mehr so ernst und kämpft nicht mehr gegen sie an. Dieser Entzug der Aufmerksamkeit hungert die Schemen auf eine ganz natürliche Weise aus. Mit magischen Mitteln sollte man dagegen nicht Vorgehen. Das verschlimmert alles nur und legt den Grundstein für neue mentale Komplexe. Keinesfalls sollten Sie sich einem Scharlatan anvertrauen, der einen "Exorzismus" anbietet. Das Phantom, das Sie vertreiben wollten, wird dadurch nur gestärkt und taucht danach viel heftiger in einer anderen Form wieder auf. Ein erfahrener Hermetiker weiß, dass jeder seine Wesensteile selbst in Ordnung bringen muss. Nur dann ist auch eine dauerhafte Befreiung möglich.

Vermutlich ist das Problem jetzt entstanden, weil für Sie gerade mehrere astrologische Konstellationen wirksam sind, die Ihre mentalen und astralen Strukturen belasten, aufweichen und durcheinander bringen. Uranus, Saturn und Neptun stehen seit einiger Zeit mit Ihrer Sonne in Verbindung, gleichzeitig befindet sich der Pluto in Opposition zu Ihrem Mars. Wenn solche Spannungs-Konstellationen wirksam sind, ist man geschwächt und verletzbar. Negative Einflüsse aus dem mentalen Bereich können einen dann besonders leicht beeinflussen. Ich beschreibe das ja ausführlich in meinem Buch "Astrologie".

Das alles kann von selbst vorübergehen, aber nicht sofort, es wird vermutlich noch einige Wochen spürbar sein. Es hat keinen Sinn, dieses Phantom gewaltsam zu verdrängen, es kommt wieder. Sie müssen es langsam auflösen und zwar indem Sie es aushungern, also nicht beachten, nicht ernst nehmen und als bedeutungslosen

Gedankenmüll betrachten. Mehr ist es auch nicht, Sie können wirklich gefahrlos damit leben. Sie werden dann immer seltener daran denken und die Vorfälle nach und nach vergessen. Bis dahin machen Sie sich bewusst, dass es ein Wesensteil von Urnen selbst ist und kein fremdes Wesen, das Ihnen schaden kann. Es hat keinerlei Macht über Sie. Es lebt von Ihrer Aufmerksamkeit und Ihren Emotionen, ganz gleich, ob es Liebe, Wut oder Angst ist. Je gelassener Sie seine Nähe erleben, umso schneller schrumpft dieses mentale Gebilde, das Sie für den Geist Ihres verstorbenen Mannes halten.

Lesen Sie auch mein Buch "Außerkörperliche Erfahrungen - Wie man lernt, ohne seinen Körper zu leben". Ich beschreibe darin einige Begegnungen mit meinem verstorbenen Freund Martin, und das Auftauchen von einem Phantom, das sich an seiner Stelle manifestierte, und wie schwierig es ist, den bewussten Kontakt zu einem Verstorbenen herzustellen. Ein guter Schutz gegen unerwünschte Phantome und Schemen sind die Siegel des Ranar und Jenuri. Diese Genien schirmen nicht nur vor fremden Geistern, sondern auch vor unerwünschten eigenen geistigen Auswüchsen ab.

Am besten wäre es jedoch, wenn Sie sich eine Zeit lang überhaupt nicht mit Magie und Mystik beschäftigen. Sobald Sie meditieren, beten oder Übungen machen, öffnen Sie sich automatisch und sind für mentale Eingriffe leichter zugänglich, als wenn Sie sich ganz profanen Dingen widmen. Ein Tapetenwechsel wäre auch hilfreich. Fahren Sie an die Nordsee oder in die Berge und lesen Sie anstelle von Esoterikbüchern lieber einen spannenden Krimi.

Ich hoffe, meine Zeilen haben Sie etwas beruhigt und helfen Ihnen, sich wieder zurechtzufinden.

Mit guten Gedanken für Sie und Ihren Weg,
Emil Stejnar

Lieber Erik

Danke für Deinen Brief. Du wunderst Dich, dass Du gerade jetzt, wo Du wieder mit den Bardon-Übungen begonnen hast, in ein seelisches Tief gefallen bist. Aber die Praxis zeigt, wer ernsthaft an seiner geistigen und seelischen Entwicklung arbeitet, muss damit rechnen, dass ihm die göttliche Vorsehung Aufgaben und Prüfungen stellt und ihn dazu bringt, weiter an seiner Vervollkommnung zu arbeiten. In der Regel geschieht das im Zusammenwirken mit entsprechenden astrologischen Konstellationen, denn Schicksal und innere Strebungen wirken gegenseitig aufeinander ein.

Dass Du Dich mit den belastenden Saturneinflüssen, die zurzeit für Dich wirksam sind, einsam fühlst und nicht glücklich bist, ist also klar. Und dass Du Dich entschlossen hast, wieder an Deiner Entwicklung gezielt zu arbeiten, gehört auch in diese Lebensperiode. Es ist eine Zeit der Rückschau und Vorschau und des Bilanzziehens. Dazu bedarf es eines Innehaltens. Dieser scheinbare Stillstand ist aber trotzdem keine Blockierung. In dieser vorübergehenden Isolierung und Einsamkeit findet ein wichtiger innerer Wandlungs- und Reifeprozess statt. Lies doch nach, was Arroyo darüber schreibt, wenn Saturn über den Aszendenten und über den eigenen Platz transitiert. Du kannst jetzt sehr gut diese Zeitqualität, die den Blick nach innen lenken will, zu Deiner geistigen Entwicklung nützen und Dich vermehrt den Bardon-Übungen der Stufe zwei und drei widmen. Du kannst auch die Studien für die Lehramtsprüfung wieder aufnehmen, denn dieses Jahr wird auch für die Gestaltung Deiner profanen Zukunft überaus bedeutsam sein.

Mit einem Liebesamulett kann ich Dir dieses Mal nicht helfen. Wenn einen mit dieser Konstellation der Partner verlässt, ist es in der Regel karmisch bedingt. Es ist für euch beide besser so, als wenn ihr mit magischer Unterstützung noch eine Zeit lang zusammen bleibt. Versuch auch nicht selbst, mit einem Liebeszauber etwas zu erzwingen. Du bist noch nicht so weit, ein Elementar auch tatsächlich abzusenden und zu vergessen. Jeder Versuch in diese Richtung würde nur jene Elementare, die in Dir Sehnsucht und Liebesleid wachrufen, erneut in Dein Bewusstsein rücken und verstärken.

Die Übungen, die Bardon beschreibt, dienen ausschließlich der Geist- und Seelenschulung und sind nicht für dilettantische Experimente gedacht. Bardon hat oft genug davor gewarnt, eine Stufe zu überspringen. Wenn Du jetzt versuchst, mit einem Zauber Dein Schicksal zu ändern, wird es Dir wie vielen anderen ergehen, die sich nicht an Bardons Anleitungen halten und von ihren eigenen elementalen Wesenszellen entmachtet und getrieben werden. Die krampfhaften Strebungen, etwas magisch zu erzwingen, werden zu einer fixen Idee, zu einem Schemen, der Dich beherrscht, und das ganze endet in einer Psychose. Das ist kein erhobener Zeigefinger, sondern traurige Tatsache. Jede zweite psychische Störung ist auf den Einfluss von Drogenkonsum oder die unsachgemäße Beschäftigung mit Magie und Mystik zurückzuführen.

Ende des Briefauszugs

Liebe Elisabeth

So wie Dir geht es vielen Esoterikern, die sich mit magischen Experimenten beschäftigen. Statt Erfolge zu verbuchen, verlieren sie immer mehr den Boden unter den Füßen und drehen durch. Sie leiden unter Psychosen, Angstattacken oder Wahnvorstellungen und sind verzweifelt, weil sie glauben, dass negative Mächte sie verfolgen und eine böse Kraft ihr- Leben durcheinander bringt. Sie wundern sich, dass einem Menschen, der regelmäßig meditiert und an Gott und die guten Mächte glaubt, so etwas passieren kann. Dabei ist es gerade die ständige Beschäftigung mit den geistigen Welten, die ihren Geist verwirrt. Das Phänomen des religiösen Wahns tritt nicht nur bei frommen Kirchengängern, sondern auch bei aufgeklärten Esoterikern auf.

Ich habe Dich bereits letztes Jahr vor den Praktiken mit "Kundalini" und vor diesen Leuten gewarnt. Nachdem Du regelmäßig an den gemeinsamen "Meditationen" und Beschwörungen teilgenommen hattest, setzten die Symptome ein und die Folgen zerstörten fast Deine Existenz. Es sind jedoch nicht Dämonen, die Dir zusetzen, sondern es handelt sich um Wesenskräfte aus Deinem eigenen Seelenbereich. Es sind persönliche Elementale und Elementare, die Deinen Geist verwirren und das Gefüge Deiner Seele und des Körpers durcheinander bringen.

Vorstellungen und Gefühle sind lebendige Wesensteile des feinstofflichen Körpers, die wie Krebszellen entarten können, wenn man sie nicht kontrolliert. Dazu braucht man nicht magische Volte zu schlagen und Elementare als Hilfsgeister zu bilden, bereits der flüchtigste emotionsgeladene Gedanke ist ein Elemental, das wie ein kleiner Geist ein Eigenleben führt und einem über den Kopf wachsen kann.

Besonders gefährlich wird es, wenn man mit anderen Personen gemeinsam Übungen. Zeremonien oder Rituale vollzieht. Der Geist, der sich dabei bildet, ist mächtiger als die eigenen Elementale und kann tatsächlich die Teilnehmer in seinen Bann ziehen. Wer sich daraus lösen will, empfindet es wie eine Amputation. Der Betreffende fühlt sich zerrissen, was ja auch stimmt, denn er muss einen Teil seines feinstofflichen Körpers ablösen, damit er wieder seine eigene Mitte finden kann.

Ich rate Dir, mach sofort Schluss mit jeder Form der Esoterik. Keine Meditation, keine Übungen, keine Rituale oder Zeremonien. Geh stattdessen regelmäßig joggen. Das lockert den Geist, entspannt die Seele und gibt dem Körper neue Energie. Für die verbrannten Kalorien darfst Du Dir dann etwas Schönes kochen. Eine leckere Fischsuppe zuzubereiten ist Meditation und Alchemie zugleich. Und der Duft einer gebratenen Ente vertreibt schneller als der kostbarste Weihrauch alle trüben Gedanken, Schemen, Larven und lockt keine bösen Geister an.

Die einzige Übung, die Du beibehalten darfst, ist die Übung: "Ich bin". Diese kurzfristige Selbstfindung bewirkt das "Erwachen", festigt das Bewusstsein und stärkt den Geist. Nicht nur der angehende Adept, auch das gestörte Bewusstsein kann sich damit im Chaos seiner Gedanken und Gefühle immer wieder finden und stabilisieren.

Ende des Briefauszug

Das Quadrat (Basis der Pyramide) bleibt die Grundlage, und die fünfte Spitze des Pentagramms ist keine fünfte Spitze neben, sondern über den vier anderen (Spitze der Pyramide).

DAS PENTAGRAMM, DIE PYRAMIDE UND DAS WACHBEWUSSTE ICH

Lieber Walter

Ein Besucher Deines Forums stellte letztes Jahr die Frage, warum Franz Bardon keine Angaben über das Pentagramm- Ritual machte. Ich habe Dir versprochen, darauf zu antworten; entschuldige, dass das erst heute geschieht.

Nun, das Ritual wurde von diversen "magischen" Logen, Hexenzirkeln und Zauberlehrlingen dermaßen strapaziert, dass, selbst wenn es je eine Wirkung gehabt haben sollte, diese längst verpufft ist. Das Einzige, was damit erzielt werden kann, ist die Erschaffung von Elementalen, die einem das trügerische Gefühl von Macht und Sicherheit geben, von denen sich aber mit Sicherheit kein geistiges Wesen beeindrucken lässt. Ich bezeichne diesen Effekt als Placebo-Magie und vermutlich hat auch Franz Bardon das so gesehen und darauf verzichtet, alte, ausgelaugte Rituale zu beschreiben.

Trotzdem braucht man auf die Arbeit mit dem Pentagramm nicht zu verzichten. Evola gibt eine Anleitung, mit der man den Sinngehalt des Pentagramms in die Praxis umsetzen kann. ("Schritte zur Initiation", Seite 65, Ansata Verlag). Und auch Bardon hat mit seiner Beschreibung des Vierer-Schlüssels das Mysterium des Pentagramms der Praxis zugänglich gemacht. Der vierpolige Magnet schließt nämlich das fünfte Prinzip, das Akasha, automatisch in sich ein.

Man darf nicht den Fehler machen, Symbole so zu deuten, wie sie als Abbildung auf dem Papier erscheinen. Symbole sind stark vereinfachte Darstellungen von vielschichtigen, komplexen Zusammenhängen. Vom hermetischen Standpunkt aus gesehen müssen daher magische Sinnbilder mehrdimensional gedacht und wie rituelle Handlungen aus einer übergeordneten Ebene heraus betrachtet und erlebt werden. Man kann sich das verdeutlichen, indem man die zweidimensionale Darstellung des Pentagramms in eine dreidimensionale Pyramide verwandelt. Das Quadrat bleibt die

Grundlage, und die fünfte Spitze ist keine fünfte Spitze neben, sondern über den vier anderen. Man wird das leichter verstehen, wenn man das Symbol aus der vierten Dimension erfasst, indem man sich in die Pyramide hineinversetzt.

Das Pentagramm ist der eigentliche Schlüssel zu den vier Elementen Feuer, Wasser, Luft und Erde. Den kosmischen Mächten entsprechend, finden wir im Denken, Fühlen und Wollen die drei mentalen Wesensglieder des menschlichen Geistes, welche in ihrem Zusammenwirken die Grundlage für das vierte Glied, das Bewusstsein, bilden. Bis zu einem gewissen Grad können auch Tiere, die sich in einem Spiegel erkennen, dieses "Körper- Bewusstsein entwickeln. Erst das fünfte Element hebt das Bewusstsein auf die Ebene des Geistes und vermittelt dem "ICH" hautnah die Erkenntnis der geistigen Beschaffenheit seines Wesens. Diese Erfahrung entspricht einer Initiation und ist nicht automatisch jedem Menschen zugänglich.

Das fünfte Element erschließt eine neue Dimension. Es ist die Bewusstseinssubstanz, auf die man sich im luziden Traum und bei außerkörperlichen Erfahrungen stützt und die man mit der Übung des Wachseins, die ich in allen meinen Büchern propagiere, gezielt hervorrufen kann. Man identifiziert sich nicht mit seinem Körper oder seinem Körperbewusstsein, sondern mit der Vorstellung, dass man sich beim Denken, Fühlen, Wollen und Dasein gezielt beobachten und erkennen kann. Man erkennt sich in der Vorstellung "Ich bin" und macht sich diese Vorstellung bewusst. Man wird zum Zentrum seines Denkens, Fühlens, Wollens und Bewusstseins und gewinnt damit die Kontrolle, oder zumindest die Übersicht, über seine vier Wesensglieder, die im normalen Tagesbewusstsein recht einseitig in Erscheinung treten und sich in der Regel unkontrolliert untereinander beeinflussen. Ohne die bewusste Kontrolle aus der Mitte bestimmen einmal die Gefühle, dann wieder die Gedanken oder Triebe das Wollen, man denkt "Ich will", aber nur ganz selten wird tatsächlich bewusst, überlegt und willentlich agiert.

In der Regel ist es ein persönliches Elemental, also eine der elementaren Regungen, und nicht das wahre ICHSELBST, das etwas will, und man lässt zu, dass sich diese Regung mit dem persönlichen ICH identifiziert. Es müsste umgekehrt sein. Dazu ist aber ein fünftes, darüber stehendes Wesenselement, das den Sachverhalt erkennen kann, nötig.

Erst ein fünftes Element, das die vier anderen gleichzeitig erfasst, schafft die Grundlage für eine Kontrolle. Das fünfte Element ist daher nicht ein weiteres Element, sondern gehört einer höheren Ordnung an. Es ist nicht eine fünfte Spitze, wie das im Pentagramm dargestellt wird, sondern erfüllt als persönliches Akasha das gesamte Innere. Dadurch steht es in Verbindung zu den vier anderen Elementen, und zwar gleichzeitig, eine Eigenschaft, welche die normalen elementaren Wesenszellen der vier Wesensglieder nicht haben und die das fünfte Element über die anderen vier Elemente erhebt. Diese stehen nämlich über die Urqualitäten immer nur mit einem, bestenfalls zwei anderen Wesensgliedern in Verbindung. Ich beschreibe das ja eingehend in den "Exerzitien für Freimaurer" und in "Die vier Elemente - Der geheime Schlüssel zur geistigen Macht".

Wenn man, wie die alten Ägypter, anstelle des Pentagramms die Pyramide als Symbol für die fünf Elemente nimmt, wird einem das Zusammenwirken der vier Elemente seines Wesens sofort bewusst. Die Kontrolle erfolgt von oben, von jener Spitze, von der aus man die vier Seiten gleichermaßen und gleichzeitig überblickt.

Die Templer praktizierten dazu ein eigenes Ritual. Man warf ihnen vor, dass sie bei ihrer Aufnahme auf ein Kreuz treten mussten und sich damit dem Baphomet verschworen. In Wahrheit diente diese Zeremonie jedoch nicht dazu, den Christus zu verunglimpfen, sondern ihn vom Kreuz zu lösen. Indem sie sich darüber stellten, zeigten sie symbolisch, dass sie die vier Elemente beherrschen und überwinden.

Ich möchte dazu auch auf das "Ritual der hermetischen Vier"

verweisen, mit dem ich versuchte, genau dieses Mysterium dem Bewusstsein zugänglich zu machen. Die lebendige Bewusstseinssubstanz des fünften Elements entspringt aus dem Gleichgewicht, und das ruht naturgemäß immer in der Mitte. Bardon beschreibt dazu die Übung der Bewusstseinsversetzung in den Tiefenpunkt seiner Körpermitte, also in seinem persönlichen Akasha. Gerade das aber gelingt einem erst, wenn man die Übung des Wachseins, die Franz Bardon nur ganz nebenbei erwähnt, beherrscht. Um sich nicht in Meditation und Trance zu verlieren, muss man sich zuerst in der Vorstellung "Ich bin" gefunden haben und fixieren. Auf diese Tatsache weist Bardon nicht hin. Er betont lediglich, dass es für eine erfolgreiche magische Handlung, bei der man eine Formel ausspricht oder ein Ritual zelebriert, unerlässlich ist, dass man aus diesem wachbewussten Zustand heraus bewusst als Geistwesen agiert.

Akasha ist nicht Trance, sondern wird als glasklares bewusstes Überwachsein empfunden. Es handelt sich immer um einen Zustand des Wachseins, der mit der Vorstellung "Ich bin" beginnt und eingeleitet werden kann.

Obwohl kein Freund der Bibel, möchte ich daraus einen Spruch zitieren, der das Mysterium vom Bewusstsein des Menschen in Analogie zum Gottesprinzip verständlich macht. Als der Gott der Bibel sich dem Moses offenbarte, tat er es laut Überlieferung mit den Worten "***Ich bin der ich bin***" (Exodus 3,14). Dieser Ausspruch enthüllt tatsächlich das Geheimnis vom ICH, vom "SELBST“-Bewusstsein, vom "göttlichen" Funken, dem "Christus" der, sobald er in einem Menschen erweckt wurde, den Tod überwinden kann. Die Vorstellung "Ich bin" kann sich in jedem Menschen manifestieren, und weckt man sie bewusst, wird daraus die Erkenntnis "Ich bin der ich bin".

Dieser Christus muss aber, wie Meyrink in einer Tagebuchaufzeichnung schreibt, vom Kreuz (der vier Elemente) genommen werden. Zitat aus Meyrinks Tagebuch, veröffentlicht in Fledermäuse: "*Heute am 7. August 1930 fiel es mir plötzlich wie Schuppen von den Augen und ich weiß nun, was der Zweck alles Daseins in Wahr-*

heit ist. Nicht sollen wir durch Yoga uns selbst verändern, sondern wir sollen quasi einen Gott bauen, oder christlich gesprochen, wir sollen nicht Christo nachfolgen, sondern ihn vom Kreuz abnehmen."

Aus dem körpergebundenen "Ich"-Bewusstsein des vierten Wesensgliedes, das wir dem Erdelement zuordnen, entwickelt sich in Verbindung mit den anderen drei Gliedern, die sich in Form der Gedanken, Gefühle und Willensenergie manifestieren, die Erkenntnis "Ich bin". Aber erst wenn man diese Vorstellung bewusst hervorruft und sich immer wieder in Erinnerung ruft, "erwacht" man tatsächlich und wird sich seines wahren "Ich selbst", das auf der Vorstellung "Ich bin" ruht und von sämtlichen anderen bewusstseinstragenden Elementen, den Gedanken, Gefühlen und Willensregungen unabhängig ist, bewusst. Die Erkenntnis "Ich bin" erhebt das Bewusstsein über die vier elementaren Wesensglieder. "Ich bin der ich bin" ist der Geist, der das unsterbliche Bewusstsein trägt.

Das ICH BIN manifestiert sich zum ersten Mal in Verbindung mit einer Weihe, oder im Verlauf einer Initiation. Man kann diesen ganz persönlichen Bewusstseinsträger aber auch ohne Zeremonie und fremde Hilfe, indem man sich selbst mit der Vorstellung "Ich bin" bewusst macht, ins Leben rufen.

Ich habe diese Übung des Wachseins in meinen Büchern besonders hervorgehoben und, von unterschiedlichen Seiten aus betrachtet, immer wieder aufs Neue beschrieben. Das Erwachen lässt sich aber nur schwer theoretisch erklären. Nur wer es erlebt, wird es richtig verstehen. Man muss darüber eingehend meditieren und es immer wieder versuchen, damit man diesen Bewusstseinszustand richtig erfasst. Ich glaube heute, nachdem ich mich sechzig Jahre mit Magie und Mystik beschäftigt habe und seit fünfzig Jahren dem Weg Franz Bardons folge, dass die ganze hermetische Schulung in der Übung des Wachseins seine Erfüllung findet. Erst aus diesem Bewusstsein heraus kann der Sinn des Daseins erfasst und das Leben sinnvoll genützt werden. Ich empfehle daher meinen Freunden, zuerst das Wachsein zu üben, ehe sie die magischen Fähigkeiten, die Franz Bardon in Aussicht stellt, anstreben. Wer erfahren hat, wie es ist, wenn man sich auf sich selber stützt, betrachtet vieles mit anderen

Augen. Statt Macht und Erfolg in der Außenwelt strebt er die Freiheit und Unabhängigkeit in seinen inneren Welten an.

Hier zählen aber andere Werte. Die inneren Werte sind unstofflich, sonst könnten sie den Tod des Körpers nicht überleben. Der mentale Reichtum ergibt sich aus der Qualität der Vorstellungen, Gefühle und Emotionen, und die Macht, welche die Vorstellungen, Gefühle und Emotionen beherrscht, ist das Gold der feinstofflichen Ebenen, ist das ICHBIN. Alles andere wird mit dem fleischlichen Körper vergehen, oder sich in der Ebene, der sie entstammen, auflösen. Auch die Gedanken, Gefühle und Willensimpulse sind nicht das wahre Ichselbst. Wer möchte sich mit der Sahnetorte, der Zigarette, oder der Wut im Bauch identifizieren, oder mit der nächsten Fernreise, seinen Idealen, oder dem Liebesglück, nur weil einen die damit verbundene Vorstellung eine Zeit lang beschäftigt und damit den Geist im Zustand des Bewusstseins hält? Gedanken und Gefühle sind zwar die feinstofflichen Wesenszellen, quasi mentale Moleküle, die das Bewusstsein tragen - ohne sie würde man in einen unbewussten Zustand versinken -, aber sie sind nicht das Bewusstsein selbst. Die einzige Vorstellung, hinter der man wirklich selber steht, ist der Gedanke "Ich bin". Nur in der Vorstellung "Ich bin" kann sich das ICH erkennen, und erfassen, dass es ist. Nur das Elemental der Vorstellung "Ich bin" ist ein Wesensteil des wahren ICHSELBST und wird einen nicht in wesensfremde Ebenen einbeziehen.

Es ist nur ein Teil der Wahrheit, wenn Descartes meint: "Ich denke, also bin ich." Richtig wäre die Feststellung: "Ich denke: ich bin, darum bin ich."

Solange man sich mit der Vorstellung "Ich bin" identifiziert, hat man einen Bewusstseinsträger, der das persönliche Bewusstsein am Leben hält. Alle anderen Elementale, also feinstofflichen Wesenszellen, auf die sich das Bewusstsein normalerweise stützt, drücken auch etwas anderes aus. Sie sind zwar ebenfalls Bewusstseinsträger, aber nicht Bewusstseinsträger für das eigenständige wahre 1CHSELBST, das in der Lage ist, sich selbst zu gebären, und damit unvergänglich ist. Die Vorstellung "ICH BIN" ist das einzige Elemental, welches tatsächlich das Selbstbewusstsein trägt und am Leben hält. Je öfter man diese selbstbewussten ICHBIN-Elementale ins Bewusstsein holt, umso stärker werden sie, und mit ihnen der Geist, auf den man sich stützen kann.

Dieser Vorgang, bei dem man sich bewusst macht, dass man ist, und zwar mehr ist als der Körper, mehr ist als seine Gedanken, Gefühle und Emotionen, gleicht tatsächlich einem Erwachen. Erst wenn man sich beim Denken, Fühlen und Wollen beobachtet und als Beobachter erkennt, ist man wirklich erwacht. Man erkennt sich selbst und weiß: Ich bin nicht meine Gedanken, Vorstellungen, Ideale oder Gefühlsregungen, das sind nur die Wesenszellen meiner feinstofflichen Glieder, **ich bin der ich bin.** Ich bin in der Lage, bewusst über die Wesenszellen meines Wesens zu gebieten, und kann auch unabhängig von ihnen in der Vorstellung "Ich bin" existieren. Daher muss man sich sein ICH immer wieder bewusst machen, egal wo und wann, im Bus, am Schreibtisch, im Gespräch und natürlich erst recht beim Träumen und auf den anderen Ebenen. Das ICHBIN muss wachsen, sonst wird es von den persönlichen bewusstseinstragenden Regungen unterdrückt und aufgesogen.

Ich kann es nicht oft genug wiederholen: Die Übung des Wachseins mit der Erkenntnis "Ich bin" ist das A und 0, der Anfang und das Ende der magischen Geistesschulung. Die Bewusstseinsübungen mit Akasha sind die Krönung der Arbeit mit dem Geist. Sie schaffen das Fundament für "Mentalreisen" und sind bereits eine Vorbereitung auf das Leben nach dem Tod. In meinem Buch "Außerkörperliche Erfahrung - wie man lernt, ohne seinen Körper zu leben" gehe ich ja ausführlich auf dieses Thema ein.

Du kannst gerne diesen Brief auf Deinen Internetseiten veröffentlichen. Wir erreichen damit mehr Menschen, als wenn ich den Lesern, die mir schreiben, persönlich antworte. Mir fehlt auch die Zeit, um auf alle Zuschriften so einzugehen, wie ich gerne möchte.

Mit meinen besten Gedanken für Dich und Deine Familie,
Dein Emil.

Liebe Elisabeth

Es freut mich, dass es Dir besser geht. Wegen der Übung "Ich bin" mach Dir keine Sorgen. Diese Vorstellung lässt sich tatsächlich immer nur für kurze Momente aufrecht halten, dann geht das Bewusstsein von sich selbst wieder im Strom der Gedanken und anderen Wahrnehmungen unter. Das ist okay, mehr ist nicht gewollt. Die Übung ist nicht als Meditation bei Kerzenlicht, sondern als kurzer mentaler Impuls für das Leben im Alltag gedacht. Du kannst diese Praktik jederzeit wiederholen. Sobald Du denkst: "Ich bin ein Geist in meinem Körper", wirst Du Dich sofort wieder für einige Augenblicke in Deiner Mitte finden und dadurch gestärkt.

Der Gedanke "Ich bin" bedeutet aber nicht, dass man sich ständig mit sich selbst beschäftigen soll. "Ich bin" rückt den Geist, auf den man sich stützen kann, in den Blickpunkt der Aufmerksamkeit, und nicht den Körper, in dem dieser Geist zurzeit steckt. Wer diesen Geist dazu verwendet, sich Gedanken zu machen, wie er sich fühlt, wie er aussieht, was andere von ihm denken und wie er ihnen gefällt, der versteht diese Übung falsch und ist nicht auf dem Weg zu einem wachbewussten Ich.

Es geht auch nicht um Selbsterkenntnis, Selbstverwirklichung oder Selbstfindung. Daran kann man arbeiten, darüber kann man nachdenken, dazu kann man meditieren. Es geht um das Erwachen. Es geht um die Erfahrung der Erkenntnis, dass man ist. Das lässt sich nicht in Worten beschreiben und in der Regel immer nur kurzfristig erleben, dann vergisst man sich wieder. Aber es gibt einen Nachhall. Die Erinnerung an das Erlebnis bildet ein Elemental, auf das man sich stützen kann und das einem Sicherheit bietet, wenn einem die anderen Elementale den Geist verwirren. Es ist jedes Mal wie ein Schock, wenn man merkt, dass man sich schon wieder vergessen hat. Man muss sich selbst immer wieder dabei überrumpeln, dass man sich schon wieder von Gedanken und Gefühlen dermaßen beeindrucken ließ, dass man sich vergessen hat. Es ist ein Befreiungskampf um das bewusste Sein. Der Gedanke "Ich bin" ist wie ein überraschender Flankenangriff auf die Elementale, die einen gerade wieder gefangen genommen haben.

Es ist gleichzeitig eine Standortbestimmung und Orientierungshilfe. Die Bewusstmachung der Erkenntnis "Ich bin ein Geist in meinem Körper" lässt einen die eigene Mitte finden in dem Chaos der Gedanken und Gefühle, die einen ständig bewegen und einen etwas wünschen und wollen lassen, so dass man denkt: Ich bin ängstlich, ich bin traurig, ich bin wütend, ich bin hungrig, ich bin durstig, ich bin ein Moslem oder Katholik. Genau das wollen diese Wesenszellen, die ja Teil von Deinem Wesen sind. Sie wollen von Dir gedacht und gefühlt werden, denn sobald sie an Deinem Bewusstsein teilhaben, werden sie aufgewertet und auf Deine Ebene erhoben, was ihnen mehr Macht und Einfluss gibt. Jetzt können sie quasi in Deinem Namen agieren, ohne dass Du etwas davon bemerkst. Jetzt glaubst Du selbst, dass Du es bist, der ständig Zigaretten rauchen will, sich über die Politiker ärgert und Angst vor dem Zahnarzt und vor Dämonen hat.

In Wahrheit hast Du mit Deinen Wesenszellen genauso wenig zu tun wie mit den Waggons der U-Bahn, die dich in die City bringt. Sie sind zwar Deine Wesenszellen, die Dich durchs Leben tragen, aber sie sind nicht Du selbst. Durch die Vorstellung "Ich bin" gewinnst Du die nötige Distanz und kannst den Gedanken-"Zug" jederzeit verlassen, obwohl Du auf ihn angewiesen bist. Du fährst nicht mehr mit, sondern erkennst, dass in Wahrheit Deine Gedanken, Gefühle und Bedürfnisse an Dir vorüberziehen. Es ist die gleiche Situation, die Du erlebst, wenn in einer Station der Zug am Nebengleis losfährt und Du glaubst, es wäre der Zug, in dem Du sitzt, der sich bewegt.

Mach Dir also bewusst: Nicht ich will die Zigarette rauchen, sondern ich beobachte, dass etwas neben mir in meinem Körper steckt, das die Zigarette rauchen will. Nicht ich bin unglücklich, sondern ich beobachte, dass etwas neben mir in meinem Körper steckt, das unglücklich ist. Nicht ich habe Angst, sondern ich beobachte, dass etwas neben mir in meinem Körper steckt, das Angst in mir weckt. Nicht ich bin gestresst, sondern ich beobachte, dass etwas an mir haftet, das von sich sagt: Ich hin gestresst. Nicht ich glaube an den Christen-Gott, sondern ich beobachte, dass etwas in mir an den Christen-Gott glaubt.

Mach Dir bewusst: "Ich bin ein Geist in diesem Körper und lies diese Zeilen". Oder: "Ich bin ein Geist in diesem Körper und höre Radio" (oder sehe fern usw.). Mach Dir diese Gedanken zwischendurch immer wieder bewusst: Du lässt Dich zwar von Deinen elementalen Wesenszellen tragen, sie sind Teil von Dir, Du verwendest sie. Du schaust auf sie und beobachtest, wie sie sich in Form Deiner Gedanken, Gefühle und Körperbedürfnisse regen, aber Du bist nicht das, was sie sind. Du bist der ICHBIN.

Das Rezept für die Fischsuppe schicke ich später. Seit vierzig Jahren kocht Margareta, ich habe im Laufe unserer Ehe die Praxis der Königlichen Kunst verlernt. Einstweilen meine besten Gedanken für Dich und Deinen weiteren Weg.

Emil.

Liebe Frau K.

Danke für Ihr ausführliches Schreiben. Es ist tatsächlich nicht möglich, ganz gleich wie klein man sich denkt, den Kopf zu vergessen. Das wird aber auch gar nicht verlangt. Wenn Sie Ihr Bewusstsein nach Bardons Anleitung in die Herzgegend verlegen, dann bleiben sowohl die Denktätigkeit als auch die Gefühlswahrnehmung weiter bestehen. Das Herz ist zum Fühlen, der Kopf zum Denken, Herzdenken gibt es nicht, das sind zwei verschiedene Ebenen, die sich im Menschen verbinden, aber nicht miteinander verschmelzen. Sogar im körperlosen Zustand stützt man sich, je nach geistiger Reife, auf unterschiedliche Organe, die zwar nicht wie das Gehirn, oder das Herz, oder die Stimme, oder Augen gestaltet sind, aber für das Bewusstsein ähnliche Funktionen erfüllen.

Mein Tipp: Versuchen Sie es umgekehrt. Statt dass Sie sich auf Senfkorngröße verkleinern und nach unten in die Region des Solarplexus sinken, bleiben Sie, wo Sie sind, und verschieben Sie stattdessen Ihren ganzen Körper nach oben, oder, wenn Sie nicht im Liegen, sondern im Sitzen üben, dehnen Sie Ihren Körper auf

Weltallgröße aus. Sie werden bemerken, dass Sie auf diese Weise problemlos den Kopf verlassen können. Der hat sich mit dem Körper nach oben verschoben, ist jetzt eine leere Hülse, und Sie können sich samt Denken und Fühlen und Wollen als winziges Ichbin bewusst in der Mitte Ihres Körpers lokalisieren.

Aber bevor Sie Ihr Bewusstsein versetzen, sollten Sie es erst einmal gefunden haben und in der Lage sein, es zu fixieren. Sie müssen erwachen und sich zumindest für einen Augenblick mit der Vorstellung "Ich bin" identifizieren. Ich glaube, Sie beherrschen diese Praxis noch nicht. Mit erwachen meine ich nicht bewusst handeln, wie das Bardon in der Stufe sechs erklärt. Diese Fähigkeit, welche die Grundlage des magischen Handelns ist, brauchen Sie nur, wenn Sie magisch wirken wollen. Ich meine auch nicht die konzentrierte Wachsamkeit und gezielte Aufmerksamkeit, die man auf das richten soll, was man gerade macht, wie es Mulford in seinen Büchern empfiehlt. Denn sobald man seine ganze Aufmerksamkeit auf seine Tätigkeit richtet, vergisst man sich in der Regel selbst. Wir wollen aber genau das Gegenteil erreichen, nämlich sich selbst finden und erleben. Das Erwachen in der Vorstellung "Ich bin" lenkt daher den Blick nach innen. Aber auch hier muss man aufpassen, dass man sich nicht verliert. Denn genau das geschieht, sobald man alle äußeren Eindrücke ausschaltet und an nichts denkt. Auch dann versinkt man in Bewusstlosigkeit.

Gedankenleere herzustellen, ohne sich zu vergessen, wie das Franz Bardon verlangt, ist nur möglich, wenn man das Wachsein beherrscht. Bevor Sie sich in Ihr Akasha versetzen, sollten Sie sich daher erst einmal bewusst machen, was Sie da eigentlich versetzen wollen.

Ende des Briefauszugs

Lieber Professor F.

In der Beilage sende ich Ihnen einige Texte, die sich mit dem Thema Erwachen beschäftigen. Ich glaube, man muss es in der Praxis erfahren und sollte nicht darüber theoretisieren. Ihre Überlegungen zeigen zwar, dass Sie sich eingehend mit Ihrem "Ich bin" auseinander setzen, aber die wiederholten praktischen Erfahrungen werden Sie rascher weiterbringen als bloßes Spekulieren. Ob das "Ich selbst" der Sonne entspricht, oder dem Akasha, oder ein Wesensteil wie alle anderen Wesensteile ist, ist nicht so wichtig zu wissen. Hauptsache ist, man kann sich damit identifizieren. Das gleiche gilt für die Urqualitäten und die vier Elemente. Es geht nicht darum, dass man seine persönlichen Eigenschaften den Elementen richtig zuordnen kann, sondern dass man die Elemente und Urqualitäten richtig empfindet.

Die Arbeit mit dem Geist beginnt beim bewussten Umgang mit diesen einfachen Mächten und Kräften, welche die Grundlage aller Ebenen und Sphären sind. Wenn man über die Urqualitäten eingehend meditiert und sie in Form einer Körperempfindung wie zum Beispiel leicht/schwer, kalt/warm, feucht/trocken, flüchtig/fest usw. in seinem Bewusstsein nachbilden kann, lassen sich auch die analogen geistigen und seelischen Eigenschaften leichter einordnen. Die entsprechenden Übungen dazu finden Sie in meinem Buch "Die vier Elemente" und in Bardons "Weg zum wahren Adepten", Stufe zwei und drei, beschrieben. Sobald Sie auf dieser Stufe angelangt sind, werden Sie mit Ihrem Seelenspiegel keine Probleme mehr haben.

Praxis ist immer besser als Theorie. Das gilt auch für Ihre Bemühungen, alle Traditionen unter einen Hut zu bringen. Schade um die Zeit, die Sie damit vergeuden. Das haben viele vor Ihnen versucht, aber keiner hat es geschafft. Es ist nicht möglich, einen gemeinsamen Nenner von allen esoterischen Strömungen zu finden. Jede Tradition entwickelte, entsprechend dem Kulturkreis und dem gerade vorherrschenden Zeitgeist, eigene Gedanken und ein eigenes System, das meiste davon ging im Laufe der Jahrhunderte wieder verloren. Übrig sind Fragmente, falsche Übersetzungen und das, was der Aberglaube daraus schuf. Die vier Elemente werden heute im tibetischen Buddhismus anders beschrieben als bei den Sufis oder in der westlichen Hermetik oder im Taoismus und anderen Farben, Himmelsrichtungen oder Körperorganen zugeordnet. Selbst in der westlichen Hermetik gibt es unterschiedliche Meinungen dazu. Das gleiche gilt für die Quabbalah. Ich kenne vier unterschiedliche Versionen des Sepher Jezirah und jede Übersetzung ordnet den Buchstaben andere Planeten, Tierkreiszeichen, Wochentage, Monate und Eigenschaften zu. Natürlich fragt sich da ein intelligenter Mensch, was an dem ganzen Zauber wahr sein kann, wenn jeder etwas anderes lehrt. Entstanden ist das Chaos aber nicht, weil es keine Ordnung gibt, sondern weil durch Wichtigmacher und Scharlatane das wahre Wissen im Laufe der Zeit verfälscht und verstümmelt wurde.

Mit Bardon tritt erstmals wieder ein echter Eingeweihter auf den Plan. Ich halte die Hermetik, die er beschreibt, für die beste Orientierungshilfe. Es ist ein logisches, wissenschaftlich nachvollziehbares Ordnungssystem, das im dritten Jahrtausend die Magie und Mystik unseres gesamten Planeten prägen wird. Wenn Sie sich einmal für sein System entschieden haben, bleiben Sie dabei und gestalten Sie danach Ihre persönliche fein- stoffliche Welt. Sobald Sie darüber hinaus blicken können, werden Sie selbst erkennen, ob etwas daran zu ändern ist.

Quabbalah, Tarot und Astrologie sind allerdings völlig unterschiedliche Methoden, die Ordnung der Schöpfung darzustellen. Auch diese Systeme lassen sich nicht miteinander vergleichen. Nach meiner Erfahrung bietet überhaupt nur die Astrologie eine zuverlässige Möglichkeit, die Mächte und Kräfte der geistigen Welten und ihre Einwirkungen auf Angelegenheiten der stofflichen Ebene zu verstehen und als Lebenshilfe in den Alltag zu integrieren.

Nun zum Thema Alchemie. Auch dazu gibt es unter den Hermetikern völlig unterschiedliche Meinungen. Hier scheiden sich tatsächlich die Geister. Manche sind überzeugt, dass es möglich ist, Blei in Gold zu verwandeln, andere wieder finden, das wäre reiner Aberglaube. Ich persönlich halte es nicht für unmöglich, dass es den Stein der Weisen gibt und dass man ihn, quasi als Katalysator, zur Umwandlung von materiellen Strukturen verwenden kann. Ähnliches lässt sich ja auch mit anderen Grundstoffen nachvollziehen.

Ich zitiere dazu einen Artikel aus "Der Spiegel" vom 24. 7. 2006: "*Mit 'hydrothermaler Karbonisierung' können heute Pflanzenreste in 12 Stunden bei einer Temperatur von 180 Grad Celsius unter Zugabe von Zitronensäure als Katalysator in nahezu reinen Kohlenstoff verwandelt werden - ein Vorgang, der in einem Kohlenflöz mehrere Millionen Jahre dauerte. Unter Hitze und Druck verändert sich die Molekularstruktur der Pflanzen. Ihre Grundbausteine Kohlenstoff, Wasserstoff und Sauerstoff gehen andere Verbindungen ein. Übrig bleibt nahezu reiner Kohlenstoff als feiner Staub und Wasser, das sich abscheiden lässt.*"

Trotzdem glaube ich nicht, dass sich der Stein der Weisen nach den vorhandenen Anleitungen in einem Labor künstlich herstellen lässt. Ich glaube, diese geheimnisvolle Substanz erfordert zu ihrer Manifestation eine besondere Geisteskraft. Die wahre Alchemie betrifft die Umwandlung der feinstofflichen "Metalle". Der Hermetiker sieht darin die persönlichen Wesenszellen, also die Elementale und Elementare seiner Eigenschaften und Regungen, die er veredeln und in eine neue Ordnung zueinander bringen muss. Das Labor für diese Arbeit mit dem Geist, die mit den Elementen und deren Urqualitäten vollzogen wird, finden wir in unserem eigenen Inneren. Ich beschreibe das genauer in meinem Buch "Die vier Elemente - Der geheime Schlüssel zur geistigen Macht".

Ende des Briefauszugs

ADEPTEN SIND AUCH NUR MENSCHEN

Lieber Paul

Danke für Deinen Brief. Ich verstehe Deine Skepsis und finde es richtig, dass Du alles hinterfragst. Aber auch wenn Du daran zweifelst, dass Franz Bardon ein wahrer Adept ist, kannst Du doch selbst beurteilen, ob Dir das, was er geschrieben hat, bedeutsam erscheint und ob seine Anleitungen für Deine geistige Entwicklung eine Hilfe sind oder nicht. Ich jedenfalls kenne nichts Gleichwertiges und wie Du weißt, besitze ich eine umfangreiche Bibliothek von einigen Tausend einschlägigen Werken. "*Gib nichts darauf, wer etwas geschrieben, sondern darauf, was er geschrieben hat*", schreibt der weise christliche Mystiker Thomas Kempis über Lao Tse.

Franz Bardons besondere Leistung als Adept bestand nicht darin, dass er Wunder wirkte, sondern dass er den Menschen die geistigen Gesetze und die Mechanismen von Geist und Seele erklärte, sodass jeder selbst erfolgreich an seiner Vervollkommnung arbeiten kann. Keine Religion, keine Philosophie, keine andere magische Tradition hat es geschafft, diese höchsten Erkenntnisse in ein verständliches und praktisch nachvollziehbares System zu bringen. Erst Bardons Werke schufen die Grundlage für die weitere Evolution des Bewusstseins und werden den Menschengeist, der den Instruktionen folgt, aus seiner Abhängigkeit von den kosmischen Geistern befreien.

Dabei stellt sich die Frage, ob es den wahren Adepten in dieser Form des allmächtigen Wundertäters tatsächlich gibt und woran man einen solchen, wenn er gerade keine Wunder wirkt, erkennt. Man sucht nach Personen, die Wunderheilungen vollbringen, Naturgewalten bezwingen und imstande sind, Gedanken zu lesen und zukünftige Ereignisse vorherzusehen. Aber außer Scharlatanen, die vorgeben, magische Macht zu besitzen, wird man keinen Eingeweihten finden, der bereit ist, seine Fälligkeiten zu demonstrieren.

Ich bin sogar überzeugt, dass die echten Eingeweihten, die sich inkarnieren, gar kein Interesse daran haben, ihre magischen Fähigkeiten noch einmal zu entwickeln. So wie jeder Magier als Kind wieder den Unterricht einer Schule besuchen muss, um lesen, schreiben und rechnen zu erlernen, obwohl er das im letzten Leben schon gekonnt hat, muss er sich auch seine außergewöhnlichen magischen Fähigkeiten wieder mühsam erarbeiten. Jeder Menschengeist, der sich inkarniert, muss wieder ganz von vorne beginnen. Auch ein Bestsellerautor muss im nächsten Leben wieder lesen und schreiben lernen, wenn er neue, gute Bücher verfassen will, und damit ist es nicht getan. Begabung allein genügt nicht. Auch der begnadetste Künstler muss seine Fertigkeiten täglich üben, sonst verkümmern sie. Das ist mit der magischen Macht, die von der Willens- und Imaginationskraft abhängt, genauso. Selbst wenn man sie errungen hat, muss man sie ständig pflegen, sonst verliert man sie. Magie ist ein mentaler Hochleistungssport. Anstrengend, zeitraubend, und die wirklich großen Weltprobleme lassen sich mit magischen Praktiken trotzdem nicht lösen.

Ein verantwortungsvoller Charakter ist daher viel wichtiger als magische Macht. Oder glaubst Du, dass die Vorsehung einen eitlen, leichtsinnigen, unzuverlässigen Menschen mit einer wichtigen Aufgabe betraut? Ein Eingeweihter wird für seine Mission deshalb ausgewählt, weil er eine starke Persönlichkeit ist und aufgrund seiner geschulten Geisteskraft in der Lage ist, außergewöhnliche Fähigkeiten und Talente zu entfalten, und nicht, damit er mit magischen Formeln, Volten und Ritualen Wunder wirkt. Er wird sich daher, soweit es nicht zu seiner Mission gehört, Lehrbücher der Magie zu verfassen, gar nicht erst die Mühe machen, magische Fähigkeiten zu entwickeln. Er wird seine ganze Macht und Kraft dazu verwenden, seine besondere Begabung, deretwegen er auserwählt wurde und die er für seine Aufgabe benötigt, weiter zu vervollkommnen, und sich die neuesten Erkenntnisse aneignen, die ihm dabei dienlich sind.

Ein Eingeweihter, ganz gleich in welchem Rang er steht, will nichts von dieser Welt, sondern setzt sich die Aufgabe, etwas für diese Welt und die Entwicklung der Menschheit zu tun. Es ist anzunehmen, dass die meisten Eingeweihten während ihres Erdenlebens von ihrem Rang in der geistigen Hierarchie gar nichts wissen.

Da sie, sobald sie in einem Menschenkörper stecken, auch nur ganz normale Menschen mit all deren Bedürfnissen und Regungen sind, wäre die Versuchung groß, dass sie in bestimmten Situationen ihre Macht und Kraft mobilisieren.

Ein Eingeweihter inkarniert sich, um eine bestimmte Aufgabe zu übernehmen, und wird sich voll auf seine Mission konzentrieren. Er würde gegen die bestehenden Naturgesetze verstoßen, würde er dazu magische Macht und Gewalt einsetzen. In die bestehende Ordnung darf nicht eingegriffen werden. Wer in der Welt im Sinne der göttlichen Vorsehung etwas bewirken will, muss sich der irdischen Gesetze bedienen. Umgekehrt greifen die grobstofflichen Kräfte, wie zum Beispiel die Geister der Gravitation oder der Begrenzung des Raumes, nicht in die mentalen Ebenen ein.

Ende des Briefauszugs

Lieber Herr Dr. P.

Sie suchen nach Beweisen, dass es geistige Welten und Wesen gibt. Sie wollen Wunder erleben und mit Geistern reden. Sie streben nach magischer Macht.

Warum eigentlich? Magische Phänomene sind doch lächerlich im Vergleich zu den Wundern in der sichtbaren, greifbaren Welt. Es beeindruckt mich überhaupt nicht, wenn jemand mit Geisteskraft, also mit seiner Vorstellungskraft und seinen Emotionen, übersinnliche Phänomene bewirkt. Was mich viel mehr mit Ehrfurcht erfüllt, ist, dass die grobstoffliche Schöpfung diese Wunder scheinbar ganz von allein vollbringt. In meinem Garten stehen Bäume, die produzieren seit 70 Jahren Äpfel, Birnen, Pflaumen und Nüsse, und Stauden, von denen haben schon meine Eltern Beeren gepflückt. Da verwandelt ein Weinstock Wasser in Wein und meine Leber und Nieren machen das auch, nur umgekehrt. Das organische Leben, angefangen bei den Einzellern bis hin zu den Säugetieren und Menschen und den komplexen Strukturen im Mikrobereich, aus denen der Stoff für Bewusstsein quillt, sind lebendiger Beweis, dass es Wunder gibt.

Die grobstoffliche Ebene der Schöpfung ist ein weitaus größeres Mysterium als die mentalen Gebilde der feinstofflichen Welt. Und diese greifbaren Wunder haben wir direkt vor unserer Nase, da braucht man sich nicht in Trance zu versetzen, wenn man diese erforschen will. Mit den Menschengeistern, die diese Ebene bewohnen, kann man reden, direkt oder über Mobiltelefon. Glauben Sie mir, ein Gedankenaustausch mit gescheiten Personen bringt viel mehr als fragwürdige Seancen und stupides Channeling mit irgendeinem der jenseitigen Geister. Machen Sie sich bewusst, dass Sie ein Geistwesen sind, und Sie brauchen keine Beweise, dass es andere Geister gibt.

Sie schreiben weiter, Sie wollen die Welt verbessern und etwas für die Menschheit tun. Das ist gut und sicher im Sinne der göttlichen Vorsehung. Aber bitte, fangen Sie sofort damit an und warten Sie nicht, bis Sie ein wahrer Adept geworden sind. Jeder, der bereit ist, für Wahrheit, Gerechtigkeit und Mitgefühl zu kämpfen, ist berufen. Und jeder, der es auch tatsächlich tut, zuerst im kleinen Rahmen, in der Familie, am Arbeitsplatz und dort, wo er gerade die Möglichkeit dazu hat, wird auserwählt, zu gegebener Zeit im Großen zu wirken.

Selbst wenn Sie es schaffen, in diesem Leben Adept zu werden, würden Ihnen Ihre magischen Fähigkeiten bei Ihrem Vorhaben nicht viel nützen. Ein Eingeweihter kommt nicht zur Welt, um mit magischer Macht gegen das Böse, die Gewalttäter und die Machthaber vorzugehen. Ein Eingeweihter ist ein Friedensstifter und verbessert die Welt mit ganz normalen Mitteln, die ihm zur Verfügung stehen. Bestimmte Persönlichkeiten in der Politik und bedeutende Erfinder und Forscher aus dem Bereich der modernen Wissenschaft leisten für den Fortbestand und die Evolution der Menschheit mehr, als ein Eingeweihter mit magischer Macht vollbringen könnte.

Ich frage Sie: Was bringt den Menschen mehr, hellsichtige Diagnosen von einem Wunderheiler oder Röntgenaufnahmen und detailgenaue Bilder von einem Magnet-Resonanz-Tomographen, die jeder Facharzt bedienen kann? Heilmagnetische Fähigkeit eines begabten Heilers oder die Erfindung des Penicillins und des Impfstoffs gegen Kinderlähmung? Das Verjagen eines "Krankheits-Dämons" mit einer Zauberformel oder die Konstruktion einer Laserkanone für den punktgenauen Beschuss eines Krebstumors? Mir ist ein Fernseher lieber als ein Hellseher und die Erfindung des Kühlschranks und der Waschmaschine haben mehr Hausfrauen glücklich gemacht als alle Gurus dieser Welt. Eine Erfindung, die allen dient und auch von Normalsterblichen angewendet werden kann, ist wertvoller als übernatürliche Fähigkeiten von ein paar Einzelnen. Die musikalischen Werke begnadeter Künstler erhellen die Düsternis der Welt und setzen dem Schatten eine Grenze, etwas, das bisher keinem Philosophen und keinem Religionsstifter gelang. Hinter all diesen genialen Leistungen steckt ein genialer Geist, der im Dienste der göttlichen Vorsehung zum Wohle der Menschheit tätig war.

Magie war vielleicht noch vor 500 Jahren ein interessantes Phänomen. Aber heute geht das alles mit normalen technischen Mittel viel bequemer und schneller. Allein was die Computer heute leisten, Rechner, Speicher, Datenübertragung usw. ist doch sensationeller als der ganze hermetische Zauber der letzten 5000 Jahre. Wenn durch eine Weltkatastrophe alles vernichtet würde, wie viele normale Menschen glauben, sie wären in der Lage, alles wieder neu zu erfinden und zu konstruieren?

Die Adepten sind dabei, die Naturgesetze zu ergründen, und beginnen selbst, gleich den Schöpfermächten physische Kreationen zu entwickeln. Vorerst noch zweidimensional am Bildschirm, da wachsen auch Bäume in Computerspielen, Mobiltelefone übertragen Wörter und Bilder, Pflanzen und Organismen werden mittels Gentechnik gezielt verändert. Der USB-Stick auf meinem Schreibtisch erscheint mir phantastisch wie ein Wunder. Die Eingeweihten von heute sind in der Forschung und Wissenschaft tätig, stehen in Labors und nicht in einem magischen Kreis.

Das bedeutet nicht, dass die Geistesschulung, die Franz Bardon beschreibt, nicht wichtig ist. Im Gegenteil. Sie ist sogar sehr wichtig. Denn nur so lassen sich jene besonderen Geistesmuskeln entwickeln, die man später für die Mission, die man übernimmt, benötigt. Die außergewöhnlichen Leistungen der außergewöhnlichen Persönlichkeiten können nur von einem geschulten Geist mit außergewöhnlichen Begabungen erbracht werden. Dass man auf dem Weg, den Franz Bardon weist, auch magische Fähigkeiten erlangt, kann mit einer Weihe oder Initiation verglichen werden. Die besonderen Eigenschaften und Erkenntnisse verschaffen einem Zugang in den Kreis der Eingeweihten. Aber ein Adept, der sich wieder inkarniert, wird seine Energie nicht zum Wunderwirken, sondern zur Entwicklung jener Fähigkeiten verwenden, die er benötigt, damit er die Aufgabe, die er sich stellt, vollenden kann.

Die höchste Stufe der magischen Macht ist wohl, dass man auf sie verzichten kann, wenn man sich wieder auf der grobstofflichen Ebene inkarniert.

Ende des Briefauszugs

GESPRÄCH MIT EMIL STEJNAR NOVEMBER 2009

Ogris: *Warum hast du noch immer keinen Internetanschluss? Überall taucht dein Name auf, du wirst zigtausend Mal gegoogelt, aber du selbst hast noch immer keine eigene Homepage? Du bist doch sonst so modern und aufgeschlossen. Du könntest dann viel einfacher den Kontakt zu deinen Lesern pflegen.*

Stejnar: Wie du weißt, habe ich mich zurückgezogen und empfange keine Besucher mehr. Ich besitze auch kein Handy und bin nur noch für wenige Freunde erreichbar. Trotzdem fehlt mir fürs Internet noch immer die Zeit. Ich bin daher sehr froh, dass du mich vertrittst und mit deinem Forum eine seriöse Anlaufstelle für Bardon-Leser geschaffen hast. Solange du mich am Laufenden hältst, bin ich ausreichend informiert.

Ogris: *Warum hast du dich zurückgezogen? Bist du enttäuscht von der Welt? Hast du resigniert oder willst du einfach deine Ruhe haben?*

Stejnar: Das Letztere trifft wohl zu. Wenn man älter wird, empfindet man vieles als Zeitdiebstahl und geht mit seiner Zeit sorgfältiger um. Wenn die Bücher, die ich verfasst habe, einigen Menschen helfen, ihren Weg zu finden und ihrem Dasein einen Sinn zu verleihen, so bin ich zufrieden. Dass die Welt damit sofort besser werden würde, habe ich nicht erwartet. Aber ich gebe zu, dass ich beunruhigt bin. Nie war der Geist, der die Welt beherrscht, so egoistisch, gefühlskalt und gefährlich wie am Beginn dieses dritten Jahrtausends. Wenn nicht bald eine Wende im Denken der Menschen eintritt, steht der Evolution auf diesem Planeten ein Rückschlag bevor.

***Ogris:** Worin siehst du die größte Gefahr? In der Rücksichtslosigkeit? In der Brutalität? In der Gier?*

Stejnar: Du wirst dich wundern. Wirklich gefährlich sind die Lüge, der Lärm und die Leichtgläubigkeit. Das Böse, das zurzeit die Welt beherrscht, verbirgt sich in der Lüge, und es gewinnt Macht über die Menschen, indem es sie mit Lärm betäubt. Nur in der Stille findet der inkarnierte Geist seine geistigen Wurzeln und kann sich mit sich selbst identifizieren. Nur in der Stille hat der Geist Zugang zu der Macht, die seinem Wesen entspricht und die ihn über die anderen Wesen und seine eigenen Wesensteile hebt. Nur in der Stille fließt die Kraft, die ihn stärkt. Jeder Ton, jedes Geräusch, jeder Laut lenkt ihn ab und verbindet ihn, je nach Rhythmus und Klang, mit dem Geist einer anderen Sphäre. Soweit es sich um harmonische Frequenzen handelt, wird die Qualität, die sich aufdrängt, nicht gefährlich sein. Gute Musik kann entspannen, erheben, und wie eine Droge vorübergehend befreien. Aber in der Regel werden wir von Krach und Lärm umhüllt, der dämonisch klingt. Abgesehen vom Straßenlärm, dem man nicht entkommt, werden wir ständig mit dem aggressiven Stampfen aus Lautsprechern konfrontiert, das mehr an Kriegslärm, Gewalt und Chaos erinnert als an Musik. Lärm ist gefährlich. Besonders diese hektischen, schrillen, dissonanten Computerkompositionen, die jungen Menschen über Kopfhörer direkt ins Hirn prasseln. Keiner bemerkt, dass sich dahinter eine Macht verbirgt, die die geistige Entwicklung der Menschheit blockiert.

Das "musikalische" Elektronik-Getöse künstlicher Instrumente, der ständige Krach im Hintergrund, sei es in den Geschäften, am Arbeitsplatz, in der Freizeit, oder im Fernseher, wo man selbst bei intelligenten Sendungen das gesprochene Wort mit unsinnigen hässlichen Geräuschkulissen überdröhnt, erzeugt Stress, betäubt und hindert den Geist am selbständigen Denken. Damit geht der Sinn für Wahrheit und Gerechtigkeit verloren. Wer sich an diesen Geräuschterror gewöhnt, oder sich ihm gar freiwillig hingibt, kann nicht mehr meditieren. Er fühlt sich in der Stille, die der Geist für seine Entspannung und Entwicklung benötigt, nicht wohl und wird krank. Schon Tolstoj sagte: "Wo du Sklaven haben willst, sollst du so viel Musik wie möglich machen", und Lao Tse meinte: "Das größte Geheimnis liegt in der Stille verborgen." Dabei kannten die unsere heutige Technomusik nicht.

Lärm und Lüge sind das Übel dieser Zeit. Lärm ist ein Gift und wirkt wie eine akustische Droge, welche die Menschen enthemmt, verwirrt und betäubt. Und der Gebrauch der Lüge bindet sie in die Welt der Schattenmächte ein. Die Welt ist schrill geworden, da kommt keiner mehr zur Ruhe. Und sie wurde undurchschaubar, weil die Lüge die Wahrheit verbaut. Der solchermaßen betäubte verblendete Geist ist leichtgläubig und stumpf geworden.

Ogris: *Was kann man dagegen tun?*

Stejnar: Man muss sein Bewusstsein stärken. Das Wichtigste ist die Übung des Wachseins, ich habe das in meinen Büchern immer wieder betont und beschrieben. Wer den Alltag bewusst als Geistwesen erlebt und das, was er erlebt, als geistige Schulung betrachtet, schafft sich mit der Vorstellung ICH BIN einen Wesenskern, um den sich im Laufe der Jahre jene Wesenszellen kristallisieren können, die den Geist erheben und befreien. Alle anderen hermetischen Übungen fördern immer nur die Entwicklung von einem Element, und wenn man nicht auch das entgegengesetzte Element stärkt, wird die Einseitigkeit, die entsteht, das Gleichgewicht stören. So müssen Konzentrationsübungen durch Entspannung gelöst, Willensübungen durch Mitgefühl ausgeglichen werden, usw. Nur die Übung ICH BIN fördert das fünfte Element, das Akasha der unverrückbaren Mitte, und kann daher nicht oft genug praktiziert werden.

***Ogris:** Und was betrachtest du als Hindernis am Weg?*

Stejnar: Hinderlich sind natürlich die Schwächen und Leidenschaften, besonders die kleinen, scheinbar bedeutungslosen, weil man sie nicht erkennt und daher nicht bearbeitet. Diese können sich dann unbemerkt zu ernsthaften Charakterfehlern entwickeln, die man nur schwer unter seine Kontrolle bringt. Je früher man einer schlechten Eigenschaft oder Gewohnheit entgegentritt, umso leichter ist sie zu besiegen. Dabei ist jeder gute Vorsatz zur Selbstbeherrschung schon ein wichtiger Akt, der das Bewusstsein auch tatsächlich über seine Regungen hebt.

Ich will aber nicht Tugend und Moral predigen. Man kann sich trotzdem Charakterfehler leisten, denn wenn man sie überwindet, gewinnt man Geisteskraft. Nur die Lüge ist für den Hermetiker tabu. Sie ist die erbärmlichste, feigste und mieseste Eigenschaft, die sich in einem Menschengeist entfalten kann. Die Lüge bindet den Lügner direkt in die Ebenen der zerstörenden Mächte ein. Mit der Lüge beginnt jedes Übel. Den meisten ist das nicht bewusst. Heute wird täglich, stündlich, ständig gelogen, ohne dass man sich Gedanken darüber macht. Aber jede Lüge, auch die kleinste, scheinbar bedeutungslose Unwahrheit, hinterlässt im Akasha Spuren und schafft auf der mentalen Ebene eine Schattenwelt, in der auch der Lügner eingebunden ist. Diese Scheinwelten geglaubter Lügen lösen sich nur langsam auf und werden auch dem Lügner die Einsicht auf Wahrheit verbauen. Jede Lüge stärkt die Macht des Bösen und gibt dem Schatten mehr Einfluss über den Lügner und die Welt. Wer dagegen nach Wahrheit, Gerechtigkeit und Mitgefühl strebt und diese Ideale auch tatsächlich in der Praxis lebt, erlangt eine Kraft und Macht, die ihn über die Götter und Dämonen erhebt.

Sich zur Wahrheit zu bekennen, erfordert oft Mut und Zivilcourage. Erfolge, die auf Lügen bauen, sind zutiefst beschämend für jeden, der an die Macht des Geistes und an geistige Welten und Wesen glaubt.

Bei dieser Gelegenheit möchte ich allen meinen Lesern danken, die den Mut aufbrachten, sich als Esoteriker zu outen, und im Internet positive Rezensionen über meine Bücher veröffentlichen. Wir wollen nicht missionieren, aber wer auf ein Buch hinweist, das einen gangbaren Weg zu einem wachbewussten Ich erhellt, ist kein Sektierer. Er dient damit dem Schöpfungsplan und darf sich in den Kreis der Eingeweihten, die an der geistigen Entwicklung der Menschheit arbeiten, eingebunden fühlen.

Ogris: *Viele Freunde scheuen sich davor, sich offen als Esoteriker zu deklarieren. Sie befürchten, dass man sie für wundergläubig hält und dass das ihrer Karriere und ihren Geschäften schadet.*

Stejnar: Ich weiß und ich habe Verständnis dafür. Aber die gnostische Hermetik hat nichts mit dem Okkultismus der letzten Jahrhunderte zu tun. Die Magie und Mystik des dritten Jahrtausends folgt praktischen Erfahrungen und wissenschaftlich nachvollziehbaren Denkmodellen. Dafür braucht sich keiner zu genieren. Es ist kein Zufall, dass gerade jetzt das "Rote Buch" von C.G. Jung herausgebracht wird, in dem er seine persönlichen okkulten Erfahrungen zusammenfasst. Auch er hatte das Problem, als Wissenschaftler zu seiner Meinung über Magie und Mystik zu stehen. Er verzichtete deswegen zuletzt sogar auf seine Lehrtätigkeit.

Ich glaube, wir dürfen die Welt weder den uneinsichtigen Materialisten noch den religiösen Fanatikern und Hasspredigern überlassen. Ganz gleich aus welcher Religion sie kommen. Aufklärung ist heute genauso wichtig wie vor zweihundert Jahren. Damals haben die Freimaurer die Weichen gestellt. Heute ist jeder dazu berufen, den Weg zum wahren Adepten zu weisen.

Ogris: *Was hältst du von der Gründung eines Bardon-Bundes? In der 3. erweiterten Auflage des Buches "Erinnerungen an Franz Bardon" (Rüggeberg Verlag, 2008) findet man einen Brief, in dem Franz Bardon an Maria Pravica (vormals Purgert) folgendes schreibt: "**Ich würde es begrüßen, wenn der Kreis meiner Schüler und Anhänger bei Euch sich erweitern würde und Ihr gewisser-***

maßen einen Bund bilden würdet, der die wahren Interessen der Einweihung vertritt."

Auch du schreibst im "Schutzengelbuch" von einem Bund, zu dem sich deine Leser zusammenfinden sollen. In deinen späteren Büchern hast du dich davon jedoch distanziert. Wie stehst du heute dazu?

Stejnar: Nun, das "Schutzengelbuch" war ursprünglich als Einstieg in die Praxis der Hermetik für religiöse und mystisch veranlagte Personen gedacht. Auf dieser Stufe sucht man noch eine Gemeinschaft und braucht sie auch. Trotzdem weise ich bereits im "Schutzengelbuch" auf die Gefahren hin, die mit Gruppenbildungen verbunden sind. Besonders wenn gemeinsame Gebete, Meditationen und rituelle Handlungen vollzogen werden, ist die Gefahr sehr groß, dass sich ein Gruppengeist bildet, der in Wahrheit gar nicht dem Geist entspricht, der die Gruppe verbinden soll. Dazu kommt der gruppendynamische Effekt, durch den Rollen verteilt und Positionen erkämpft werden. Ein Phänomen, das man überall, wo Menschen eine Gemeinschaft bilden, finden wird.

Dass so viele Bardon-Schüler mit dem "Schutzengelbuch" arbeiten werden, weil sie damit rascher Erfolge erzielen als mit der Praxis der magischen Evokation, bedachte ich damals nicht. Bardons Weg muss man meiner Meinung nach allein gehen. Wer noch einen Kreis Gleichgesinnter braucht, in dem er sich eingebunden fühlt, ist für den Weg noch nicht reif. Dass Bardon anscheinend anderer Meinung war, hat mich überrascht. Aber in seiner Zeit gab es in den Logen und okkulten Zirkeln noch ernsthafte Forscher und für solche ist ein magischer Bund auch heute denkbar. Auch wenn ich persönlich kein Freund von Bünden und geistigen Gemeinschaften bin, haben mir meine Erfahrungen im Logenleben wichtige Einsichten vermittelt. Auf einer bestimmten Entwicklungsstufe können gewisse Erlebnisse sehr bedeutsam sein. Ein Bund Gleichgesinnter kann also auch vorteilhaft für die Beteiligten sein.

Ogris: *Du hast für einige fortgeschrittene Freunde das "Ritual der hermetischen Vier" verfasst und, als es von einem Außenstehenden profaniert wurde, in deinem Buch "Die vier Elemente - Der* *geheime Schlüssel zur geistigen Macht" der Allgemeinheit zugänglich gemacht. Wäre das nicht die ideale Grundlage für gemeinsame Arbeiten im Sinne von Franz Bardon? Dieses Ritual ist doch ganz auf seine Lehre und den Weg zum wahren Adepten abgestimmt.*

Stejnar: Wie mir Freunde berichten, gibt es bereits Logen und esoterische Kreise, die damit arbeiten. Die Teilnahme ist ja an gewisse Voraussetzungen geknüpft, so dass auch Nicht-Initiierte, wenn sie sich daran halten, damit gefahrlos umgehen können. Aber ich fürchte, man wird sich nicht daran halten. Ich war auch einmal jung und habe Experimente mit Beschwörungen und Evokationen gemacht, und genau dafür ist das Ritual eigentlich nicht gedacht.

***Ogris:** Du beschreibst in deinem "Schutzengelbuch", wie man auch ohne aufwendige Evokationsmagie mit den Genien in Verbindung treten kann. Ist das wirklich möglich? Es gibt Leute, die zweifeln das an.*

Stejnar: Zu Recht, denn wir wissen nicht, ob die angestrebte Wirkung tatsächlich von der Intelligenz, deren Siegel man verwendet, hervorgerufen wird, oder von einem Elemental, das man durch seine Erwartung und den Kontakt mit dem Siegel bewusst oder unbewusst gebildet hat. Die Erfahrung zeigt lediglich, dass es funktioniert. Diese Praxis der mystischen Invokation wird ja auch von den unterschiedlichen Religionen praktiziert. Bardon nennt das den mystischen Weg, wenn man durch Konzentration und Hinwendung auf eine "Gottheit" und durch Verinnerlichung ihrer Eigenschaften in Verbindung mit dem Wesen und seinen Qualitäten kommt. Ob man dazu eine Statue, ein Bild oder ein Siegel als Kyilkhor und Bewusstseinstütze nimmt, bleibt jedem selbst überlassen und hat für den Erfolg keine Bedeutung.

***Ogris:** Wenn das tatsächlich funktioniert, birgt es doch auch gewisse Gefahren. Bardon warnt sehr eindringlich davor, das Siegel eines Wesens über längere Zeit zu verwenden, weil dadurch eine Abhängigkeit eintreten kann.*

Stejnar: Das stimmt. Auch der passive Verkehr mit den Genien birgt Gefahren. Wer durch bewusste Hinwendung zu einer feinstofflichen Intelligenz eine Verbindung zu diesem Wesen herstellt, kann von den Energien aus dieser Sphäre genauso angezogen und beeinflusst werden wie durch den Kontakt bei einer magischen Evokation. Auch wenn wir nicht wissen, ob tatsächlich das betreffende Wesen oder ein Elemental die erwünschte Wirkung hervorruft, warne ich davor, das Siegel eines Wesens ständig bei sich zu tragen. Ich empfehle jedem, der ein Amulett verwendet, dieses nach einiger Zeit abzulegen. Wir machten nämlich die Erfahrung, dass sich durch den passiven Verkehr mit den Genien die angestrebten Eigenschaften nach und nach im eigenen Bewusstseinsraum entfalten und ein längerer Kontakt gar nicht nötig ist.

Ogris: *Das bedeutet, auch wenn man eine Intelligenz nicht direkt anspricht, hat man es, sobald man sich darauf einstellt, mit Energien aus ihrer Ebene zu tun. Wie kann das funktionieren?*

Stejnar: Die Kommunikation mit anderen Wesen und mit Geistern aus anderen Sphären findet digital und nicht analog statt. Der Kontakt wird immer über Wesenszellen, also Elementale und Elementare, die der Qualität des Wesens entsprechen, vermittelt. Auch bei magischen Evokationen, wie sie Franz Bardon beschreibt, ist eine Verdichtung der Qualität des Geistes notwendig, damit sich dieser auf der grobstofflichen Ebene manifestieren kann. Bei der mystischen Invokation verdichtet man die Qualität nicht vor sich im Raum, sondern durch seine Gedanken und Erwartungen in seinem persönlichen Inneren. Und bei der Kontaktaufnahme über ein Amulett oder einen Kyilkhor dient das Siegel als Bewusstseinsstütze für die Imprägnierung mit den entsprechenden Wesenszellen der Intelligenz, die man in seine Nähe ruft.

Genaugenommen gibt es keine direkte Kommunikation mit einem anderen Wesen. Selbst die Begegnungen auf der grobstofflichen Ebene mit anderen Menschen finden über "Medien", also Schall oder Lichtwellen, als Vermittler statt. Was wir wahrnehmen, ist der Eindruck dieser Medien auf unsere Sinnesorgane und die Vorstellung, die wir uns von den Eindrücken machen, und nicht der gegenüberstehende Mensch. Das ist es, was die Inder mit Maya meinen. Auch auf der grobstofflichen Ebene sind sämtliche Wahrnehmungen geistige Nachbildungen des Wahrzunehmenden und nicht die Person, das Ereignis oder der Gegenstand selbst. Ganz gleich was wir hören, sehen, spüren, riechen oder schmecken, wir haben es immer mit Signalen an das Bewusstsein, mit Gehirnzellen stimulierenden Elektronen zu tun, mit Botenstoffen, und nicht mit der Ursache des Signalauslösers selbst.

Die feinstofflichen Botenstoffe sind Elementare und Elementale. Diese Wesenszellen des menschlichen Geistes unterscheiden sich durch nichts von den Wesenszellen der Geister. Daher ist es so schwer, eine Inspiration von einer eigenen Erkenntnis, eine Halluzination von einer Geistererscheinung, oder eine Schizophrenie von einer "Besessenheit" zu unterscheiden.

Ende der Aufzeichnung des Gesprächs

Dazu möchte ich noch eine Ergänzung anfügen. Manchen Hermetikern fällt es schwer, sich vorzustellen, dass ihr feinstofflicher Körper aus Elementalen und Elementaren besteht. Man ist gewohnt, dass sich das Bewusstsein auf komplexe, feste, zusammenhängende Strukturen stützt und nicht auf scheinbar flüchtige Gebilde. Aber so fest, wie es den Anschein hat, ist auch die grobstoffliche Ebene nicht. Zwischen den lebenden Zellen, molekularen Botenstoffen und den atomaren Teilchen, die noch viel eigenständiger herumschwirren als die elementalen geistigen Wesenszellen, besteht, im Verhältnis zueinander, mehr Zwischenraum als zwischen den Galaxien im All. Trotzdem ergibt sich im Zusammenwirken ein stabiler Organismus, der unser Leben und Bewusstsein trägt. Der feinstoffliche Organismus ist natürlich viel komplexer gebaut, als wir es heute mit den elementaren, elementalen, und planetaren Wesenszellen beschreiben können. Wir stehen erst am Beginn einer realen Geistesforschung und werden wie die Naturwissenschaften auf immer neue Wesenskräfte und Wesensteilchen und geheimnisvollere Zusammenhänge stoßen.

ÜBER DEN SEELENSPIEGEL

In seinem Buch "Der Weg zum wahren Adepten" (Auflagen Bauer Verlag) ordnet Bardon auf Seite 37 "melancholisch" dem Wasserelement und "phlegmatisch" dem Erdelement zu. Auf Seite 165 dagegen betrachtet er "melancholisch" als Eigenschaft des Erdelements und auf Seite 64 ordnet er "Phlegma" dem Wasserelement zu. Das sorgt für Verwirrung unter den Lesern, was aber nicht nötig wäre, da im Grunde genommen beide Zuordnungen verständlich sind. Es fehlt nämlich beiden Eigenschaften das gleiche, nämlich Energie.

Sowohl beim Phlegmatiker als auch beim Melancholiker überwiegt die Urqualität Kalt. Es fehlt somit das Warm, das Energetische, die bewegende Kraft. Beide Typen haben zu wenig Antrieb, zu wenig Dynamik, zu wenig Bewegung, weil die aktivierende belebende Hitze fehlt. Beide wirken still, zurückhaltend, antriebslos oder geschwächt. Trotzdem besteht ein gravierender Unterschied. Man erkennt den sofort, sobald man die entgegengesetzten Eigenschaften zum melancholischen und phlegmatischen Temperament untersucht.

Die Bezeichnungen Choleriker, Sanguiniker, Phlegmatiker und Melancholiker stammen aus der antiken Säfte-Lehre. Man verband mit den Temperamenten eine bestimmte sichtbare Leibeskonstitution. Man sah im Melancholiker eher den stillen, bekümmerten, traurig gestimmten Gefühlsmenschen, was in Analogie zur Astralebene eher dem Wasserelement entsprechen würde, und im Phlegmatiker mehr den bedächtigen, trägen, schwerfälligen Typ des Bequemen, was der physischen Schwere des Erdelements entspricht. Für den Seelenspiegel interessieren uns jedoch nicht die körperbedingten, sondern die feinstofflichen Grundlagen für die geistigen und seelischen Eigenschaften. Bei der Arbeit an seinem Seelenspiegel sucht man nicht nur nach dem Ausdruck der Kräfte, sondern auch nach deren Ursprung, damit man sie, wo es nötig ist, eindämmen oder umlenken kann.

Jedes Element besteht aus zwei Urqualitäten und jeder Urqualität steht die konträre Kraft gegenüber. Kalt gegenüber Warm und Feucht gegenüber Trocken. Sobald man die Temperamente von diesem Gesichtspunkt aus betrachtet, ergibt sich ein anderes Bild. Man wird dann das ernste, schwermütige Temperament des Melancholikers nicht dem Kalt des Wassers, sondern dem Kalt der Erde zuordnen, weil ihm das leichte, heitere, fröhliche Temperament des Sanguinikers, das sich aus dem Warm der Luft entwickelt, gegenübersteht. Und man wird das stille, antriebslose Temperament des Phlegmatikers nicht dem Kalt der Erde, sondern dem Kalt des Wassers zuordnen, weil ihm das dynamische, aktive Temperament des Cholerikers, das sich aus der Hitze des Feuerelements ergibt, gegenübersteht.

Wer eine Eigenschaft erfasst und in seinem Geist richtig nachempfinden kann, ist auch in der Lage zu erkennen, welche Eigenschaft ihr gegenübersteht. Um das innere Gleichgewicht herzustellen, ist das unbedingt nötig. Die Erstellung des persönlichen Seelenspiegels dient ja nicht nur dazu, dass man die Zusammensetzung seines Wesens erkennt, sondern dass man einem eventuellen Ungleichgewicht entgegenwirkt. Das kann sowohl die Grundstruktur des Geistes betreffen als auch die gerade vorherrschenden seelischen Regungen, oder die momentane physische Konstitution. Auf allen drei Ebenen ist man Schwankungen ausgesetzt. Je nach der Lebenssituation, in der man sich befindet, und den gerade vorherrschenden Konstellationen wird sich der Schwerpunkt seines Wesens verändern, wodurch manche Eigenschaften einmal stärker und dann wieder schwächer hervortreten. Da die menschlichen Eigenschaften aus den gleichen Urqualitäten und Wesenszellen bestehen wie die Eigenschaften der kosmischen Genien, werden sie auch von kosmischen Mächten beeinflusst. Diese Tatsache hat Bardon, da sie dem Mysterium der vierten Tarotkarte entspricht, nicht erwähnt. Ich beschreibe das daher näher in meinem Buch "Astrologie". Wer astrologisch gebildet ist, kann diese verborgenen Strömungen bei seiner Arbeit mit dem Seelenspiegel nützen.

Dabei sind auch die Ebenen zu berücksichtigen. Wenn zum

Beispiel im Mental- oder Astralkörper die Energie der Wärme des Feuers fehlt, kann man sie auf einfache Weise über den grobstofflichen Körper gewinnen. Nichts ist für einen Melancholiker heilsamer als Joggen und sportliche Betätigung. Man kann aber auch über die Mentalebene Zugang zur Kraft des Feuers finden. Zwar lässt sich Schwermut oder Trägheit nicht direkt mit Gedankenkraft vertreiben, aber mit neuen Vorstellungen kommt oft Bewegung auf. Neue Interessen können ungemein anregend sein und Energie und Lebenslust wecken. Führt so ein geistiger Impuls zu einer Handlung, regen die Eindrücke und gewonnenen Erfahrungen automatisch zu neuen Aktivitäten an.

Beim Seelenspiegel geht es nicht darum, dass man über die vier Elemente philosophiert und auf einer Liste seine Eigenschaften einem Element richtig zuordnet, sondern dass man sie empfindet und erfasst, welche Energien dahinter stecken. Nur wer die Urqualitäten, die einer Eigenschaft Substanz und Dynamik verleihen, richtig erspürt, kann diese auch bearbeiten und verändern.

In meinem Buch "Die vier Elemente - Der geheime Schlüssel zur geistigen Macht" ordne ich daher die Eigenschaften von Geist und Seele nicht nur den Elementen, sondern in erster Linie den Urqualitäten zu. Diese Einteilung hat den Vorteil, dass man die Energie, die einer Eigenschaft zugrunde hegt, leichter erkennt. Man kann dann neben dem gegenüberliegenden Element auch die Verbindungen, die zwischen den Elementen bestehen, berücksichtigen. Aufschluss über den Kreislauf und das Zirkulieren der Energien gibt die Graphik auf Seite 84 in meinem oben genannten Buch über die vier Elemente. Das gemeinsam Verbindende liegt im Ursprung der Elemente, also in den Urqualitäten. Nur wer diese erfasst, beherrscht auch die Elemente, weil man nur über die Urqualitäten Substanz und Energie von einem Element in ein anderes überführen kann.

ÜBER DEN GLAUBEN AN GOTT, RELIGION UND DIE MAGISCHE MACHT

Es war nicht einfach, ein Lehrwerk der hermetischen Wissenschaften zu verfassen. Bestimmte Erkenntnisse lassen sich nur schrittweise, dem jeweiligen Verständnis des Schülers angepasst, vermitteln. Die Zeit der Orden und Meister ist jedoch vorbei. Was den Neophyten früher erst nach jahrelanger Schulung stufenweise mitgeteilt wurde, mussten Franz Bardon und ich auch für den unvorbereiteten Leser offenlegen.

Während Bardon sich darauf konzentrierte, den Weg zum wahren Adepten zu beschreiben, und damit eine ganz bestimmte, magisch orientierte Leserschaft anspricht, sollen meine Bücher, auch wenn sie weiterführen, den Weg zu diesem Weg erhellen und für alle Suchenden zugänglich machen. Dazu sind auch Vorstellungen und Denkmodelle nötig, die aus der Welt der Mystik stammen. Das Studium der Mathematik beginnt beim Einmaleins. Das Studium der Sprachen beim Buchstabieren. Das Studium der hermetischen Wissenschaften beginnt mit der richtigen Handhabung von den Glaubens Vorstellungen über Gott und Religion.

Mystik beginnt beim religiösen Glauben an Schutzengel und den lieben Gott, und Magie mit dem Glauben an Genien und die eigene persönliche Kraft. Wir finden in der Religion den Ursprung der Mystik und in der Magie den Schlüssel zur geistigen Macht. Aber wir wollen nicht Frömmigkeit predigen, sondern die vorhandenen Glaubensformen nutzen und in neue Bahnen lenken. Und wir wollen nicht Magie propagieren, sondern die damit verbundene Schulung der Geisteskraft in das bewusste Erleben des Alltags integrieren.

Der Hermetiker ist nicht reifer oder fortgeschrittener als der religiöse gläubige Mensch, aber er hat seinen Glauben hinterfragt und vieles abgelegt. Er glaubt nicht an den Gott der Christen oder der Juden oder der Muslime, auch nicht an Brahma, oder Manitu. Er hat sich eine eigene Vorstellung von der feinstofflichen Welt und ihren Wesen gemacht. Wenn darin ein Gott vor- kommt, so wird dieser keinem der Götter der etablierten Religionen, Sekten oder esoterischen Richtungen entsprechen. Und er wird nicht blind an ihn glauben. Er wird den göttlichen Geist als logische Möglichkeit neben dem Menschengeist, den er durch seine Geistesschulung kennen gelernt hat, in sein Weltbild einbauen, oder zumindest nicht ausschließen, dass es ihn gibt, oder dass er sich noch bilden kann. Denn neben der Natur, dem Leben und dem Bewusstsein hat sich auf diesem Planeten auch ein schöpferischer Geist entwickelt. Nach der Entfaltung des Lebens und des menschlichen Bewusstseins ist eine Weiterentwicklung dieses Geistes bis hin zu einer "göttlichen" Vervollkommnung nicht unlogisch. Es liegt am Glauben, Denken und Streben der Menschen, wohin sich ihr Geist bewegt.

Es geht also nicht um die Frage, ob es einen Gott gibt, sondern darum, dass dieser, wenn er existiert, nicht so sein kann, wie ihn die Religionen, die sich in seinem Namen bekämpfen, beschreiben. Die religiösen Vorstellungen, die man sich zum Beispiel vom Bibelgott macht, wären für den Gott der Gnosis und Hermetik eine echte Beleidigung. Ein zorniger, eifersüchtiger Gott, der angebetet werden will und neben sich keine anderen Götter duldet, ist kein weiser allmächtiger Gott. Ein geistiges Wesen, für das sich die Menschen gegenseitig die Schädel einschlagen, ist bestenfalls ein Phantom, ein mentaler, von Menschendenken geschaffener Komplex, von der Zuwendung der Menschen abhängig und nicht einmal im Range der Genien der Hierarchie. Der Gott der Hermetiker würde kein Wohlgefallen finden an Menschen, die für ihn töten, vor ihm knien und ihn fürchten, sondern würde sich in gütigen, aufrechten selbstbewussten Persönlichkeiten spiegeln wollen. Unterwürfig kniende Christen in den Kirchen, grotesk kauernde Muslime in Moscheen, irr nickende Juden vor der Klagemauer, stupide Niederwerfungen der Tibeter Zehntausende Mal jahrelang, freudefeindliche Strenge, sinnlose Kasteiungen und rituell entarteter Aberglaube, der so weit geht, dass sich manche in ihrem Wahn für ihren Gott in die Luft sprengen - wie kann man glauben, dass das, was einen gebildeten, aufgeklärten Menschen abstößt, einem Gott gefällt?

Es wäre unlogisch anzunehmen, dass diese unterschiedlichen, wirren Glaubensvorstellungen nur dem Unverständnis der Gläubigen zuzuschreiben sind und alle Religionen schlussendlich doch zu ein und demselben Gott beten. Diese Annahme ist die gefährlichste Glaubensfalle, die es gibt. Der wahre Schöpfergott kann so nicht sein. Wenn Franz Bardon von der göttlichen Vorsehung schreibt, so meint er damit keine Instanz, die einem dieser Götter gleicht.

Die gnostische Hermetik lehrt aber nicht, was man glauben soll, sondern wie man denken muss, um zu Erkenntnissen zu gelangen, die man glauben kann. Ob Jahwe, Allah oder Manitu - es gilt abzulegen, was den Ausblick behindert, und Platz zu schaffen für Gedanken von einer geistigen Welt und einem göttlichen Bewusstsein, das für alle da ist. Die größten Hindernisse haben dabei die Religionen geschaffen. Die Phantome, die sie schufen und als Gott präsentieren, und die Strafen, die sie androhen, wenn man nicht an sie glaubt, dokumentieren die peinlichste Entartung des menschlichen Denkens.

Wenn ich trotzdem in meinen Büchern auch religiöse Symbole verwende und dem christlichen Glauben neben der Gnosis und Hermetik eine grundlegende Bedeutung für den Aufbau unseres Geistes zuweise, so hat das ausschließlich den oben genannten Grund: Die Arbeit mit dem Geist fängt beim Glauben an und diese geistigen Strömungen haben den Glauben in unserem Kulturkreis am stärksten geprägt. Auch die Magie und die Mystik der westlichen Welt sind zu einem großen Teil auf dem Gedankengut dieser Traditionen aufgebaut. Will man ein neues Weltbild schaffen und einen Geist gestalten, der das Bewusstsein tatsächlich erhebt, muss man auf diese mentalen Bausteine zurückgreifen. Werden die Inhalte neu definiert ("Exerzitien für Freimaurer", Stejnar Verlag) wird das den Glauben verändern und das eingeengte Blickfeld vom religiösen Aberglauben befreien.

Ich propagiere also nicht religiöse Werte, wenn ich am Beginn meiner Wegleitung von Engeln schreibe und das Gebet zur inneren Sammlung und Geistfindung empfehle. Ich treibe nicht den Teufel mit dem Beelzebub aus, sondern nutze die vorhandenen Elementale und wandle sie um. Die Angst vor dem Sterben und die Hoffnung auf ein Leben nach dem Tod sind elementare Urtriebe, die die Menschen suchen und glauben lassen. Für ihren Glauben opfern sie ihre Freiheit, ihre Würde und ihren gesunden Menschenverstand. Nicht selten sogar ihr Leben. Dazu kommt das Bedürfnis nach Sicherheit und Geborgenheit in einer heilen, gerechten, harmonischen Welt. Vorstellungen, welche diese Bedürfnisse befriedigen, werden in der Regel ungeprüft geglaubt und angenommen. Daher führen die ersten Schritte bei der Suche nach Erkenntnis, Trost und geistiger Orientierung in eine religiöse Glaubensgemeinschaft. Hier werden genau die verlangten Kriterien erfüllt. Hier wird der Glaube geweckt und leider auch gefestigt. Religion bietet damit den ersten Einstieg in die geistige Welt.

In der Kraft des Glaubens manifestiert sich die stärkste Macht des Geistes und zugleich die größte und heimtückischste Gefahr. Im religiösen Glauben wird das besonders deutlich. Nichts hat die Entwicklung der Menschheit so behindert und so viel Unheil über die Welt gebracht wie der Glaube an den Gott einer Religion oder an das, was deren Vertreter in Aussicht stellen, wenn man ihren Lehren folgt oder nicht folgt. Die Religionen haben den Verstand vieler Menschen verwirrt und sie zu blinden, fanatischen Irrläufern gemacht. Religiöser Glaube gibt scheinbar Sicherheit und Hoffnung als Mittel gegen die Angst. Er ist jedoch eine gefährliche Medizin mit schlimmen Nebenwirkungen, weil er den Geist verblendet und die Seele betäubt.

Das gilt genauso für den Glauben an diverse Thesen aus der Welt der Mystik und Magie. Man findet auch unter den Esoterikern jede Menge verrückte, naive und unbelehrbare Schwärmer. Auch hier wird mehr Aberglaube als Weisheit verbreitet. Sogar unter den Bardon-Lesern tauchen die Scharlatane, Wichtigmacher und Sektierer auf.

Logik, Vernunft und wissenschaftliches Denken dürfen nie dem Glauben geopfert werden. Daher sind auch die persönlichen, eigenen Erkenntnisse und Erfahrungen immer wieder zu hinterfragen und als Wegabschnitte, die man hinter sich lässt, als Stufen am Weg und nicht als das Ziel zu betrachten. Glaube lässt für wahr halten, auch das, was nicht stimmt, rückt es in die Nähe und verbaut damit gleichzeitig das Blickfeld, statt es auszuweiten. Der Glaube erhellt. Alles. Auch das Falsche. Man sollte sich daher immer bewusst machen, dass das, was man glaubt, eine austauschbare Vorstellung ist und nicht wahr sein muss, dass man aber trotzdem das Geglaubte durch seinen Glauben belebt und auf der mentalen Ebene für eine Zeit lang sichtbar macht. Deshalb streiten sich die Götter um die Zuwendung der Menschen. Glaube führt dem Geglaubten Mental Substanz zu. Es ist eine Tatsache, dass sich durch den Glauben auf den feinstofflichen Ebenen jede Vorstellung, zumindest vorübergehend, manifestiert. Daher ist immer zu hinterfragen, ob das, was man glaubt, auch gut und hilfreich ist, sowohl für sich selbst als auch für die Entwicklung und den Fortbestand des Menschengeistes.

Genauso wie der religiöse Glaube die geistige Entfaltung der Gläubigen unterdrückt, kann die Macht des Glaubens die Menschen befreien. Ich beschreibe das näher in meinem Buch "Andy Mo". Die seelenfressenden Gottkarikaturen der Religionen, die den Menschen den Weg in die Freiheit verstellen, werden ausgehungert, wenn man nicht mehr an sie glaubt, und verschwinden. Mit der "Formel des Nichts", die Andy Mo erstmals offenlegt, wird die Magie und Mystik des dritten Jahrtausends begründet. Man muss den Glauben wie ein Werkzeug handhaben und in der Lage sein, das Geglaubte jederzeit in Frage zu stellen und durch andere Vorstellungen zu ersetzen. Das gilt auch für die Vorstellungen über Theorie und Praxis der Magie.

Ich beschreibe zwar magische Praktiken und zeige, wie Magie funktioniert, aber ich empfehle nicht, Magie im Alltag als Mittel zur Lebensgestaltung einzusetzen. Es gibt nichts Dümmeres, als zu glauben, man könne mit Magie etwas rascher und einfacher erreichen als auf normalem Weg. Wer das glaubt, hat keine Ahnung von Magie und keine Erfahrung in der magischen Praxis. Natürlich kann man unter Umständen Liebe. Geld oder beruflichen Erfolg mit magischen Techniken realisieren. Dagegen ist nichts einzuwenden. Es gehört zum Weg, dass man sich von der Macht des Geistes überzeugen will und auch ohne ausreichende Schulung die beschriebenen Methoden ausprobiert. Ich habe das in meiner Jugend genauso gemacht. Aber magische Macht ist nicht das Ziel einer magischen Ausbildung. Das hat Franz Bardon in seinem Lehrwerk der Magie immer wieder betont. Heute finde ich es total unsportlich, wenn man sich dieser Welt nicht stellt und versucht, sich mit mentalen Tricks und unsichtbaren Helfern Vorteile zu verschaffen. Das ist dasselbe, wie wenn sich einer umgekehrt, mit Drogen, also mit physischen Mitteln, Glücksgefühle verschafft und damit seinen Zustand auf der Gefühlsebene verschönt. Wer die Magie zum Lebenserfolg braucht, ist genauso ein Schwächling wie einer, der Rauschgift nimmt, um der Realität zu entfliehen. Er macht den gleichen Fehler wie einer, der sich betäubt und abhebt, statt sich über den festen Boden unter den Füßen zu freuen und seine Lebenszeit zur Arbeit an sich selbst und an der Welt zu nutzen.

Wer seine geistige Macht und die Macht der geistigen Wesen zur Schicksalsgestaltung nutzen will, muss dazu nicht magisch tätig werden. Man braucht keine Volte zu schlagen oder Geister zu beschwören, die sind sowieso ständig in der Nähe und wirken auf einen und seine Umwelt ein. Dank der Astrologie lassen sich die Gezeiten der Macht, sowohl der eigenen als auch die der Genien, sehr genau vorherbestimmen. Plant man im Einklang mit diesen wirkenden Mächten, so realisiert sich die simpelste Gedankenmagie. Stellt man sich aber dagegen, gelingt in der Regel auch der aufwendigste Zauber nicht. Wer weiß, wann welche Mächte wirken, kann die Qualitäten der Zeit wie ein Segler den Wind benützen und sich zeitgerecht vor unerwünschten Strömungen schützen. Ich beschreibe das ausführlich in meinem Buch "Astrologie". So wie ein Bauer für seine Aussaat und Ernte das Wetter und die Jahreszeiten berücksichtigt, beachten der erfahrene Adept und der schlaue Laie die astrologischen Gezeiten und spannen ohne großen mentalen Aufwand die geeigneten Schicksalsmächte in ihre Vorhaben ein.

Astrologie ist der beste Einstieg in die Magie, weil man sich sofort von der Existenz und Wirkung der geistigen Mächte überzeugen kann. Man erkennt die kosmischen Schaltstellen der Macht und erlebt, wie man nur mit der Energie seiner Gedanken und Wünsche etwas bewirken kann. Deshalb passt auch der fortgeschrittene Hermetiker seine Bestrebungen und magischen Handlungen den kosmischen Gezeiten an. Er weiß, wer im Einklang mit den feinstofflichen Welten und Wesen lebt, wird seine Ziele leichter erreichen. Die Astrologie ist damit das Alpha und Omega, der Anfang und das Ende, das Fundament und die Krönung der Magie. Wer sich ernsthaft mit magischen Praktiken beschäftigt, kennt und beachtet auch die Regeln der Astrologie. Das beweisen die einschlägigen Werke, die in den letzten Jahrhunderten von den Eingeweihten verfasst worden sind. Kein Magier, der nicht auch Astrologe war. Bestimmt hat auch Franz Bardon mehr Horoskope als Evokationen ausgeführt.

Wer magische Macht anstrebt, muss ganz am Anfang beginnen und schrittweise Vorgehen. Wer sich nicht daran hält, wird auf seinem Weg nicht weiterkommen. Bardon beschreibt in der Stufe eins und zwei seines Buches "Der Weg zum wahren Adepten" ganz einfache psychologische Regeln der Autosuggestion als Mittel der Selbst- und Lebensgestaltung. Auch das ist bereits Magie. Der kluge Anfänger wird das Angestrebte nicht mit einem zweifelhaften Zauber erzwingen, sondern die astrologischen Gesetze studieren und sein Lebensglück gemeinsam mit den planetaren Mächten erringen. Auch das ist Magie. Und wer die Quabbalah noch nicht beherrscht, kann, wie ich es in meinem Buch "Die vier Elemente - Der geheime Schlüssel zur geistigen Macht" beschreibe, die Magie des Wortes auch ohne mentale Formeln, auf ganz normale irdisch verbale Weise nützen. Auch das ist Magie. Es gibt einfache psychophysische Mechanismen, die den Geist und die Materie verbinden und genauso spektakuläre Wirkungen zeigen wie die aufwendige zeremonielle Magie. Sobald bestimmte Voraussetzungen erfüllt sind, kann sich das was man sich vorstellt realisieren. Bereits die einfache Gedankenmagie des Prentice Mulford ("Unfug des Lebens und des Sterbens, das Ende des Unfugs") liefert einen anschaulichen Beweis, dass man kein Adept sein muss, damit die bewusste Arbeit mit dem Geist funktioniert.

Die Welt der Materie ist eine globale Welt, die auch die feinstofflichen Ebenen mit einbezieht. Damit ist jede Inkarnation eine Erweiterung für das Bewusstsein. Das Leben bietet die phantastische Möglichkeit, das Dasein auf der grobstofflichen Ebene mit einem eigenen stofflichen Menschenkörper als Instrument kennen und beherrschen zu lernen. Wer sich von dieser Welt mit ihren Versuchungen und Bedrohungen nicht mehr beeindrucken lässt, beherrscht umgekehrt auch die geistige Welt. Der erfolgreiche Kampf mit den persönlichen Energien und Regungen ist viel aufregender und befriedigt viel mehr als eine altmodische Geisterbeschwörung. Ein Alkoholiker, der seine Sucht kontrolliert und bewusst anstelle von Wein ein Glas Wasser trinkt, arbeitet bereits mit der gleichen Macht und Kraft wie ein Magier, der Wasser in Wein verwandelt. Die gezielte Kontrolle seiner Körpertriebe und die bewusste, gelassene Bewältigung des Alltags zeugen von wahrer geistiger Macht. Hier ist der Einstieg in die Magie und Mystik zu suchen. Hier muss man beginnen, wenn man den Weg zum wahren Adepten meistern will. Hier ist der Ort andern man durch Transformation seiner Triebe Geisteskraft gewinnen kann. Es gilt, zuerst die irdische Welt mit ihren Widerständen und den eigenen Körper mit seinen Bedürfnissen zu beherrschen, und zwar aus eigener Kraft. Nur wer das schafft, besiegt auch die geistigen Welten und Wesen und erlangt echte magische Macht.

Magische Siegel, Formeln und Rituale sind wirksame Hoffnungsträger und Bewusstseinsstützen und öffnen Tore in die geistige Welt. Der Weg, den Franz Bardon beschreibt, führt ans Ziel, aber man muss ihn auch gehen. Wer seiner Wegleitung und den ergänzenden Hinweisen aus meinem Lehrwerk "Magie und Mystik im dritten Jahrtausend" (13 Bände) folgt, kann sich davon überzeugen. Aber mit zunehmender Erfahrung wird sich der Praktiker von einigen Vorstellungen und Meinungen trennen. Nicht nur seine Glaubensvorstellungen und seine Zugehörigkeit zu einer Religion, auch seine Meinung über magische Macht wird er neu überdenken und revidieren.

Ich kann es nicht oft genug wiederholen: Das wahre Ziel der

Magie besteht nicht darin, mit magischer Macht die Welt oder die Geister zu beherrschen, sondern sich so zu wandeln, dass einen umgekehrt die Welt und die Geister nicht mehr beherrschen können.

DER KÖRPER SETZT DEM GEIST EINE GRENZE

Man kann Franz Bardon den Vorwurf nicht ersparen, dass er seinen Lesern in Aussicht stellt, man könne in wenigen Monaten ein Adept werden. Das mag vielleicht für Eingeweihte zutreffen, die wie er bereits vor der Geburt alle dazu nötigen Eigenschaften und Fähigkeiten erlangt haben. Normalsterbliche jedoch werden für den Weg zum wahren Adepten länger brauchen. Und zwar viel länger, das hat die praktische Erfahrung gezeigt.

Der Grund dafür ist nicht, dass die Übungen so schwierig zu bewältigen sind, sondern dass sich bestimmte Eigenschaften und Fähigkeiten nicht in jedem menschlichen Organismus nachhaltig entfalten können. Das gilt für alle überdurchschnittlichen Leistungen. Nicht jeder, ganz gleich wie viel er übt, kann Konzertpianist werden oder Spitzensportler, Mathematiker, Chirurg oder Komponist. Außergewöhnliche Fähigkeiten erfordern außergewöhnliche Begabungen und die sind, wie wir heute wissen, bereits im Erbgut angelegt, also genetisch bedingt.

Wer den Himalaya besteigen will, braucht Bergerfahrung und Kondition, aber das genügt nicht. Ohne geeignete Ausrüstung wird er den Gipfel nicht erreichen. Um auf der grobstofflichen Ebene als Adept zu wirken und den Gipfel der Macht über die Materie zu erringen, muss man ebenfalls gerüstet sein. Für jede mentale Wesenszelle, die das Gerüst des bewussten Geistes bildet, muss auch im stofflichen Körper eine stoffliche Struktur gebildet sein. Jeder mentale Vorgang löst elektromagnetische, chemische und hormonelle Vorgänge aus und umgekehrt. Wo die physischen Voraussetzungen dafür fehlen, ist eine dauerhafte Manifestation von entsprechenden geistigen Funktionen nicht möglich. Der Körper ist nun einmal das irdische Instrument für den Geist, und jeder Geist braucht für die Verwirklichung seiner Strebungen und Aktivitäten einen entsprechend geeigneten Körper. Fehlen die genetischen Grundlagen für die angestrebten Eigenschaften, sind der Entfaltung magischer Fähigkeiten Grenzen gesetzt.

Diese Tatsache wurde von Franz Bardon nicht erwähnt. Erst die moderne Wissenschaft der Genetik erklärt, wie sich Eigenschaften und Fähigkeiten entwickeln und warum sich manche Fähigkeiten nicht oder nur kurzfristig entfalten können. Solange man in einem irdischen Körper steckt, unterliegt der Geist den im Schöpfungsplan vorgesehenen Gesetzen der Materie. Nicht jeder kann Nobelpreisträger oder ein großer Eingeweihter werden. Das muss man akzeptieren. Es gibt zwar kein Adepten-Gen, aber die Genabschnitte zur Bildung von Molekülen, Hormonen und neuronalen Vernetzungen, welche die außergewöhnlichen Begabungen eines Adepten ermöglichen, müssen vorhanden sein. Das Genom ist wie ein Orchester; fehlen die Pauken und Trompeten, wird auch der beste Dirigent Zarathustra von Richard Strauss nicht aufführen können. Wenn die genetischen Informationen für Eigenschaften wie Selbstbeherrschung, Disziplin und Ausdauer nicht vorhanden sind, werden sich die für den Magier unentbehrliche Konzentrationskraft und Imaginationsfähigkeit nur unzureichend entwickeln lassen. Der Geist stößt an seine Grenzen. Die beste Software nützt nichts, wenn sie mit der Hardware nicht kompatibel ist.

Mir ist bewusst, dass diese materialistische Ansicht über Geist und Materie bei vielen Bardon-Lesern auf Ablehnung stößt. Man glaubt lieber, dass der Geist über die Materie herrscht und dass man die irdische Welt mit seiner Vorstellungskraft beeinflussen kann. Dass umgekehrt die Beschaffenheit der grobstofflichen Gene über die Funktion von Geist und Seele bestimmt, ist für einen Hermetiker schwer zu akzeptieren.

Dabei ist gerade das eines der wichtigsten hermetischen Gesetze. Erst die Tatsache, dass mentale Eigenschaften auch physisch programmierbar sind, gibt den geistigen Mächten die Möglichkeit, den Gestaltungsplan für die Entwicklung dieser Eigenschaften quasi "schriftlich" in der Welt zu hinterlegen. Gerade diese scheinbare Überlegenheit der Materie über den Geist ermöglicht die Evolution und sichert die Entwicklung der Menschheit auf diesem Planeten. Was nicht in einem Leben realisierbar ist, kann sich später in einem anderen Körper verwirklichen. Wissen und Erkenntnisse werden für die Nachkommen in Büchern und Archiven aufbewahrt. Eigenschaften und Fähigkeiten in Form des Genoms. Die persönliche Freiheit, etwas zu denken oder nicht zu denken, etwas zu wünschen oder nicht zu wünschen, etwas zu tun oder nicht zu tun, wird damit nicht genommen.

Man darf sich die DNA, dieses längliche Eiweißmolekül, das bildlich dargestellt wie eine verdrehte Leiter aussieht und als Träger des Erbguts fungiert, nicht wie einen Stempel vorstellen, der den Zellen des Körpers bestimmte Aufgaben und Eigenschaften einprägt. Es handelt sich beim genetischen Code lediglich um eine Information, quasi einen Text, der abgelesen wird. Nicht alles, was mit der Teilung der Chromosomen verbreitet wird, wird von den Zellen übernommen, vieles ist scheinbar bedeutungslos, und manches in diesem Text wird durch das persönliche Verhalten und durch Einflüsse von außen im Laufe des Lebens umgeschrieben. Bestimmte Krankheiten können, müssen aber nicht auftreten. Bestimmte Begabungen können, aber müssen sich nicht entfalten. Bestimmte Charakterfehler können, aber müssen sich nicht entwickeln. Vorhandene Anlagen bieten sich an wie ein Buch in einer Bibliothek. Es muss nicht entnommen werden.

Das Genom ist nur für den Bau und die Funktion des Körpers zuständig. Es formt nur das Werkzeug, mit dem der Geist in der stofflichen Welt agieren und Erfahrungen sammeln kann. Die Erbmasse bestimmt nicht zwingend, in welche Richtung sich der innewohnende Geist eines Menschenwesens entwickelt. Wenn Informationen für die Grundlagen einer angestrebten Fähigkeit im Erbgut nicht vorhanden sind und man sich daher schwer tut, diese zu verwirklichen, hat man trotzdem die Möglichkeit, an seiner

Vervollkommnung zu arbeiten. Es wird nur etwas langsamer gehen. Man braucht negative Eigenschaften, die der Entwicklung der erwünschten Begabung im Wege stehen, nicht hinzunehmen, und man kann auch ohne entsprechende Anlagen zumindest die feinstofflichen Fundamente für die erwünschten Fähigkeiten errichten. Auch wenn der Geist durch die genbedingten neuronalen Aktivitäten, Botenstoffe und Rezeptoren im Gehirn beeinflusst wird, kann er sich mittels seiner Vorstellungs- und Glaubenskraft zumindest von einigen körperbedingten Einflüssen befreien. Die modernen Erkenntnisse der Genetik widersprechen nicht den Erfahrungen der hermetischen Tradition, dass der Geist in der stofflichen Welt etwas verändern kann.

Es ist unbestritten, dass Hypnose, Suggestion oder der so genannte Placebo-Effekt nicht nur eingebildete, sondern auch tatsächlich physisch nachweisbare Veränderungen im Organismus bewirken. Man hat das nicht nur bei der Verabreichung von Scheinmedikamenten, sondern auch bei vorgetäuschten Knie- und Herzoperationen festgestellt. Darüber wurden Doktorarbeiten verfasst. Einschlägige Studien belegen eindeutig, dass Vorstellungen und Erwartungen, also rein geistige Prozesse, physische Reaktionen auslösen können. Und nicht nur das.

Forscher aus den Labors der Epigenetik haben herausgefunden, dass sogar der genetische Code durch Außenfaktoren, also durch Erlebnisse, unbewusste Regungen und Einwirkungen aus der Umwelt, bleibend verändert werden kann. Die DNA reagiert auch auf elektromagnetische Reize. Diese sensationelle Erkenntnis widerlegt oder ergänzt Darwins Lehre und bestätigt, dass die Evolution nicht auf zufällige Mutationen angewiesen ist. Es sind auch gezielte Eingriffe möglich.

Die Geistesschulung, die Franz Bardon beschreibt, ist also nicht sinnlos. Ein Schüler der Hermetik, der nach einigen Jahren noch immer nicht imstande ist, Wasser in Wein zu verwandeln, hat keinen Grund zu resignieren. Wenn die Anlagen zur Entwicklung magischer Fähigkeiten nicht vorhanden sind, können sie geistig vorgebildet werden. Allerdings dauert das eine gewisse Zeit.

Die hermetische Schulung ist eine Arbeit mit dem Geist und verändert zuerst das mentale Gefüge.

Der Weg zum wahren Adepten beginnt auf der Mentalebene. Er beginnt mit der Vorstellung, dass man mit Hilfe der Geistesschulung sein Bewusstsein festigen, seine Imaginationsfähigkeit entwickeln, seine Willenskraft stärken und seine Gefühlsregungen kontrollieren will. Diese Gedanken und Zielvorstellungen sind bereits der Beginn der Verwandlung des Geistes. Die bewusste Arbeit an sich hat dann Auswirkung auf die Ordnung der seelischen Funktionen. Je nach Elemente-Schwergewicht werden sich auch die Eigenschaften des Charakters umgestalten. Die physischen Strukturen mit den Fähigkeiten zum Agieren in der Welt verändern sich, auch wenn die Voraussetzungen dazu gegeben sind, zuletzt. Deshalb reicht in der Regel ein Leben nicht aus, bis sich die angestrebten Fähigkeiten des Geistes auch in der Praxis anwenden lassen.

Dieser vorgegebene Prozess der Entwicklung lässt sich auch mit noch so viel Fleiß und Eifer nicht beschleunigen. Man kann seine geistige Vervollkommnung weder mit fanatischer Askese noch mit irgendwelchen geheimen Praktiken, Ritualen oder Pakten erzwingen. Die neuen Strukturen können nur durch die gezielte Arbeit an sich selbst und durch den Wunsch, sie zu erlangen, langsam ausgebildet werden. Man muss zuerst die mentalen Voraussetzungen dafür schaffen, ehe sie sich auch auf der grobstofflichen Ebene manifestieren können. Aber gerade dazu benötigt man die Energien der Regungen aus seinem physischen Körper und die Eindrücke aus der stofflichen Welt. Je mehr Widerstand, umso mehr Energie lässt sich aus der Überwindung seiner Regungen und Körpertriebe gewinnen und in Geisteskraft verwandeln.

Charakterschwächen sind daher kein Hindernis am Weg. Die Anforderungen des ganz normalen Alltags sind für die Entwicklung der mentalen Fähigkeiten besser geeignet als lusttötende Kasteiung oder stundenlange weltfremde Meditation. Wenn man die Erfüllung seiner täglichen Pflichten bewusst als Geistesschulung und nicht als lästige Behinderung seiner geistigen Bestrebungen betrachtet, werden die banalste Tätigkeit und die belastendste Verpflichtung zu einer "Yogaübung" und man ist auf dem hermetischen Weg.

Der entscheidende Erfolg einer hermetischen Schulung ist nicht magische Macht. Was nützt es, wenn man sich alle seine Träume mit magischen Mitteln erfüllen kann, wenn einen ständig neue Wünsche und Begierden bedrängen? Was bringt es, wenn man imstande ist, ein Wesen zu beschwören, um mit dessen Hilfe die Zuneigung eines Partners zurück zu gewinnen, wenn man gegen die Schemen der Sehnsucht und Leidenschaft, welche die Gefühle der unglücklichen Liebe hervorrufen, machtlos ist? Die unterschiedlichen elementaren Komplexe der persönlichen Wünsche und Gefühlsregungen sind genauso feinstoffliche Wesen wie die Genien und Dämonen, nur dass sie einem als persönliche Wesensteile viel näher stehen und mit einem verbunden sind und einem erst nach dem Tod gegenüber treten. Zuerst muss man mit diesen "Geistern" fertig werden, ehe man die kosmischen Wesenheiten bezwingt.

Geistige Macht und Reife zeigen daher nicht, dass man imstande ist, seine Wünsche und Bedürfnisse mit magischen Formeln oder Ritualen zu befriedigen, sondern dass man diese unerwünschten Regungen gar nicht mehr hat. Erst wenn einen keine Wünsche mehr bedrängen, die man befriedigen möchte, hat der Geist seine Freiheit und Unabhängigkeit erlangt.

Die ersten Anzeichen geistiger Entwicklung sind ein urteilsfähiger, selbstbewusster Geist, Gelassenheit und Mitgefühl in der Seele und, trotz Bedürfnislosigkeit, Erfolg im profanen Leben. Und zwar ohne Einsatz von magischen Mitteln. Erst wenn man diese völlig unspektakulären Eigenschaften errungen hat, ergeben Bardons Anweisungen ab der Stufe 4 seines Lehrwerkes einen Sinn.

Indem man mit den Übungen der hermetischen Schulung sein geistiges Wesen verändert, neu gestaltet und sich Ziel Vorstellungen der erwünschten Fähigkeiten und Eigenschaften imaginiert, schafft man sich die nötigen Wesenszellen, die zwar nicht sofort, aber spätestens in einer zukünftigen Inkarnation die geistige Grundlage für die erwünschten Eigenschaften bilden. Diese wunschgeladenen Elementale erfüllen auf der feinstofflichen Ebene die gleiche Funktion wie die genetischen Strukturen für den Körper in der grobstofflichen Welt. Die heute zur Verfügung stehenden Gene sind ja auch nicht von selbst entstanden, sondern wurden genauso von mentalen Mächten und Kräften vorgezeichnet wie die Gene des Körpers, in den man sich im nächsten Leben inkarnieren wird.

Der genetische Code für Geist und Seele wird über die Qualitäten der Planeten und Tierkreiszeichen ausgedrückt. Die dahinter wirkenden Mächte und Kräfte sind in beiden Welten wirksam und bilden wie eine Matrize die Verbindung zwischen der feinstofflichen und der grobstofflichen Welt. Es ist kein Zufall, in welchem Körper man landet. Zwar entscheiden Ort und Zeitpunkt der Geburt, welche geistigen und seelischen Eigenschaften im Irdischen eine "genetische" Entsprechung finden und sich daher gut entfalten können, aber der persönliche Charakter, die Vorstellungen, Wünsche und Strebungen, die das Bewusstsein am stärksten beschäftigen, bestimmen den Ort und die Zeit, in der man geboren wird. Ein Horoskop wird einem nicht aufgezwungen. Man kommt dann zur Welt, wenn die persönlichen Qualitäten im Einklang mit den gerade vorherrschenden kosmischen Mächten sind.

Die Anlagen für Begabungen und Fähigkeiten sind durch den Körper vorgegeben, aber in welchem Körper man das nächste Mal geboren wird, entscheidet man selbst. Für Fähigkeiten, die einem heute fehlen, kann man in seinem Geist mentale Vorbilder schaffen und die entsprechenden Geistesmuskeln trainieren, so dass sie sich zu gegebener Zeit inkarnieren können. Die gezielte Geistesschulung, die Franz Bardon beschreibt, schafft die mentalen Strukturen für einen irdischen Leib, in dem sich dann im nächsten Leben die angestrebten Eigenschaften besser entfalten können als heute. Nichts von den Bemühungen geht verloren. Die elementalen Wesenszellen vergehen nicht mit dem Tod, sondern stehen einem für das, was man bewusst verwirklichen will, in der nächsten Inkarnation wieder zur Verfügung.

Franz Bardon hat klar und verständlich beschrieben, wie Magie und Mystik in der Praxis funktionieren. Was bisher nur bruchstückhaft über Jahrhunderte verteilt übermittelt wurde, hat er in ein logisch nachvollziehbares System gebracht. Er weist einen Weg, wie man magische Fähigkeiten erlangen kann. Aber je weiter man auf diesem Weg fortschreitet, umso weniger strebt man danach. Macht wird uninteressant, Luxus bedeutungslos, Anerkennung lächerlich. Es wird einem immer deutlicher bewusst, dass man ist und wer man ist und wie wichtig es ist, dass man dieses Bewusstsein von sich selbst bewahren kann. Dazu muss man die persönlichen elementalen Wesensgeister, die es tragen, beherrschen und nicht die Geister der kosmischen Welt. Erst mit dieser Erkenntnis beginnt der Weg, den Franz Bardon beschreibt. Die Beherrschung seines Selbst gibt die Kraft und die bewusst gepflegte Vorstellung der Erkenntnis "Ich bin" ist das geheimnisvolle Licht, das diesen Weg zum wahren Adepten und zu einem wachbewussten Ich erhellt.

DIE VIERTE TAROTKARTE

"***Eingeweihter ist derjenige, der weiß, wie das Wissen zu erlangen ist, das heißt der zu fragen, die Antwort zu suchen und die richtigen Mittel anzuwenden weiß, um dorthin zu kommen. Die geistigen Übungen allein haben es ihm gelehrt - keine einzige Theorie oder Lehre, so lichtvoll sie auch sei, hätte in fähig gemacht zum "Wissen um das Wissen".***

Valentin Tomberg über die Vierte Tarot Karte
(Aus dem Buch "Die großen Arcana des Tarot")

Der Kaiser, der Pharao, der Herrscher, das Gesetz.
Auf der vierten Tarot Karte, dem vierten Blatt der Weisheit, wird zumeist eine Person dargestellt, die durch ihre Körperhaltung, mit dem Oberkörper die Dreiheit und mit den Füßen die Vier ausdrückt. Damit wird die organische Verbundenheit von Geist und Materie und der Macht des Geistes demonstriert. Das Obere ordnet und lenkt das Untere, während das geordnete Untere dazu dient, um

das gesetzgebende Obere zu erhalten. So kann sich durch den Körper der Geist vervollkommnen.

Wer sich mit Magie und Mystik beschäftigt, erkennt in dieser Gestalt den wiedergeborenen Adepten, der alles besitzt, weil er nichts mehr begehrt. Er kämpft nicht, er gebietet, er ist das Gesetz. Seine Werkzeuge sind keine Waffen als Symbol der Gewalt, sondern Insignien seiner uneingeschränkten Macht und Autorität. Sein Reich ist nicht nur von dieser Welt, sondern erstreckt sich darüber hinaus auf den Raum den sein persönliches Bewusstsein erfüllt. Sein "Volk" über das er dort gebietet sind seine Gedanken, Gefühle und Regungen aus denen sein Geist- und Seelenkörper besteht, und die sein ICH als persönliche "Wesensgeister" umgeben und Grundlage für sein Dasein sind.

Die Beschreibung der Vierten Tarot Karte, die Franz Bardon nicht mehr veröffentlichen konnte, betrifft:

1. **Das Mysterium des Erwachens:** In den Büchern der "Magie und Mystik im 3. Jahrtausend" wird erklärt, wie man sein Bewusstsein in der Vorstellung "ich bin" fixieren muss, damit man sich als Herrscher gegenüber seinen inneren Regungen und den äußeren Anregungen behaupten kann. ICHBIN ist der "Kaiser", ist das SELBST Bewusstsein das von anderen Bewusstseinsstützen unabhängig ist und auf sich selber ruht ganz gleich auf welcher Ebene es erwacht.
2. **Das Geheimnis der Anatomie und Physiologie von Geist und Seele:** In den Büchern der "Magie und Mystik im 3. Jahrtausend" wird der Bau und die Funktion des feinstofflichen Körpers beschrieben, und erklärt, wie man seine feinstofflichen Glieder und Organe trainiert und richtig gebrauchen lernt.
3. **Das Wissen von der Ernährung des Geistes und der Geister, und von den feinstofflichen Molekülen und Wesenszellen aus denen sowohl der Menschengeist als auch die kosmischen Geister bestehen:** In den Büchern der "Magie und Mystik im 3. Jahrtausend" wird aufgedeckt auf, dass sich die Götter Genien

und Dämonen von den gleichen mentalen Substanzen und Energien ernähren wie die Menschen, und es wird verraten, wie man diese Elementare und Elementale, die als Nahrung dienen, kontrolliert. Der Eingeweihte weiß, wie dieser Nahrungsaustausch funktioniert und kann davon profitieren. Wer es nicht weiß lauft in Gefahr sich wie Milliarden andere normalsterbliche Menschen in wesensfremden Sphären zu verlieren.

4. **Die Praxis der wahren Alchemie.** In den Büchern der "Magie und Mystik im 3. Jahrtausend" wird beschrieben, wie man im Diesseits das Gold für das Jenseits schürft. Es wird erklärt, wie man das Substanzielle seiner Wesens Elemente reinigt, veredelt, und in Ordnung bringt und damit die Energien seiner Triebe und Regungen in reine unvergängliche Geisteskraft transformiert. Dass sich dabei auch im Irdischen ein beträchtliches Vermögen ansammeln kamt ist ein erfreulicher Nebeneffekt. Diese Erkenntnisse sind bereits dem 5. Blatt der Weisheit entnommen.
5. **Das Gesetz der Formel des Nichts:** Die Macht der Gedanken bestimmt nicht nur das Schicksal im Diesseits, sondern kann auch das Jenseits umgestalten. Die Menschen verändern nicht nur die irdische Welt, sie greifen mit ihren Gedanken und Vorstellungen, ohne es zu merken, auch in das Jenseits und in die Welt der Götter und Dämonen ein. Sobald man diesen mentalen Mechanismus, der in den Büchern der "Magie und Mystik im 3. Jahrtausend" enthüllt wird, durchschaut, kann man sich aus dem Einflussbereich aller Götter und Dämonen befreien. Dass man auch ohne Magie, ohne Genienhilfe, und ohne Quabbalah, alleine durch sein Denken ständig das Geschehen im Diesseits und im Jenseits verändert, gehört zu den wichtigsten Einsichten die vermittelt werden können. Wird dieses Wissen von genügend vielen Menschen angenommen bricht ein neues Zeitalter an. Sobald den Menschen bewusst wird, dass sich auf den feinstofflichen Ebenen tatsächlich alle geglaubten Vorstellungen manifestieren und zu Raum füllenden Objekten und wirkenden Wesen formen, wird das zu einem Umdenken führen und einen neuen Evolutionszyklus einleiten.

Auch diese Erkenntnis stammt aus einem bisher nur von wenigen Eingeweihten verstandenem Blatt der Weisheit. Es ist das Mysterium der Tarot Karte 0, der Tor, der Narr, der nicht weiß, dass in der Einfalt seiner Gedanken alle Macht der Welt verborgen liegt, und jeder ein Narr ist der seine Möglichkeiten nicht nützt. Die einfache "Gedankenmagie" des Prentice Mulford ist genauso wirkungsvoll wie die komplizierten Techniken, die in den weiteren 21 Blättern der Weisheit gelehrt werden und sich der komplexeren mentalen Mechanismen der Schöpfung bedienen. Sämtliche Phänomene der Magie und Mystik, ganz gleich, auf welcher Ebene und Sphäre, können sich nur über die Macht und Kraft der Gedankenbilder manifestieren, ganz gleich ob das Vorgestellte bewusst von einem Eingeweihten oder unbewusst von einem Narren gebildet wird. Gedanken und Vorstellungen, selbst die flüchtigsten, sind auf der Mentalebene wie Worte, werden gehört und hinterlassen Spuren. In dem volkstümlichen Kartenspiel Tarock, das bekanntlich aus den Blättern der Weisheit hervorging, hat sich diese Erkenntnis erhalten. Der Jolly Joker sticht alle anderen Karten. Der Hofnarr war in der Regel weiser als der König und durfte am Hof ungestraft seine Meinung aussprechen. Das hob ihn im Rang über alle anderen Höflinge und Vertreter der Macht. Die Karte 0 wird in der hermetischen Tradition aber auch an das Ende des Erkenntnisweges gestellt. Denn ein Narr ist auch, wer sich von Göttern und Genien, oder deren Handlangern den Priestern, "Meistern" und "Gurus", Gedanken eingeben lässt, die seine Entfaltung behindern und die mentalen Welten verdunkeln und begrenzen.

Wer nur in den Schriften der Traditionen nach Erkenntnissen sucht und nicht in sich selbst, ist am Ende des Weges nicht klüger als zuvor.

NACHWORT ZUR NEUAUFLAGE 2022 STEJNAR VERLAG

Franz Bardon beschreibt in drei Bänden sowohl die Wirkweise der Magie und Mystik als auch die Voraussetzungen, die dazu nötig sind, dass man die beschriebenen Mächte und Kräfte auch beherrscht. Sein stufenweiser Lehrgang ist logisch aufgebaut, gut verständlich und eröffnet völlig neue Einblicke in die geheimnisvollen Mechanismen vom bewussten Geist und den Sphären der Geister.

Die Instruktionen liefern sensationelle Erkenntnisse und sind nicht nur für die Theorie, sondern auch für die Praxis gedacht. Da werden keine philosophischen Thesen, religiöse Glaubensvorstellungen oder esoterische Phantasien, sondern ganz konkrete Fakten zum Begreifen und Ergreifen des Unbegreiflichen vor Augen gestellt. Bardons Bücher führen die Magie des Mittelalters in die moderne Geisteswissenschaft.

Der Fehler

Wie in diesem Buch bereits festgestellt wurde, ist bei der Veröffentlichung seines Werkes: "Die Praxis der magischen Evokation" ein Fehler passiert: Die angeführten Namen der Sonnen- und Mondgenien werden falsch wiedergegeben. Würde man sie so verwenden, könnte das in der Praxis unangenehme Folgen haben. Ich habe meine Leser bereits in den Lehrbriefen und Meisterbüchern darauf aufmerksam gemacht. 1988 erschien dann auch in der Zeitschrift "Anubis" ein Artikel, in dem Frater Erec auf meine Entdeckung der Fehler hinwies. Siehe Anhang, Seite 252. In der 2010 veröffentlichten Erstauflage des vorliegenden Buches habe ich nochmals den Sachverhalt erklärt. Trotzdem gibt es immer noch Bardon Schüler, die nicht verstehen, worum es geht. Dabei ist alles ganz einfach:

Die angegebenen Namen der Genien von der Mond- und Sonnensphäre wurden in der Geheimschrift belassen, mit der Wilhelm Quintscher und die Mitglieder seiner magischen Forschungsgruppe,

der auch Bardon eine zeitlang angehörte, die Ergebnisse ihrer Experimente dokumentierten. Magische Formeln und Namen von Wesen schrieben sie grundsätzlich in dieser Geheimschrift, für die sie außerdem phönizische Buchstaben verwendeten. Auch Franz Bardon gebrauchte diesen Code.

Die Geheimschrift

Nachstehend der Schlüssel, mit dem die angegebenen Namen für die Sonnen- und Mondebene zu übersetzen sind: Ein A bei Bardon ist als E zu schreiben, ein B ist ein R, CH ist H, D ist M, E ist A, F ist V, G ist W, I ist O, K ist Z, L ist S, LH ist SCH, M ist L, N ist G, O ist U, R ist T, S ist N, P ist F, T ist B, TZ ist K, U ist I, V ist D, W ist P, Y ist J, ZH ist CH, Z ist C.

Übersetzt ergeben die angeführten 28 Namen der "Mondgenien" die bekannten 28 Mondstationen, und die entschlüsselten 45 Namen der "Sonnengenien" entpuppen sich als Namen von Fixsternen.

Es handelt sich also, sowohl bei den Mondgenien als auch bei den Genien der Sonnensphären, nicht um die Namen von Intelligenzen oder um die Beschreibung ihrer Eigenschaften, sondern um astronomisch berechenbare Orte, damit man die kosmische Zeitqualität berechnen kann.

Die Folgen

Werden diese falschen Namen für Anrufungen verwendet, würde man damit keine Wesen ansprechen, sondern Elementare seiner Erwartung bezeichnen und ins Leben rufen.

Das ist nicht unbedingt eine Katastrophe, denn auch diese Schemen können, wie alle mit einem Namen bezeichneten Vorstellungen, eine zeitlang hilfreich sein. Aber nach und nach, wenn man sie nicht auflöst oder vergisst, entwickeln sich die ins Leben gerufenen Geister zu Geistschmarotzern. Denn sobald sich der Wunsch, den man mit ihnen verbindet, erfüllt, würden sie ihre Daseinsgrundlage verlieren und sich auflösen. Sie werden einen daher so zum Denken und Handeln inspirieren, dass neue Probleme oder Wünsche entstehen, und man weiter fleißig Formeln rezitiert, Engel oder Götter anruft und Geister beschwört. Die Erwartung auf Erfüllung der Wünsche, und vor allem der Glaube und die Lust an der Beschäftigung mit Mystik und Magie, sind das Lebenselixier der ungewollt gezeugten Larven. Es gibt Tausende fromme Mystikerinnen und unglückliche Magier, die sich auf diese Weise Phantome züchteten, die im Weiteren ihr Leben dominieren.

Evokationsversuche mit den Namen der Mondstationen sind auch deshalb riskant, weil einige der angegebenen Siegel vertauscht wurden und die Symbole andere Qualitäten darstellen als jene, die nach der Beschreibung zu erwarten sind. In der Neuauflage des "Thebaischen Kalender" (2022 Stejnar Verlag) gehe ich näher auf diese Ungereimtheiten ein und untersuche die Frage, woher die vielen Geister- Namen und -Siegel eigentlich stammen.

Noch problematischer wird es, wenn man die angeführten falschen Namen quabbalistisch verwendet, wie es Bardon in seinem Buch "Der Schlüssel zur wahren Quabbalah" Stufe XI empfiehlt. Er schreibt:

"*Will sich der Quabbalist die Fähigkeiten oder Kräfte eines Wesens aneignen, so gebraucht er den Namen des Wesens als Formel. Wenn also der Quabbalist irgendeine Fähigkeit eines Vorstehers selbst besitzen will, so muss er den Namen des Vorstehers quabbalistisch dem Viererschlüssel - Realisierungsschlüssel - gemäß akashamäßig, mentalisch, astralisch oder grobstofflich anwenden.*"

Dass diese von Bardon beschriebene Praktik, wenn man dazu falsche Namen gebraucht, fatale Folgen haben kann, ist klar. Es ist nicht abzusehen, welche Eigenschaft man sich, zum Beispiel mit der "quabbalistischen Formel" EMTIRCHEYUD, das ist nach Bardon der Name des zweiten Mondvorstehers, einverleiben würde. EMTIRCHEYUD ergibt mit dem Schlüssel übersetzt: ALBOTHAIM. Das ist die arabische Bezeichnung für die zweite Mondstation, die mit dem dreizehnten Grad des Widders beginnt, und Bauch des Widders bedeutet. Es ist eine Ortsbezeichnung und nicht der Name der Intelligenz, die für diese Mondstation zuständig ist.

Dasselbe gilt auch für alle anderen Namen, mit denen in Bardons "Praxis der magischen Evokation" die Genien des Mondes und der Sonne bezeichnet werden. Die eigentlichen Namen der Sonnen- und Mond- Intelligenzen erwähnt Bardon nicht. Man findet sie bei Agrippa von Nettesheim, Pierre Piobb und in den vielen anderen Büchern über Mond- und Fixsternastrologie.

Faktencheck

Meine Erkenntnisse sind keine Behauptungen oder Thesen, sondern Fakten, die jeder nachprüfen kann. Prof. Adolf Hembergers Publikationen über Wilhelm Quintscher und seinen magischen "Orden Mentalistischer Bauherrn" sind in der Universitätsbibliothek der Justus-Liebig-Universität, Giessen einzusehen. Die Schriften, Lehrbriefe und Protokolle von den magischen Experimenten der Quintscher Loge sind auch über das "Archiv Hermetischer Texte" zu beziehen.

Es ist erstaunlich, dass es trotz aller Offenlegungen und Belege noch immer Zweifler an der Tatsache dieser Namensvertauschung und an der Richtigkeit meiner Darstellung gibt. Wer glaubt, Franz Bardon habe diese schwerwiegenden Fehler, die unvorhersehbare Folgen für den Praktiker haben können, gewollt und bewusst nicht korrigiert, beweist, dass der Betreffende keine Ahnung von Magie und Mystik hat.

Wer sich nicht die Zeit nimmt, um mit dem angeführten Schlüssel die Namen zu übersetzen, wer sich nicht über die Magie der Mondstationen und Fixsterne informiert, wer nur glaubt und nicht denkt, der wird kaum in der Lage sein, den Instruktionen des Franz Bardon zu folgen.

Die wichtigste Erkenntnis in der Magie und Mystik ist: Wer glaubt, ohne zu prüfen, wird von den Göttern und Genien zum Sklaven gemacht.

Bardon, der Autor

Es wird sich nicht klären lassen, wie es zu den Fehlern in Bardons "Praxis der magischen Evokation" kommen konnte. Bardon verbrachte jeden Monat eine Woche in Prag. In dieser Zeit behandelte er nicht nur Hunderte Patienten, sondern diktierte der Frau Votavova auch die Texte für seine Bücher. Sie hat erst später ihre stenographischen Aufzeichnungen in die Schreibmaschine getippt. Bei dem ungeheuren Zeitdruck, unter dem er aufgrund der vielen Patienten, die auf ihn warteten, stand, ist nicht anzunehmen, dass er sich die Zeit nahm, das Geschriebene eingehend zu überprüfen.

Wir wissen, dass aufgrund der strengen Grenzkontrollen zwischen Deutschland und Tschechien die Überstellung der Manuskripte an den Bauer Verlag durch Boten und nicht auf dem Postweg besorgt wurde. Um einen Totalverlust bei einer Kontrolle zu vermeiden, hat man die Manuskripte zerlegt und aufgeteilt. Dass dabei die Seite mit dem Schlüssel für die Geheimschrift verloren ging oder später bei Drucklegung übersehen wurde, ist leicht möglich.

Wir wissen nicht, wann Bardon seine Bücher, nachdem sie gedruckt waren, erhalten hat, und ob er den Inhalt im Nachhinein kontrollierte. Aus einem Brief von Frau Votavova geht hervor: "*dass Bardon vom Weg zum wahren Adepten, selbst nachdem bereits die zweite Auflage erschienen war, noch immer kein Belegexemplar erhalten hat.*"

Aus eigener Erfahrung kann ich sagen, ich habe keines meiner 13 Bücher nach der Veröffentlichung überprüft. Ich vertraue voll meinen Mitarbeiterinnen Doris Rittberger und Christine Knapp und bin überzeugt, dass immer alles stimmt. Genauso ist anzunehmen, dass sich Franz Bardon auf seine Vertrauten Otti Votavova und Marie Pravica verlassen hat.

Bardon, der Adept

Einige Bardon Schüler wollen nicht wahrhaben, dass der Meister Fehler macht. Aber nur, weil jemand herausragende Fähigkeiten besitzt, bedeutet das nicht, dass er unfehlbar ist und keine Schwächen hat. Bardon war ein ganz normaler Mensch und hatte wie jeder, der in einem Menschenkörper lebt, eine Verdauung, Leidenschaften und Emotionen.

Bardons Verdienst ist nicht, dass er die Namen und Siegel von den Genien der hierarchisch gegliederten Urideen, die er Erdgürtelzone und Planetensphären nennt, veröffentlichte. Die meisten dieser personifizierten Mächte und Kräfte waren seit Jahrhunderten bekannt. Unzählige quabbalistische Schriften und Zauberbücher beschäftigten sich damit. Agrippa von Nettesheim listet sie alle auf. Auch wenn ihre Eigenschaften und Aufgaben, die sie in der heutigen modernen Zeit zu erfüllen haben, nicht so ausführlich beschrieben wurden wie in Bardons Buch, man wusste von diesen Geistern und Intelligenzen.

Was Bardons Werk auszeichnet ist, dass er, erstmals in der Geschichte der Magie, nicht nur den Vorgang einer magischen Evokation, sondern auch die mentalen Bedingungen, die für eine erfolgreiche Kontaktaufnahme mit geistigen Wesen nötig sind, beschreibt.

- Und zwar nicht nur die wahre Bedeutung von dem Kreis, in dem man steht und von dem Dreieck, in dem das Wesen erscheinen soll, sondern, wie man den Raum für die Wesen mit Farbe, Licht und ihrem Element imprägniert.
- Er erklärt nicht nur die Bedeutung der magischen Werkzeuge, die man verwendet, Stab, Schwert, Räuchergefäß, Lampe usw., sondern auch, dass man sämtliche magischen Hilfsmittel und Bewusstseinstützen mit seiner Imagination auf der geistigen Ebene nachbilden muss, weil sie sonst für die Wesen nicht sichtbar sind.
- Er beschreibt nicht nur, wie man Genien ruft und kontaktiert,

sondern gibt auch die unverschlüsselten Anleitungen, wie man die Fähigkeiten, die man für eine Evokation oder den Einblick in höhere Sphären benötigt, erlangt.

Alle diese mentalen Voraussetzungen, ohne die eine erfolgreiche Kontaktaufnahme mit Wesen nicht funktioniert, sowie die systematisch aufgebaute Geist- und Seelenschulung, mit der man diese Fähigkeiten erlangt, waren zuvor nicht bekannt.

Bardon und der Weg.

Der Einweihungsweg, den Bardon beschreibt, ist völlig neu. Da scheiden sich die Wege zwischen Zauberei und Magie. Das Wirken der Mächte und Kräfte, und wie man sie beherrschen lernt, wurde noch nie so klar und verständlich erklärt.

- **Die vier Elemente:** Seit Aristoteles wird darüber spekuliert. Aber erst Franz Bardon erklärt das Mysterium des vierpoligen Magneten, und wie man die Energien und Urqualitäten der Elemente verdichten und auflösen kann. Er beschreibt, dass die vier kosmischen Elemente auch die Glieder und Organe des Bewusstseins sind, und wie man sie entwickelt, beherrscht und gebraucht. Das Feuer als Organ des Willens. Die Luft als Organ des Denkens. Das Wasser als Organ des Fühlens. Und die Erde als Organ des Bewusstseins. Er beschreibt die Manifestation der vier Elemente auf den drei Ebenen in Form der Gedankenbilder auf der Mentalebene, in Form der Gefühlsströme auf der Astralebene und in Form der Empfindungen auf der physischen Ebene.
- **Kundalini, die Zeugungskraft:** Imaginationsübungen und Willenschulung als Schlüssel zur geistigen Macht.
- **Qualität und Quantität:** Also der Unterschied zwischen Macht und Kraft. Wer diese zwei Manifestationen und Bestrebungen jeder Form und jeder Energie, ganz gleich auf welcher Ebene, nicht kennt und berücksichtigt, wird niemals magisch wirken können.

- **Die 2 Fluide** und wie man sie induktiv und deduktiv beherrscht. Bardon beschreibt das elektrische und magnetische Prinzip nicht als etwas Abstraktes, das irgendwo kreist oder hinauf und hinunter fließt, sondern als ganz konkrete Macht, die man verdichten und lösen, ergreifen und übertragen kann.
- **Das 5. Element:** Das Akasha des Universums, das alles durchdringt und alles erfasst, und wie man sich in sein persönliches Akasha und aus diesem Zustand auf andere Ebenen und in andere Sphären versetzt.
- **Die 3 Ebenen** und wie man sie in sich und in jeder Sphäre bewusst erlebt: Die Mentalebene, auf der sich der vernünftige Umgang mit seinen Gedanken und Vorstellungen manifestiert. Die Astralebene, auf der sich die Gefühle zu Wesen und Landschaften formen. Und die grobstoffliche Ebene, auf der die physische Materie Empfindungen und Bilder dem Bewusstsein vor Augen stellt.
- **Hilfsgeister:** Die bewusste Erschaffung von Elementalen und Elementaren als Hilfsgeister und das Entstehen der unbewusst gezeugten Schemen, Larven und Phantome. Dieses Wissen ist ganz wichtig, denn unsere Forschungen haben ergeben, dass es diese mentalen Kleinstwesen sind, die den Kontakt zu anderen Wesen und zu den Genien herstellen. Mehr dazu im 13. Buch "Gnosis Tantra Quabbalah" (Stejnar Verlag).
- **Quabbalah:** Bardon beschreibt, wie man auch ohne Genien und Geister anzurufen, mit Hilfe der Quabbalah, durch richtiges Aussprechen der für die Gestaltung der Welt zugeordneten Buchstaben, schöpferisch wirken kann. Und er verrät, wie man den dazu nötigen feinstofflichen Lichtleib mit den Buchstaben gestaltet und formt.
- **Das verlorene Wort:** Nicht das Wort ging verloren, wie die Freimaurer meinen, sondern die richtige Aussprache ist nicht bekannt. Richtig aussprechen bedeutet nach Bardon, dass man den Willen, den Intellekt, das Gefühl und das Bewusstsein gleichzeitig auf die mit einem Buchstaben verknüpfte Vorstellung richtet. Dazu wird jeder bewusst ausgesprochene Buch-

stabe mit einer Farbe, einem Ton und einer Empfindung verbunden. Indem man solchermaßen die Buchstaben mit vier unterschiedlichen, gleichzeitig imaginierten Frequenzen ausspricht, wird der Geist direkt geformt und bewegt, so dass man ohne Vermittler geistig wirken kann.

Bardons Werk und das Ziel

Bardon geht in seinem Lehrwerk der Hermetik systematisch und der Reihe nach vor. Im ersten Band lehrt er, wie man die vier Elemente in sich und um sich beherrscht und als geistige Glieder gebraucht. Im zweiten Band beschreibt er, wie man durch Personifizierung einer Macht und Kraft die Eigenschaften der höheren Wesen nützt. Und im dritten Band erklärt er die Quabbalah - nämlich wie man sich mit Buchstaben als Werkzeug einen feinstofflichen Körper gestaltet, mit dem man schöpferisch wirken kann.

Franz Bardon weist mit seinen 3 Büchern einen Weg. Aber das Ziel ist nicht Hilfsgeister erschaffen und Wesen beschwören. Das Ziel ist die Vervollkommnung von Seele und Geist. Die Übungen sollen die eigene Entwicklung fördern. Das sollte auch das Ziel der Leser sein. Denn mit den Fähigkeiten, die man durch die bewusste Geistesschulung erlangt, beherrscht man nicht nur die Geister, sondern auch sich selbst. Und wer sich selbst beherrscht, beherrscht auch sein Schicksal und sein Leben. Ganz ohne Magie erfüllen sich Wünsche, realisieren sich Hoffnungen, verschwinden Probleme und man fühlt sich frei.

Die Geistesschulung, die Bardon beschreibt, hat auch für die Zeit nach dem Ablegen des physischen Körpers eine große Bedeutung. Auch im sogenannten Jenseits entscheidet der geschulte Wille, was man bewirken kann. Wohlbefinden, Macht und Einfluss hängen auch im körperlosen Zustand von der Konzentrations- und Imaginationsfähigkeit ab. Das Gold im Jenseits ist Geisteskraft. Das Ziel ist also nicht, mit Magie über die Welt und die Geister zu herrschen, sondern sich selbst so zu gestalten, dass einen die Welt und die Geister nicht mehr beherrschen können. Weder im Diesseits noch jenseits davon.

ANHANG

BARDONS GENIEN UND DIE ABRAMELIN-MAGIE

Aus "Anubis" Nr. 10, Dezember 1988

1988 erschien im Verlag Diederichs eine viel beachtete Neuauflage des "Buches der wahren Praktik in der göttlichen Magie" des Abraham von Worms. Die kritische Textausgabe samt Kommentar und Fallbeispielen lenkt nun wieder verstärktes Interesse auf diesen Klassiker der Magie. Die eigentliche Sensation fand jedoch schon einige Monate zuvor statt: In geringer Auflage vervielfältigt, erschien eine unauffällige Schrift unter dem etwas irreführenden Titel "Schutzengelbuch". Der Autor, Emil Stejnar, schildert dabei jedoch eine Entdeckung von großer Bedeutung für die Geschichte des Okkultismus: Franz Bardon, dessen Bücher den deutschsprachigen Okkultismus in den ersten Nachkriegsjahrzehnten stark beeinflusst haben, schöpfte aus der Abramelin-Magie!

Der Autor des vorliegenden Artikels setzt sich mit Stejnar und seiner Schule auseinander. Der Zugang zu dieser Disziplin wird manchem pragmatischen Magier nicht ganz leicht fallen: Stejnar fühlt sich der traditionellen Magie mit ihrem Geister-Modell verbunden, und viele seiner Formulierungen (Reizwort "Engel") stoßen selbstverständlich auf inneren Widerstand bei der Generation des ausgehenden 20. Jahrhunderts. Man sollte jedoch nicht den Fehler begehen, über Weltanschaulichkeiten zu debattieren und dabei die Praxis zu vergessen. Jede magische Theorie - ob man nun "Geister beschwört", "Energien ausstrahlt", "das Unbewusste parapsychisch programmiert" oder "Informationsfelder gestaltet" - ist nur ein Gleichnis, ein Symbol, die Beschreibung ein und desselben Vorgangs. Das magische Geschehen wird immer nur in den Schablonen des jeweiligen Weltbildes wahr-genommen; spricht immer die Sprache des Empfängers. Kein Modell ist "richtiger" als die anderen. Vom praktischen Gesichtspunkt gesehen zeigt Stejnars Methode, wenn man der wachsenden Anhängerschaft Glauben schenkt, große Wirksamkeit.

Frater Erec

Für einiges Aufsehen in der deutschsprachigen Okkultszene sorgt seit einigen Monaten das "Schutzengelbuch" des Wiener Okkultisten Stejnar; denn was da auf den ersten Blick als Buch voll Moral und Frömmigkeit erscheint, ist in Wirklichkeit eine neue, hochwirksame Anleitung zur Kontaktherstellung mit den Geistern der Magie Abramelins. Der Autor ist ein Bardon- Schüler und legte schon mit seinen "Exerzitien für Freimaurer" einen Schlüssel vor, nämlich den zur Magie der Freimaurer. Im "Schutzengelbuch" beschreibt er, wie man die Tür zur Welt der Genien öffnet. Durch die Methode der mystischen Evokation ist es auch magisch Ungeschulten möglich, mit bestimmten Wesenheiten Kontakt aufzunehmen.

Erstmals wurden diese Genien von dem Juden Abraham von Worms beschrieben. 1387 hat er in seinem "Buch der wahren Praktik göttlicher Magie" einige hundert Namen bekanntgegeben und auch die Methode, wie deren Siegel (die zur Anrufung nötig sind) zu erhalten sind. Von diesem Buch sind im Lauf der Jahrhunderte verschiedene Auflagen mit unterschiedlichem Titel erschienen.

Jeder, der sich ernsthaft mit Magie beschäftigte, hat sich früher oder später mit dem System des Abramelin auseinandergesetzt. Das Buch wurde wie kein anderes geschätzt, und es scheint, als hätten viele Forscher der Hermetik den Einstieg überhaupt erst mit Hilfe dieses Werkes geschafft. Crowley, Papus, Levi und Mussalam haben mit ihm angeblich erfolgreich die Beschwörung ihres Engels vorgenommen. Dion Fortune bezeichnet es sogar als das mächtigste und vollständigste uns bekannte System der Magie.

Leider ist das Buch in seiner heutigen Form der deutschen und englischen Übersetzung so verstümmelt, dass es für die Praxis völlig wertlos wurde. Obwohl es nach wie vor zu den meistverkauften Büchern der Magie zählt, ist Stejnar nach Crowley einer der wenigen, der wieder Kontakt zu diesen Genien herstellen konnte - und er entwickelte ein für jedermann nachvollziehbares System, mit dem auch andere erfolgreich arbeiten können.

Stejnar verdankt seinen Erfolg einem seltenen Nachdruck von 1725. Obwohl er den eigentlichen Inhalt schon kannte, war er von dem alten Band so fasziniert, dass er beschloss, die eineinhalb

Jahre lang dauernden Exerzitien tatsächlich durchzuführen.

Was das Ritual verlangt, ist einfach und leicht zu erfüllen. Jeder Schamane muss weitaus schwierigere Proben durchlaufen, als Abramelin sie von seinen Lesern fordert. Die magischen Utensilien sind einfach zu beschaffen: Abgesehen von einem eigenen Gebetsraum sind Altar, Stirnbinde, Stab, Öl und Räuchermittel das ganze Zubehör. Außerdem muss der Adept ein ehrliches und zurückgezogenes Leben führen. Er soll während der Zeit der Exerzitien nur Sozialberufe oder künstlerische und handwerkliche Tätigkeiten ausüben, jedoch keine Geschäfte führen. Einsamkeit, Fasten, Gebet und Meditation bewirken, dass der Neophyt nach Ablauf der 18 Monate seine Medialität so weit gesteigert hat, dass er die Mitteilungen seines persönlichen Genius erfasst und versteht.

In einer besonderen Zeremonie (ein Kind ist als Medium vorgesehen) werden dann die Siegel der Genien auf einer ölbeschichteten Silberplatte sichtbar. Mit diesen Sigillen sind die Wesen nun jederzeit ansprechbar und zu Diensten.

Lassen wir Stejnar selbst erzählen:

"Ich hielt mich ganz genau an die Anleitungen des alten Buches. Ich wohnte damals noch in einem großen Mietshaus. Als die Nebenwohnung in meiner Etage frei wurde, richtete ich mich dort ein, getrennt von meiner Familie, aber doch nah genug, um versorgt zu sein: Schlafraum, Gebetskammer und die Räume für meine astrologische Beratungstätigkeit. Mein Juweliergeschäft verkaufte ich, um mich ganz dem Werk widmen zu können. Es bereitete mir keine Schwierigkeiten, die vorgeschriebene Lebensweise zu erfüllen. Ich war schon seit 20 Jahren auf dem WEG und mit den verschiedensten Praktiken wohl vertraut.

Im Laufe eines Jahres konnte ich jedoch - außer einer verstärkten Hellsichtigkeit, die mich bei meinen astrologischen Lebensberatungen mehr störte, als dass sie mir half - nichts Wesentliches feststellen. Erst gegen Ende des letzten halben Jahres traten Ereignisse auf, die zusammen mit Erlebnissen, über die ich jetzt nicht berichten will, deutliche innere Veränderungen bewirkten. Das zeigte sich vor allem in immer häufiger auftretenden luziden Träumen und der Fähigkeit, nach der zweiten oder dritten Traumphase bewusst den physischen Körper zu verlassen. Kurz vor Ende der Exerzitien geschah dann folgendes:

Bei einer Meditation eingeschlafen, träumte ich, dass es nun so weit wäre und ich das Ritual zur Sichtbarmachung der Sigillen vollzöge. Ich erlebte dabei, wie ich in rascher Folge auf der Silberplatte Siegel sah und diese abzeichnete. Dabei hatte ich das bestimmte Gefühl, diese Siegel schon zu kennen. Beim zehnten Siegel hörte ich mich deutlich sagen: "Das ist doch Bardons Milon von der Erdgürtelzone" - und erwachte.

Dies war mit Sicherheit kein außerkörperliches Erlebnis, sondern eine sehr lebhafte Vision, wie ich sie später noch oft erleben konnte, wenn mir ein Wesen etwas mitteilen wollte. Vermutlich ist der Kontakt für beide Seiten leichter, wenn man sich "in der Mitte" trifft, ohne dass einer seine eigene Ebene zu verlassen braucht. Es braucht also kein Bewusstseinsträger für die andere Ebene geschaffen zu werden (z.B. "Astralkörper"), sondern es reicht, wenn für die Verständigung die Gedankenbilder verstärkt werden.

Ich holte sofort beide Bücher und verglich, wie schon so oft zuvor, die Namen der Geister Abramelins mit den Genien Bardons. Und diesmal merkte ich es sofort: Der Unterschied ist lediglich in der Reihenfolge zu finden, in der die 360 Namen angeführt sind. Bardon hat die Genien in der Gradfolge der zwölf Tierkreisabschnitte gebracht, jeweils mit dem ersten Grad eines Zeichens beginnend und mit dem dreißigsten endend. Abraham von Worms dagegen beschreibt die 360 Vorsteher in einer anderen Reihenfolge. So fasst er zuerst alle zwölf ersten Grade eines jeden Tierkreisabschnittes zusammen und bringt dann die zwölf zweiten Grade und so fort. Dies nicht ganz grundlos, denn wie ich später erkannte, besteht auch zwischen den einzelnen Grad Vorstehern eines jeden Zeichens ein bestimmter Zusammenhang. So sind z.B. alle ersten und zweiten Grade positiv elektrisch, arbeiten mit dem elektrischen Fluid des Feuerelements und sind zuständig für alles was mit

Schaffenskraft, Persönlichkeit und Stärke zu tun hat. Die neunten, zehnten Grade sowie die neunzehnten, zwanzigsten, neunundzwanzigsten und dreißigsten Grade dagegen haben in irgendeiner Form mit dem Wasserelement oder dem magnetischen Fluid zu tun.

Durch das Gesetz der Polarität sind auch die Einflüsse aus der Erdgürtelzone den Elementen analog geordnet, und die Vorsteher bedienen sich der zuständigen Wesen zur Ausführung der Arbeit im grobmateriellen Bereich. Das hat dann zu der falschen Annahme geführt, die von der katholischen Kirche verteufelten Fürsten der Elemente, wie Luzifer, Belial, Santania usw. stünden über den Vorstehern des Erdgürtels, also der Ekliptik. In Wirklichkeit aber ist es so, dass z.B. der Genius Malacha, die zweite Intelligenz im Abschnitt Widder, sich der Untergebenen des Fürsten Luzifer bedient, wobei auch das nicht Malacha selbst, sondern eine ihm untergeordnete Wesenheit bewirkt.

Aber nicht nur die Quantität - die fünf Elemente - verbinden die Vorsteher untereinander, sondern auch deren Auswirkung, also die Qualität. So haben z.B. die jeweils sechsundzwanzigsten und siebenundzwanzigsten Grade eines jeden Zeichens in irgendeiner Weise mit Transformation, also Magie, zu tun. Den einundzwanzigsten und zweiundzwanzigsten Gradvorstehern untersteht die Obrigkeit und Gerechtigkeit. Im Umraum der dritten und vierten Grade befinden sich die Vorsteher für Liebe, Sex und Sexualmagie. Für die Praxis ist es natürlich von großem Wert, wenn man für einen bestimmten Wunsch mehr als nur einen Vorsteher beauftragt und dabei gleich das richtige Team zusammenstellt. Paschan, der hundertneunundsechzigste Vorsteher, hat mir dieses Wissen vermittelt und mich so inspiriert, meine hochwirksamen Amulette richtig zu gestalten und diese zum besten Zeitpunkt aufzuladen. Denn die einzelnen Vorsteher arbeiten nicht nur gemeinsam, sondern sind auch zu bestimmten Zeiten leichter zu erreichen. Das alles wurde mir erst später, nach und nach, bei meinen Kontakten mit verschiedenen Intelligenzen, bewusst. Vorerst erkannte ich nur, dass ich die zu den Namen zugehörigen Siegel bereits hatte, und konnte das 18 Monate dauernde Experiment sieben Tage früher als vorgeschrieben beenden."

Auch wenn die Geschichte abenteuerlich klingt, ist nicht daran zu zweifeln, dass Stejnar die Wahrheit sagt und Kontakt mit den Genien aufnehmen konnte. Obwohl Zigtausende Leser der Bardon-Bücher auch das Abramelin-Buch studierten, ist keinem von ihnen aufgefallen, dass die Geister und Genien miteinander ident sind. Es ist mehr als nur Zufall, dass ihm die Siegel gerade dann geoffenbart wurden, als die 18 Monate um waren. Statt sie auf der Silberplatte zu sehen, fand er sie in Bardons Buch. Der Erfolg zählt. Crowley z.B. beschreibt die Beschwörung eines Geistes zur Hebung eines Schatzes, wobei er dann, statt einen Schatz zu finden, eine Erbschaft machte.

Stejnar konnte jedoch noch weitere Beweise für seine Verbindung zu den Genien erbringen. So nahm er Kontakt mit dem zwölften und vierzigsten Vorsteher der Erdzone auf, um mehr über die Genien der Sonnen- und Mondebene zu erfahren. Zu seiner Überraschung stellte sich heraus, dass die Namen dieser Genien, die in Bardons "Praxis der magischen Evokation" angeführt sind, dort völlig falsch sind. Wir zitieren dazu aus Stejnars "Das Schutzengelbuch", Seite 4:

"Die Namen der Genien aus der Sonnen- und Mondhierarchie sind außerdem durch einen bedauerlichen Fehler des Verlages in der Geheimschrift belassen, welche Franz Bardon und seine Freunde für ihre Aufzeichnungen verwendeten. Zwei Engel, Concarion für die Mondsphäre und Bialoth für die Sonnensphäre, haben mich auf diesen Fehler aufmerksam gemacht, als ich mich bei meinen okkulten Forschungen mit der Mond- und Sonnenebene beschäftigte. Die entschlüsselten Namen der Mondebene decken sich in Wirklichkeit exakt mit den alten Überlieferungen der 28 Mondstationen, wie sie in verschiedenen okkulten Werken, z.B. von Agrippa von Nettesheim, aufscheinen. Die 45 Sonnenengel dagegen ergeben entschlüsselt bekannte Namen von Fixsternen. Es handelt sich aber dabei nicht um die eigentlichen Namen der Wesen; die Fixsterne bzw. die Mondstationen erleichtern nur das Auffinden des besten Zeitpunktes für eine Kontaktaufnahme mit diesen Wesen, welche diesem Umraum vorstehen. Ich gebe nachstehend den

Schlüssel dieser Geheimschrift weiter, um endlich diese Fehler, für die Franz Bardon keine Schuld trifft, aus der Welt zu schaffen. Er starb kurz nach Drucklegung seiner Werke in der Tschechoslowakei. Das Manuskript musste damals in den Westen gebracht werden, und er hatte keine Möglichkeit mehr zu einer Berichtigung.

Der erste Genius der Sonnenengel lautet bei Bardon Emnasut, entschlüsselt ergibt sich Algenib, das ist ein Fixstern im Sternbild Widder. Der zweite Sonnenengel Lubech wird entschlüsselt zum Fixstern Sirah, der dritte heißt nach Bardon Teras, das ergibt den Fixsternnamen Baten, ebenfalls im Sternbild Widder usf. Das gleiche gilt für die 28 Mondstationen.

Ein A bei Bardon ist als E zu schreiben, ein B bei Bardon gilt für R, CH ist H, D ist M, E ist A, F ist V, G ist W, I ist O, K ist Z, L ist S, LH ist SCH, M ist L, N ist G, O ist U, R ist T, S ist N, P ist F, T ist B, TZ ist K, U ist I, V ist D, W ist P, Y ist J, ZH ist CH. Z ist C.

Nach diesem Schlüssel sind alle übrigen Namen der Sonnen- und Mondorte richtig übertragbar. Die Engel, die sich so auffinden lassen, sind aber nur hohen Eingeweihten zugänglich und den Pilgern dieses Bundes nicht verpflichtet. Die Namen der Engel, die hinter diesen Mondstationen und Fixsternorten stehen, sowie die Zeitberechnung für deren Anrufung werde ich vielleicht im zweiten Band, dem Buch für die Priester und Meister, noch beschreiben. Auch die einzelnen Engel unseres Bundes sind zu bestimmten Zeiten leichter anzurufen als die anderen. Jeder nimmt einen bestimmten Grad in der Ekliptik ein und hat vier Minuten, wo er an jedem Tag am leichtesten erreichbar ist. Für die Pilger ist das jedoch nicht von Bedeutung, da vorerst nur ein passiver Kontakt mit den Engeln angestrebt wird, und der ist jederzeit möglich. Ich werde daher darüber erst die Meister aufklären. Die geistige Einstellung auf die Eigenschaften des angerufenen Engels ist viel wichtiger als sein Name und Siegel. Franz Bardon hat sich persönlich auf die jeweilige Ebene jedes Engels versetzt und 360 Orte der Erdgürtelzone qualitativ beschrieben. Die Namen der diesen Orten vorstehenden Engel stammen aus älteren Aufzeichnungen und sind im Buch "Die Praxis der magischen Evokation" leider ebenfalls teilweise unrichtig angeführt. Zum Unterschied zu den Namen der Engel der Sonnen- und Mondsphärenwesen aber können die Namen der Engel der Erdgürtelzone trotzdem so, wie sie in Bardons Buch angegeben wurden, erfolgreich verwendet werden. Allerdings sind die Namen so, wie ich sie angebe, vorzuziehen, weil sie den Engel eher ansprechen.

Der Pilger wendet sich am besten überhaupt vorerst nur an jene Engel, die ich in diesem Buch angebe. Sie stehen den Menschen besonders nahe, weil ich ihnen über meine Amulette den Weg ins Irdische erleichtert habe. Die von mir strahlend gemachten Siegel bilden Berührungspunkte zwischen den Welten, und je mehr solcher Kontakte geschaffen werden, umso leichter ist es, neue Verbindungen herzustellen. Je mehr Siegel eines Engels in Verwendung sind, umso besser kann dieser seinen Einfluss geltend machen."

Der Vollständigkeit halber sind im Anhang die richtige Übersetzung aller bei Bardon falsch angeführten Namen der Mondstationen angeführt und auch die Namen der Vorsteher dieser Orte, die Bardon nicht angibt, sowie sämtliche 45 Fixsterne, die sich aus Bardons Vorstehern der Sonnenebene ergeben, wenn diese durch die Geheimschrift entschlüsselt werden.

Erst durch Stejnars Forschungsergebnisse ist "Die Praxis der magischen Evokation", ein Standardwerk der Magie, für die Praxis brauchbar geworden. Es bleibt zu hoffen, dass die Verlage Bauer und Rüggeberg endlich die Fehler richtigstellen, die offensichtlich nur mit der totalen Unfähigkeit der Verlagsleiter, das Wesen der Magie zu erfassen, erklärbar sind. Stejnar hat von den Genien nicht nur den Auftrag erhalten, die Fehler in Bardons "Praxis der magischen Evokation" richtig zu stellen, sondern er sollte dieses Werk auch für die Praxis leichter zugänglich machen. Er wurde deshalb inspiriert, das "Schutzengelbuch" zu schreiben.

Durch die erstmals offen gelegte "Praxis der mystischen Evokation" gelingt es jetzt auch magisch Ungeschulten, den Kontakt zu den Genien herzustellen. Möglich wird das durch den indirekten Pakt, den der Leser mit den Genien eingeht, sobald er sich dem Bund der Wanderer anschließt. Diese weltweite Bruderschaft zwischen den Menschen und den Genien der Erdgürtelzone tritt durch das "Schutzengelbuch" wieder an die Öffentlichkeit. Ohne Eid, Beitragszahlung oder sonstige Verpflichtung weist sich jeder Leser des "Schutzengelbuches" als Pilger aus, aufgenommen in den Bund, sobald er sich dazu bekennt. Nachdem er in einer Vollmondnacht sein Gelöbnis unterzeichnet hat, genügt es, am Hausaltar die täglichen Meditationen durchzuführen. Solange er sich zum Wahren, Gerechten und Guten bekennt, wird ihm jener Vorsteher, den er mit seinem Siegel und einem einfachen Kontaktritual anruft, hilfreich zur Seite stehen.

Dass dies keine leeren Versprechungen der Genien sind, zeigen tausende Erfolgsmeldungen. Deutsche und österreichische Illustrierte bringen Serien über die Wunder, von denen glückliche Pilger berichten. Aber nicht nur Hausfrauen, Großmütter und Jugendliche haben sich einen Genienaltar aufgestellt oder treffen sich zu gemeinsamen Andachten. Auch namhafte Esoteriker, Schamanen und Magier gehen bereits diesen Weg und schwören auf die Genien des Bundes. Wer je versucht hat, die Evokation eines Wesens zu bewirken, weiß, dass auch mit den geheimsten mittelalterlichen Beschwörungsformeln nur selten ein Gnom hinter dem Ofen hervorzulocken ist. Man bedient sich da gerne der einfachen Methode Stejnars, auch wenn es dabei stark nach Weihrauch duftet.

SONNENGENIEN = FIXSTERNE

1. ALGENIB
2. SIRRAH
3. RATEM KAITOS
4. MIRACH
5. EL NATH
6. ALAMAK
7. ZAURAK
8. ALKYONE
9. ALDEBARAN
10. RIGEL
11. NATH
12. PROPUS
13. SIRIUS
14. WASAT
15. PROCYON
16. PRÄSEPE
17. KOCHAB
18. MERAK
19. REGULUS
20. ALIOTH
21. MIZAR
22. ALKOR
23. BENET
24. VINDEMIATRIX
25. BOOTIS
26. ARCTURUS
27. SCHALE
28. KREUZ
29. WAGE
30. ZENTAURI
31. AKRAB
32. RAS ALGETHI
33. RASAL HAGUE
34. ETAMIN
35. BOGEN
36. WEGA
37. ALBIRIO
38. ATAIR
39. BRUST
40. HORN
41. SAD NASCHIRA
42. SADALMELEK
43. DENEB
44. ACHERNAR
45. MARKAB

MONDSTATIONEN

1. ALNATH
2. ALBOTHAIM
3. ACHOMAZONE
4. ALDEBORAM
5. ALCHATA
6. ALHAMA
7. ALDIMIACH
8. ALKAYA
9. ALCHARF
10. ALGLETH
11. ARDARPH
12. ALZARPHA
13. ALHAYRE
14. ACHURET
15. ALGARPHA
16. AHUBENE
17. ALCHAS
18. ALCHOB
19. ALCHALA
20. ABNAHAYA
21. ABELDACH
22. ZODEBOLUCH
23. SOBADOLA
24. CHADEZOAD
25. SADALACHIA
26. ALPHARG
27. ALCHARYA
28. ALCHATH

"MAGIE UND MYSTIK IM 3. JAHRTAUSEND"

Magie ist die Wissenschaft von der Arbeit mit dem Geist und die Kunst von der Gestaltung des Ich. Mit Geist sind die feinstofflichen, höchst lebendigen Formen der Gedanken und Vorstellungen gemeint: Die inneren Bilder, die Gefühle und Emotionen wecken, die einen dann anregen und bewegen oder hemmen können.

Ein weitverbreiteter Irrtum unter Esoterikern ist, dass man den Geist als nebuloses, unstoffliches Lichtgespinst sieht. Geistpartikel verklumpen zwar nicht zu Erde, Wasser, Feuer oder Luft, aber auch sie treten in vier verschiedenen Aggregatzuständen auf und unterliegen, genauso wie die kompakten Atome und Moleküle, ordnenden Gesetzen. Durch Konzentration und Imagination lässt sich der Geist zu Bildern und Einbildungen formen. Dabei kann man beobachten, wie sich die Gedankenbilder, Vorstellungen und Gefühle zu mentalen Komplexen verbinden, die, wenn man sie nicht kontrolliert, im Bewusstsein ein Eigenleben entwickeln, was einem unter Umständen die Freiheit nimmt. Nicht nur in Form von Phantasien, Zwangsvorstellungen oder anderen psychischen Komplexen, auch die Vorstellung von der Torte oder dem Bier, die einen zum Kühlschrank drängt, bewegt uns nicht nur innerlich, sondern ergreift den ganzen Körper.

Zu den wohl wichtigsten Ergebnissen der modernen Geistesforschung gehört die Erkenntnis, dass die Gedanken, Vorstellungen und Gefühle, auf die sich das Bewusstsein der Menschen stützt, die feinstofflichen Wesenszellen des Geist- und Seelenkörpers sind, - und - dass auch der Geist der Götter, Genien und Dämonen aus solchen Wesenszellen besteht. Gedanken und Gefühle sind das lebendige Fleisch des Geistes und der Geister. Das bedeutet, wir wissen, was die Wesen der feinstofflichen Ebenen mit den Wesen der irdischen Welt verbindet und kennen die mentalen Botenstoffe.

Die "Magie und Mystik im 3. Jahrtausend" lehrt, wie man seine persönlichen geistigen Wesenszellen, die sich, im Unterschied zu den grobstofflichen Körperzellen, aufführen als wären sie kleine Geister, kontrolliert, und wie man dadurch auch den Einfluss der

Götter und Dämonen, die über diese gemeinsamen Wesenszellen die Menschen und das irdische Geschehen beeinflussen, kontrollieren kann. Dank neuer Erkenntnisse in der astrologischen Forschung kennen wir auch die Gezeiten der Macht der Genien und Dämonen und die Zeit, in der wir selber mächtig sind. Die Astrologie beschreibt nicht nur die Qualitäten der Wesenszellen, sondern auch die Anatomie und Physiologie vom feinstofflichen Körper und hat den Genetischen Code von Geist und Seele geknackt. Mit diesem Wissen kann jeder sich selbst und sein Leben mitgestalten.

Es gibt Erkenntnisse, die erst nach einer gezielten Geistesschulung und menschlichen Reife richtig erfahren und erfasst werden können. Aus diesem Grund haben die Traditionen ihr Gedankengut immer nur ausgewählten, starken, und entsprechend vorbereiteten Schülern zugänglich gemacht. Aber der Zeitgeist, der heute das Denken, Fühlen und Agieren vieler Menschen bestimmt, ist entartet. Die vorgesehene Entwicklung zur Vervollkommnung der Wesen auf diesem Planeten wird immer mehr von negativen Mächten behindert. Es ist notwendig, dass die Menschen mehr über die Verbindungen und Wechselwirkungen, die zwischen den feinstofflichen Welten und der physischen Welt bestehen, erfahren. Heute wird niemand mehr davon geschockt, denn die "Magie und Mystik im 3. Jahrtausend" beschreibt auch, wie man sich den Mächten entgegenstellt.

So hat nach Franz Bardon auch Emil Stejnar die geheimen Instruktionen der Gnostischen Hermetik sowie die neuesten Forschungsergebnisse dieser magischen Tradition, in Form der 13 Bände "Magie und Mystik im 3. Jahrtausend" an die Öffentlichkeit gebracht. Damit ist die Zeit der Geheimnisträger und Geheimbünde endgültig vorbei. Erkenntnisse, die nie zuvor veröffentlicht wurden, sind zugänglich geworden und verborgene Zusammenhänge zwischen den geistigen Sphären und der Menschenwelt werden enthüllt.

Die Bücher der "Magie und Mystik im 3. Jahrtausend" bringen keine neue Weltverschwörungstheorie, sondern decken auf, was bisher nicht bekannt gewesen ist: Nämlich, dass die wirklichen Lenker dieses Planeten nicht auf der politischen Bühne oder in Geheimbünden sitzen, sondern auf den feinstofflichen Ebenen zu suchen sind. Es sind Mächte aus dem Reich der geistigen Welten, welche die Menschen in ihrem Sinne inspirieren und damit die Geschicke der Menschheit bestimmen.

Die Bücher der "Magie und Mystik im 3. Jahrtausend" beschreiben nicht nur diese Mächte, sondern zeigen auch einen Weg, wie man sein "Ich" gestaltet, erwacht und sich aus deren Machtbereich befreit. So wie die Naturwissenschaften und die Technik hat sich auch die Wissenschaft vom Geist und von der Seele weiter entwickelt. Neue Erfahrungen wurden gemacht, wertvolle Einsichten gewonnen, man ist nicht nur dem Geheimnis der Götter und Dämonen, sondern auch dem Mysterium des Bewusstseins und der Bewusstseinsträger auf der Spur.

Das Besondere der neuen Erkenntnisse und Übungen ist nicht, dass man magische Macht erlangt, sondern dass man sich so verwandelt, dass man diese gar nicht mehr braucht. Im selben Maße, wie die Fähigkeiten, magisch zu wirken, wachsen, wird der Wunsch, die erlangten Fähigkeiten einzusetzen, schwinden. Das ist ein Mysterium, das jeder erlebt, der den aufgezeigten Weg auch wirklich geht. Es geht also nicht nur um Magie und Mystik. Die moderne Wissenschaft vom Geist bietet auch im profanen Leben eine wertvolle Lebenshilfe. Nicht Geister werden beschworen, sondern die Macht und Kraft des eigenen Geistes wird geweckt. Das Ziel ist nicht, mit Magie über die Welt und die Geister zu herrschen, sondern, sich selbst so zu wandeln, dass einen die Welt und die Geister nicht mehr beherrschen können.

Der Leser, der den Instruktionen und Ratschlägen folgt, wird zu einem Meister und Priester der Geheimwissenschaft, dem kein Manuskript oder Guru oder Orden noch etwas bieten kann. Er ist selbst in der Lage, anderen Menschen als geistiger Führer den Weg zu weisen.

Die Bücher der "Magie und Mystik im 3. Jahrtausend" umfassen 13 Bände. Sie bieten eine seriöse, umfassende Einführung in das Gesamtgebiet der Esoterik und sind ein einzigartiger Lehrkurs der Magie und Lebensschule. Emil Stejnar hat mit seinem Werk die Magie und Mystik aus der mittelalterlichen Welt der Wunder in die moderne Welt der Wissenschaft geführt.

1. Buch: DAS BUCH DER MEISTER UND SEINE ERBEN.

Ein Einweihungsroman.

Der Autor schildert die zum Teil auf Tatsachen beruhenden Abenteuer aus zwei Inkarnationen eines Eingeweihten und den Weg, den jeder, der wie dieser Meister den geheimen Anleitungen folgt, zu gehen hat:

In einer Wiener Freimaurerloge wird der Arzt Dr. Michael Stein in den Meistergrad erhoben. Während des geheimnisvollen Rituals erlebt er eine so genannte Seelenreise und wird dabei in die Zeit des 13. Jahrhunderts versetzt: Er ist Mönch und eingeweiht in die Mysterien der Templer. Und er ist dem Geheimnis von Baphomet auf der Spur. Wegen seiner spektakulären Heilerfolge wird er der Hexerei beschuldigt und auf dem Scheiterhaufen hingerichtet. Aber statt in den Flammen zu sterben, erwacht der Mönch im Logentempel, im Körper des Michael Stein. Erschüttert wird ihm bewusst, dass ihn seine Vergangenheit eingeholt hat. Er erinnert sich an seine Mission: An ihm liegt es, ob die Menschen noch zu retten sind, oder ob Baphomet und seine irdischen Handlanger siegen. Er muss die Truhe mit den Gegenständen der Macht und dem Buch der Meister, die er damals vor seinem Tod in einer Höhle versteckte, wieder finden. Maria, die fünfzehnjährige Tochter seines zwielichtigen Logenbruders Brandström, wird ihn auf seiner abenteuerlichen Suche begleiten. Dabei wird er sie, und mit ihr den Leser, in die Geheimnisse der Magie und Mystik einführen. Eine zarte, Jahrtausende alte Liebe verbindet die beiden, aber sie ahnen nichts von der Gefahr, die sie bedroht. Denn auch die irdischen Vertreter des Bösen, die Brüder des Schattens, sind hinter der Truhe her und werden die beiden gnadenlos verfolgen.

Das Leserecho bestätigt, "Das Buch der Meister" ist weit mehr als ein Fantasy-Roman. Höchste Erkenntnisse werden auf leicht verständliche Art erklärt und offengelegt. Allein die durch die Wortmagie übertragenen Bilder der geheimnisvollen, phantastischen Szenen hinterließen bei vielen Lesern einen solch nachhaltigen Eindruck, dass sich ihr ganzes Leben wandelte. Was sonst nur durch besondere Initiationsrituale bewirkt wird, bewirkt das Mysterium der Geschichte und bezieht den Leser in sein Mysterium ein. Der Leser erlebt tatsächlich hautnah eine Initiation, also eine Bewusstsein verändernde Weihe, welche die Persönlichkeit verwandelt und das ganze weitere Leben in neue Bahnen lenkt. Man kann daher ohne zu übertreiben sagen, dass es sich bei diesem Buch um einen magischen Text handelt, der eine geistige Kraft in sich birgt, die Außergewöhnliches bewirkt. Der Leser wird beim Lesen selbst zum "Erben" vom "Das Buch der Meister" und zu einem Eingeweihten der geheimnisvollen gnostisch-hermetischen Tradition.

Aus dem Inhalt:

- Das Mysterium von Geist und Seele.
- Der persönliche Seelengarten, in dem man nach dem Tod erwacht.
- Wer sind die wahren Lenker des Geschehens auf diesem Planeten?
- Baphomet, der Herr der Welt und die Fürsten der Macht.
- Die geheimen Oberen im Diesseits und im Jenseits.
- Wie man sich aus ihrem Machtbereich befreit.

2. Buch: EXERZITIEN FÜR FREIMAURER.

Instruktionen und Logenvorträge

Sicher haben Sie sich schon gefragt: Wer bestimmt wirklich die Geschicke der Welt? Woher beziehen die Mächtigen ihre Macht? Wer schützt sie, wer stützt sie, wer gibt ihnen Kraft? Wieso haben manche Menschen immer Erfolg, während andere sich mühen und plagen und trotzdem nicht weiterkommen? Geht das mit rechten Dingen zu? Die Antwort ist: ja. Es gibt nämlich Mechanismen der Macht, die wertfrei sind und geistigen Gesetzen folgen. Wer diese Gesetze kennt, kann die dahinter wirkenden Mächte zu seinem Vorteil nützen. Seit Jahrtausenden pflegen Eingeweihte in ihren Traditionen dieses Wissen und geben es an geeignete Persönlichkeiten weiter. Nicht nur die Freimaurer, auch die katholische Kirche hat ihre Esoterik und den Schlüssel zu den Mysterien der Magie und Mystik.

Aber die Zeit der Geheimnisse ist vorbei. Dank der Exerzitien kann jeder Leser die Macht und Kraft des Geistes in sich erwecken und benützen. Der Zugang zu den Mysterien, welche die Handhabung der vier Elemente und den Umgang mit den Mächten der Götter lehren, steht heute jedem offen. Nachdem Franz Bardon mit seinen Werken den "Weg zum wahren Adepten" gewiesen hat, werden Stejnars Bücher diesen Weg erhellen und Stärke geben auf dem Weg zu einem wachbewussten ICH.

Aus dem Inhalt:

- Exerzitien für Freimaurer.
- Ritualmagie im Logentempel.
- Die magische Forschungsloge "Esoterischer Kreis".
- Die Reisen durch die Elemente Feuer, Wasser, Luft und Erde.
- Wie man die Macht und Kraft der Elemente in sich erweckt.
- Das Mysterium der vier Elemente.
- Die Kybernetik des Bewusstseins.
- Die geheime Macht der christlichen Mystik.
- Die magische Schulung der Jesuiten.
- Wie man sich selbst und andere beherrscht.

- Wie sich überdurchschnittliche Begabungen entwickeln.
- Wie sich übernatürliche Fähigkeiten entfalten.
- Wie man sein inneres Gleichgewicht erlangt.
- Das Geheimnis des Erfolgs.
- Die Grundlagen der gnostisch-hermetischen Tradition.
- Magie und Mystik im dritten Jahrtausend.
- Die Arbeit mit dem Geist: 60 Jahre praktische Erfahrung mit Magie.

Was bisher über die Freimaurer an die Öffentlichkeit drang, sind Verschwörungstheorien und Gerüchte, die der Realität in keiner Weise entsprechen. Das wahre Geheimnis der Freimaurerei ist nur wenigen bekannt: Es ist die Praxis der Magie und Mystik, die im Ritual und im richtigen Gebrauch der Symbole enthalten ist. Dieses Buch gibt erstmals Einblicke in diese verborgene Seite der Logen und Ordensgemeinschaften. Stejnar beschreibt auch den Geist, der die Menschen im Tempel bewegt.

Die geistigen Organe und die Kybernetik von Geist und Seele:
Feuer, Wasser, Luft und Erde - Denken, Fühlen, Wollen und Sein. Das sind die vier Elemente des Lebens und die vier energetischen Glieder des menschlichen Seins. Der Freimaurer lernt, wie man diese vier Elemente, welche in ihrer Wechselwirkung die Grundlage des Bewusstseins bilden, dank einer besonderen Geistesschulung beherrscht. Indem er jedem dieser Elemente den gleichen Stellenwert beimisst, findet er ein fünftes Element: sein waches ICH-SELBST. Von diesem Standpunkt aus beherrscht er nicht nur sich selbst, sondern auch alle anderen Mächte, Wesen und Geister. Er ist nicht an ein Kreuz genagelt, sondern wird durch die Vier Streben gestützt.

Das verlorene Wort und das verlorene Symbol:
Was Dan Brown in seinem Buch über die Freimaurer "Das verlorenen Symbol" nur andeutet, wird von Stejnar enthüllt und beschrieben: Das Mysterium vom verlorenen Wort und das Geheimnis der

Pyramidenspitze. Stejnar erklärt, wie man die fünf Ecken der Pyramide in Form eines Pentagramms miteinander verbindet und damit die "fünf Punkte der Meisterschaft" erweckt.

Die Magie und Mystik der christlichen Tradition:
Es ist wenig bekannt, dass auch die katholische Kirche, die offiziell jede Form der Magie verdammt und verteufelt, selbst magische Übungen und Praktiken pflegt. Die Übungen der Jesuiten sind nichts anderes als die Schulung von Geist und Seele, die auch die Tradition der Hermetik lehrt.

Logenvorträge: Geheime Instruktionen, Anleitungen und Praktiken, die bisher nur wenigen Eingeweihten vorbehalten waren, werden nun erstmals auch Außenstehenden zugänglich gemacht.

3. Buch: DIE VIER ELEMENTE.

Der geheime Schlüssel zur geistigen Macht.

Geist und Seele sind kein nebuloses Lichtgespinst, sondern bestehen, so wie der grobstoffliche Körper, aus Gliedern, Organen und geistigen Wesenszellen. Diese Wesenszellen des Geistes sind selber kleine Geister, die man beherrschen muss, wenn man die Welt des Geistes und die Geister beherrschen will. Nur wer seinen eigenen Geist, seine Gedanken, Gefühle und Emotionen - also die Wesensgeister, aus denen er besteht, - beherrscht, beherrscht auch den Geist der Götter, Genien und Dämonen.

Die gnostische Hermetik beschreibt, wie man die Energie dafür gewinnt. Sie kennt verschiedene Techniken, mit denen man seine Triebe und Emotionen in reine Geisteskraft verwandelt und sein Bewusstsein so weit festigt, dass man es über alle sichtbaren und unsichtbaren Schranken erhebt und auch im Tod nicht verliert. Sie zeigt, wie man seine Schwächen in Stärken verwandelt.

Das wahre Ziel ist aber nicht, mit magischer Macht die Welt

oder die Geister zu beherrschen, sondern sich zu wandeln, dass einen umgekehrt die Welt und die Geister nicht mehr beherrschen können. Das wird dank der besonderen Geist- und Seelenschulung auch erreicht. Der gnostische Hermetiker zieht sich dazu nicht stundenlang zurück, um sich zu versenken oder zu meditieren, sondern nützt ganz bewusst den Alltag als Schulung für seinen Geist. Nicht Trance, sondern Wachsein wird angestrebt.

Aus dem Inhalt:

- Wie man seinen unsterblichen Lichtleib gestaltet.
- Wie man die geistigen Mächte beherrscht.
- Magie im Alltag: die Magie des Denkens, des Wünschens und Verwünschens und die "schwarze" Magie der Angst.
- Die Magie der Hilfsgeister: Der Kyilkhor und der Geist in der Flasche.
- Alchemie: Die geheime Praxis der alchemistischen Transformation. Wie man im Diesseits das Gold für das Jenseits schürft.
- Die Magie der Bücher und der Wortmagie: die Sprache magisch verwenden. Jedes Wort ist ein wirkendes Wesen.
- Quabbalah: Die Formelmagie nach Franz Bardon für die Praxis.
- Logenmagie: "Das Ritual der Hermetischen Vier". Dieses Ritual gibt Zugang zur Macht und Kraft der vier Elemente. Damit haben auch Suchende, die sich nicht durch Eide binden lassen wollen, Zugang zu einer Ritualmagie, die bisher nur Mitgliedern von Logen und Orden vorbehalten war. Das Ritual ist nicht nur für Tempelarbeiten in einer Loge vorgesehen. Man kann damit auch allein arbeiten, um sein inneres elementares Gleichgewicht zu erlangen.
- Mystik: Das "Ritual der Klosterpforte" öffnet jedem das Tor zu einem inneren Kloster, das er jederzeit betreten und verlassen kann und das ihn in den Geist der weltweiten Gemeinschaft aller in klösterlicher Zurückgezogenheit lebenden Brüder und Schwestern einbindet, ohne dass er der Welt entsagen muss.
- Nach dem Tod: erwacht man nicht in einem "Jenseits", sondern

zuerst in seinem ganz persönlichen "Seelengarten", in dem das Innere, die Gedanken und Gefühle, zur Umwelt werden. Nur wer darauf vorbereitet ist, kann sein Bewusstsein bewahren.

- Priesterschule und Lebenshilfe: Das Buch versetzt den Leser in die Lage, auch anderen mit der Kraft des Geistes zu helfen. Die Erkenntnisse waren ursprünglich nur für Priester und Eingeweihte zur Ausbildung ihrer Nachfolger vorgesehen. Wer dem Weg folgt, ist befähigt, Suchenden den Weg zum Licht und zu sich selbst zu weisen.

4. Buch: AUSSERKÖRPERLICHE ERFAHRUNGEN.

Wie man lernt, ohne seinen Körper zu leben.

Es gehört zu den beeindruckendsten Erfahrungen und ist einer der Höhepunkte auf dem hermetischen Weg, sich außerhalb seines Körpers zu erleben. Selbst erhabenste geistige Erkenntnisse bleiben Theorie, solange man seine eigene geistige Beschaffenheit noch nicht hautnah empfunden hat. In den alten Tempelschulen gehörte daher dieses Erlebnis zur ersten Lektion, die dem Neophyten bei seiner Initiation erteilt wurde. "Magie und Mystik im 3. Jahrtausend" folgt wieder dieser alten Tradition und weiht interessierte Schüler in das Geheimnis des Astralwanderns ein. Es wird dazu eine ganz neue Technik verwendet, die es jedem sehr rasch ermöglicht, seinen Körper zu verlassen. Bereits die Vorübungen und ersten Versuche zum Wandern geben Einblicke in ein völlig neues Dasein und bilden feinstoffliche Wesenszellen aus, die nicht nur für das Bewusstsein im außerkörperlichen Zustand, sondern auch für das bewusste Leben nach dem Tod unentbehrlich sind.

Aus dem Inhalt:

- Die zwölf Schritte, die das Bewusstsein erheben und vom Körper befreien:
- Wachsein im Alltag, Wachsein im Traum

- Der Traumkörper als Bewusstseinsträger
- Wie man das Traum-Bewusstsein schult
- Richtig einschlafen
- Wie man lernt, im Traum zu erwachen
- Der luzide Traum als Startrampe für Mentalreisen
- Flugträume als Starthilfe
- Das Geheimnis vom fliegenden Teppich
- Im Grenzland der Träume - In fremden Seelengärten
- So kann jeder seinen Körper verlassen
- Die Traumwelt als Ort für Begegnungen mit dem Tod

Bisher versenkte man sich in seinen Körper, versetzte sich in Trance und erwartete, dass man sich bewusst aus diesem erhebt. In der Regel funktioniert das aber nicht. Das ist, als wollte ein Astronaut gleich vor seinem Haus mit seinem Auto zum Mond starten.

Zukünftige Raumflüge werden aus einer Umlaufbahn um die Erde beginnen und die beste Startrampe für Astralreisen findet man auf der Traumebene. Sobald man auf dieser erwacht, also luzid träumt, kann man sich von seinem Körper lösen.

Gezielte Geistesforschung hat gezeigt, nicht Trance, sondern Wachsein ist die Voraussetzung für Astralreisen. Die besten Bedingungen dazu findet man in der Welt der Träume, da ist das Feinstoffliche schon etwas vom Grobstofflichen gelöst und man kann seinen Körper leichter verlassen. Aus einem Wachtraum heraus ist das viel einfacher als aus dem reduzierten Bewusstseinszustand in Trance. Luzides Träumen kann man lernen. Es gibt eine einfache Technik, mit der man diese Fähigkeit entwickelt.

Die Traumwelt ist auch ein Ort für Begegnungen mit den Toten. Aber heraus aus dem Körper bedeutet nicht zugleich hinein in eine andere Welt. Der Bewusstseinszustand, in dem man sich dabei befindet, lässt einem zwar das, was man erlebt, als absolute Realität erscheinen, aber nicht alles entspricht tatsächlich der Wirklichkeit. In die geschaute Landschaft können sich Phantasien, eigene und die von anderen Lebenden und Verstorbenen, drängen. Auch dafür gibt es eine Wegleitung, sich in diesen verworrenen Welten besser zu orientieren und die besondere Symbolik, die der Geist zwischen den Ebenen verwendet, richtig zu begreifen. Wer seine Situation erfasst und die Symbolsprache versteht, gewinnt im Traum bessere Einblicke in andere Ebenen als durch Beschwörungen, mediale Botschaften oder Experimente in Trance.

5. Buch: ASTROLOGIE.

Navigation für den Lebensweg
Genetischer Code von Geist und Seele

Emil Stejnar war fünf Jahrzehnte lang astrologischer Lebensberater. Er beschreibt nicht nur den Zugang zur klassischen Astrologie, sondern eröffnet auch ganz neue Erkenntnisse und Perspektiven.

- Ein Horoskop beschreibt die Anatomie und Physiologie von Geist und Seele. Die Planeten entsprechen den geistigen Organen, die das Bewusst sein ermöglichen, und deren Position im Augenblick der Geburt bestimmt deren Funktionstüchtigkeit und Qualität: Die Sonne ist das Organ für das Selbstbewusstsein, der Mond für das Gefühlsleben, der Merkur für das Denken, die Venus für Liebe, der Mars für die Antriebskraft, der Jupiter für das Rechtsempfinden, der Saturn für Disziplin. Mit Uranus, Neptun, und Pluto blickt man über seinen Bewusstseinshorizont hinaus. Aus dem Zusammenwirken der Organe ergibt sich die Anlage für den Charakter und das persönliche Wesen.
- Eine astrologische Prognose berechnet, wann, auf Grund der sich laufend verändernden Planetenpositionen, welche Organe besonders stark aktiviert oder beeinträchtigt sein werden, und wann welche Organe besonders gut oder weniger gut funktionieren.
- Die Mundanastrologie untersucht den Zeitgeist, der als Trend und Richtung weisende Strömung das Bewusstsein der Menschen und das Geschehen in der Welt bestimmt.

Mit der Astrologie kann man sich, seinen Nächsten und die kosmischen Gezeiten erkennen und die wirkenden Mächte zur Selbstgestaltung und zum erfolgreichen Handeln nützen.

Von allen philosophischen, religiösen und okkulten Traditionen ist die Astrologie die einzige Geisteswissenschaft, mit der man nachweisen kann, dass es den Geist und die geistigen Mächte (Energien oder Götter) tatsächlich gibt. Astrologie ist eine empirische Lehre, die auf Beobachtung von kosmischen Veränderungen und deren Wirkung auf das Bewusstsein beruht.

Mit diesem Buch lernt auch der Laie sehr rasch die Grundregeln der Astrologie zu verstehen. Der Anfänger wird erstaunt sein, wie einfach es ist, ein Horoskop zu begreifen, und der erfahrene Astrologe wird mit den neuen Erkenntnissen neue Möglichkeiten für seine astrologischen Analysen finden.

Die Astrologie dient nicht dazu, dass man fragt, was das Schicksal bringt, sondern, dass man weiß, wann man handeln soll, damit das, was man plant, gelingt, und sich das, was man befürchtet, nicht verwirklichen kann.

6. Buch: DER ADEPT FRANZ BARDON.

Wer war er? Was lehrte er? Wohin führt sein Weg?

Franz Bardon war sicher die bedeutendste Persönlichkeit auf dem Gebiet der Hermetik. Er hat mit seinen Werken die Geisteswissenschaften für die nächsten Jahrhunderte geprägt und die Grundlage für die "Magie und Mystik des dritten Jahrtausends" geschaffen.

Das eigentliche Ziel des Weges, den er beschreibt, ist nicht magische Macht zu erlangen, sondern die Vervollkommnung von Geist und Seele. Es geht um mehr Geisteskraft, damit man das Leben, sowohl im Diesseits als auch im Jenseits, selbst und bewusst gestalten kann. Nicht alle "wahren Adepten" beschwören Geister und wirken Wunder. Jede Persönlichkeit, die Außergewöhnliches für die Menschheit leistet, jeder hervorragende Künstler, Arzt oder Wissenschaftler, jeder, der selbstlos für Freiheit, Frieden und Fortschritt sorgt, kann ein hoher Eingeweihter sein. Magie ist ein Hochleistungssport, der die volle Aufmerksamkeit und ganze Persönlichkeit beansprucht. Was Bardon beschreibt, kann nicht nebenbei wie ein Hobby betrieben werden. Wer eine bedeutsame Mission übernimmt, verzichtet daher gerne auf die Erinnerung an seine magischen Fähigkeiten, damit er sich voll seiner konkreten irdischen Aufgabe widmen kann.

Auch wer sich nicht mit Magie beschäftigt, kann nach den Anleitungen von Franz Bardon sein Leben, seinen Geist und seine Seele zum Besseren gestalten. Wenn man, wie in Stejnars Buch noch erklärt wird, seine Ausführungen in den Alltag integriert, wird der Weg, den Bardon beschreibt, zu einer praktischen Lebenshilfe.

Stejnars Buch ist ein Wegweiser auf Bardons "Weg zum wahren Adepten". Es werden Fragen, die immer wieder auftauchen, beantwortet, der Weg wird erhellt und Unklarheiten über Franz Bardon werden richtiggestellt. In einem Jahr ist noch keiner ein Adept geworden. Manche Praktiker, die das nicht beachten, glauben, sie machen etwas falsch, zweifeln an sich oder an Franz Bardon und üben nicht mehr weiter. Das ist schade, aber verständlich, denn der Weg ist leider wirklich nicht so leicht zu meistern, wie es Franz Bardon in Aussicht stellt. Trotzdem ist das kein Grund zu resignieren.

Stejnar beschreibt erprobte Techniken, mit denen man diese Hindernisse überwinden kann.

Aus dem Inhalt:

- Franz Bardon: Wer war er, was lehrt er, wohin führt sein Weg?
- War Franz Bardon wirklich ein Adept?
- Auszüge aus Briefen von Franz Bardons Witwe.
- Briefe von Franz Bardon
- Das war Franz Bardon; Zeitzeugen erzählen.
- Stimmt das, was in FRABATO geschildert wird?
- Gab es die Loge des FOGC und wer ist Baphomet?
- Wie ist das mit Bardons Genien und der Abramelin Magie?
- Kann man nach Franz Bardons Instruktionen magisch wirken?
- Was macht man falsch, wenn es nicht funktioniert?
- Wie schafft man den Weg, den Franz Bardon beschreibt?
- Bardon und die Dämonen, die Freimaurer und die Alchemie.
- Persönliche Briefe an Freunde über Bardons Magie und Mystik.
- Erlebnisse aus der eigenen Praxis und Ratschläge für den Weg.
- Sättler, Quintscher, Bardon, Stejnar.
- Das Geheimnis der 4. Tarotkarte.
- Das Mysterium Tarot Karte 00.
- Die Pyramide und das Pentagramm

Mit diesem Buch erhält der Leser noch etwas ganz Besonderes. Eine einzigartige Ikone: DIE SONNE DES FRABATO. Es ist ein Bild, das Franz Bardon seinen Schülern und Patienten als ganz persönliches Amulett schenkte und sie auf diese Weise in seine Kraft mit einbezog. Dieses Bild stellt Bardons Leitgedanken als vierfarbiges Mandala dar: **Das Göttliche offenbart sich wie eine strahlende Sonne. Die Sonne durchbricht die Wolken. Das Licht siegt über die Finsternis.**

Bardon machte dieses Mysterium zu seinem persönlichen Logo und verwendete das Symbol der Sonne in Verbindung mit dem Schriftzug FRABATO auch für magische Zwecke. Dieses von positiven Kräften durchdrungene Mandala, das bisher noch nie veröffentlicht wurde und nach Bardons Ableben nur ganz wenigen Freunden zugänglich war, wurde mit Einwilligung von Franz Bardons Tochter an den Beginn des Buches gestellt. Es wird wie ein Fenster in seine Sphären wirken und seinen Lesern den Weg zum wahren Adepten erhellen, und es wird Stärke geben auf diesem Weg zu einem wachbewussten ICH.

7. Buch: DAS SCHUTZENGELBUCH.

Wie erlangt man Kontakt mit den höheren Wesen.

Seit über 40 Jahren gehört Stejnars "Schutzengelbuch" zu den gesuchtesten und beliebtesten Werken der Engelliteratur. Seit Jahrtausenden weiß man, dass es Engel gibt. Die Religionen haben von ihnen verkündet, Franz Bardon hat sie beschrieben, aber Stejnars "Schutzengelbuch" hat sie für jeden zugänglich gemacht. Was früher nur Priestern und Eingeweihten möglich war, vermag jetzt jeder, der seinen Anleitungen folgt. Für die Neuauflage hat der Autor sein Buch um einige Kapitel erweitert und mit neuen wichtigen Erfahrungen aus seiner magischen Praxis bereichert.

Für jeden Lebensbereich gibt es einen zuständigen Engel. Stejnar verrät, wie man einen Engel um Hilfe bittet und an welchen Engel man sich jeweils wenden soll, wenn man Probleme hat. Eine einfache Methode ermöglicht es, auch ohne magische Evokation den Kontakt zu dem gewünschten Engel herzustellen.

Aus seiner jahrzehntelangen Praxis als astrologischer Lebensberater weiß Stejnar um die Sorgen der Menschen Bescheid und bespricht im "Schutzengelbuch" die häufigsten Probleme. Seine Erfahrungen im Verkehr mit den unsichtbaren Intelligenzen beschreibt er in Form von konkreten Fallbeispielen, wo er durch ein Amulett mit dem Siegel eines Engels helfen konnte. Zitate aus Dankschreiben sind der Beweis für das segensreiche Wirken der feinstofflichen Wesen.

Persönliche Belehrungen der jeweiligen Engel ergänzen die

Beschreibung ihrer Tätigkeit. Dadurch kann jeder auch von sich aus sein Leben richtig mitgestalten. Durch diese bewusste Zusammenarbeit zwischen den Schutzengeln und den Menschen ist eine optimale Hilfe möglich. Die angeführten Belehrungen und Ratschläge der Engel kann jeder sofort befolgen. Für alle anstehenden Lebensprobleme wird eine Lösung aus der Sicht der Jenseitigen, die von ihrer Ebene aus einen größeren Überblick als die Menschen haben, gezeigt.

So wurde ein völlig neues Lebenshilfebuch geschaffen. Die Gesetze des Erfolges und irdischen Glücks, aus der Sicht der Engel gesehen, lassen vieles in einem neuen Licht erscheinen. Ein Weg wird gewiesen, der in geistige Bereiche führt. Ohne religiöse Dogmen und ohne magische Beschwörungsrituale wird in der Gemeinschaft mit den Schutzengeln Trost und Hilfe gefunden.

Für folgende Lebensprobleme werden die zuständigen Engel, deren Namen, Siegel und speziellen Belehrungen beschrieben:

- Gesundheit, Krankheit, Nervenkrisen, Unfallschutz, Unfruchtbarkeit,
- Liebesglück, Liebesleid, Einsamkeit, Schönheit, Trost,
- Glück, Erfolg, Geld, Beruf,
- Studium, Prüfungen, Selbstvertrauen,
- Ehe, Treue, Kinder, Familie, Scheidung, Sex,
- Gerechtigkeit, Gericht, Feinde, Schicksalsschlag, Schutz,
- Vitalität, Jugendfrische, Sport, Willenskraft,
- Mediale Fähigkeiten, Magie, magische Verfolgung, Religion, Astrologie,
- Schwarze Magie, Jenseits und Tod, Erdstrahlen, Dämonen,
- Alkohol-, Drogen- und Diätprobleme.

"Das Schutzengelbuch" von Emil Stejnar schließt die Kluft zwischen Wissenschaft und Religion, zwischen Magie und Mystik, zwischen Diesseits und Jenseits. Wer sich an die einfachen Anleitungen hält, dem wird die geistige Welt erschlossen. Tausende

Menschen konnten sich bereits von der wunderbaren Hilfe durch die Engel selbst überzeugen.

"Das Schutzengelbuch" ist kein gewöhnliches Buch. Es ist eine echte Lebenshilfe und bewirkt oft schon beim Lesen wahre Wunder. Die wertvollen Ratschläge, welche die himmlischen Helfer gaben, machen dieses außergewöhnliche Lebenshilfebuch zu einem Quell der Weisheit und des Trostes, und geben selbst in ausweglosen Situationen Hoffnung und Zuversicht.

8. Buch: DER THEBAISCHE KALENDER.

Die 360 Vorsteher der Erdgürtelzone und die Gezeiten ihrer Macht. Die Welt der Dämonen, Götter und Geister.

Franz Bardon beschreibt im Buch "Die Praxis der Magischen Evokation" 360 Intelligenzen der Erdgürtelzone. Wer mit einem Engel-Wesen aus der Erdgürtelzone einen engen Kontakt herstellen will, wird im "Thebaische Kalender" ein wertvolles Hilfsmittel finden. Einmal am Tag ist nämlich jede Intelligenz dem Ort, an dem man sich befindet, ganz besonders nahe. Wenn man das Wesen in dieser Zeit bewusst erwartet und ihm im Geist entgegengeht, kann man es nicht verfehlen. Dazu muss man jedoch im Voraus wissen, wann der Zeitpunkt seiner Nähe gekommen ist.

Der "Thebaische Kalender" ist ein immerwährender Kalender. Man kann daraus für jeden Tag des Jahres ablesen, um welche Zeit ein gewünschter Vorsteher am besten zu erreichen ist. So wie die sichtbare Sonne jeden Morgen aufs Neue im Osten aufgeht, bewegt sich scheinbar auch die unsichtbare Hierarchie der 360 Genien täglich einmal um die Erde. Alle vier Minuten geht ein neuer Grad der Ekliptik auf und vor jedem Grad steht eine geistige Intelligenz als "Vorsteher" dieses kosmischen Ortes. Jener Vorsteher, der gerade "aufsteigt", ist dem irdischen Geschehen besonders nahe und tritt in der Stunde seines Aufstiegs besonders mächtig in Erscheinung. In dieser Zeit ist die Nähe des Engels deutlicher als sonst zu spüren und man kann ihn auch leichter erreichen, als wenn er sich einem anderen Ort der Erde zuwendet.

Um sich die komplizierten Berechnungen zu ersparen, verwendeten schon die Priester und Magier der Antike den sogenannten "Thebaische Kalender". Emil Stejnar hatte Gelegenheit, diesen Kalender, den seinerzeit Quintscher für seine magische Forschungsloge herausbrachte und den auch Franz Bardon verwendete, einzusehen und hat sich davon Notizen gemacht. Dabei stellte sich heraus, dass das Original einige Fehler aufwies. Stejnar hat deshalb den ganzen Kalender neu berechnet und mit Kommentaren, Ratschlägen und wichtigen Hinweisen aus seiner eigenen Praxis versehen, und diesen in Form des nun vorliegenden Thebaischen Kalenders neu herausgebracht.

Die mystische Invokation und der richtige Zeitpunkt

In diesen Aufzeichnungen wird auch die Praxis der mystischen Invokation beschrieben. Das ist eine Technik, die nur wenigen Eingeweihten bekannt ist. Mit dieser Methode lassen sich, auch ohne magische Evokation, die positiven Eigenschaften eines jeden Vorstehers, und die besonderen Qualitäten einer bestimmten Ebene nutzen.

Man muss einen Vorsteher nicht in die irdische Welt zitieren, sondern kann sich selbst, durch meditative Zuwendung, zur richtigen Zeit in seine Nähe versetzen und sich mit seinem Wesen identifizieren. Man nützt die Gezeiten der Macht und bedient sich der lebendigen Wesenszellen, die aufgrund der Nähe einer Intelligenz gerade vorherrschen. Wer bewusst zur richtigen Zeit in die Aura einer Wesenheit eintaucht, kann von ihrer Nähe profitieren und sein eigenes Wesen entsprechend positiv verändern.

Im "Thebaischen Kalender" sind die Namen aller 360 Genien angeführt und ein Index für die wichtigsten Anliegen lässt rasch den gesuchten Vorsteher finden. Wer dringend die Hilfe oder Inspiration eines Vorstehers braucht, wird ihn zur Zeit seiner Nähe am sichersten erreichen. Wer ein Siegel, ein Amulett oder eine magische Geste aufladen will, kann dies zur Zeit seiner Nähe leichter, als wenn er ihn erst herbeizitieren muss.

Aus dem Inhalt:

- Die 360 Vorsteher und die Gezeiten ihrer Macht.
- Jesus und die Genien, ein gnostisches Werk als Schlüssel zur Hermetik.
- Die Praxis der mystischen Invokation.
- Wie man einen ungewollten Pakt vermeidet.
- Vom richtigen Zeitpunkt. Die astrologischen Gezeiten nutzen.
- Tipps für die Praxis.
- Die drei großen Mysterien der geistigen Macht.
- Index für die Eigenschaften und Bereiche der Genien.
- Götter, Genien und Dämonen und die richtigen Namen der Macht.
- Die Namen der 360 Genien bei den verschiedenen Traditionen.

WARNUNG! Stejnar weist auch auf die Gefahren hin, die mit dem Kontakt zu den Genien verbunden sind. Jede Evokation oder Invokation einer Macht, die man nicht beherrscht, hat Folgen und Nebenwirkungen. Viele Anfänger, aber auch fortgeschrittene Magier, die ihre eigene Kraft überschätzten, sind schlussendlich verarmt, erkrankt oder verrückt geworden.

9. Buch: DIÄT-YOGA.

So schlägt man dem Jojo-Effekt ein Schnippchen
So macht man mit dem Rauchen Schluss
So verwandelt man eine Sucht in Willenskraft

Es gibt Menschen, die besitzen eine Ausstrahlung, die jeden sofort beeindruckt. Man spürt förmlich, dass sie nicht nur wollen, sondern auch tun, was sie wollen, und eine selbstbestimmte Persönlichkeit sind. Woher beziehen sie diese Kraft?

Die Antwort ist einfach: Sie wandeln ihre Schwächen in Stärke um. Rauchen Naschen Alkohol, Essen Faulheit Sex, alle Regungen, die sich in Form von Gewohnheiten, Bedürfnissen oder Lustbegehren dem Willen widersetzen, entziehen einem, sobald man sie befriedigt, geistige Energie. Umgekehrt gewinnt man die Energie dieser Schemen, wenn man sich entschlossen weigert, ihnen zu folgen und sie in die Schranken weist. Das ist eine Tatsache und ein kosmisches Gesetz: **Fressen oder gefressen werden.** Jeder bewusste Verzicht stärkt den persönlichen Geist. Es geht dabei nicht um Askese, sondern um mentales Fitnesstraining.

Diät-Yoga bewegt nicht Ihren Körper, sondern Ihren Geist. Diät-Yoga ist keine neue esoterische Modeerscheinung und kein banales Abspeck- oder Rauchentwöhnungsprogramm, sondern uraltes Gedankengut.

Bereits die Eingeweihten im alten Ägypten nutzten das geheime Wissen von der Macht des Geistes über die Regungen des Körpers. Sie wussten: In den Körpertrieben steckt die gleiche Energie wie in der Kraft des Willens, und beschrieben das Mysterium in Form der Sphinx.

Das Geheimnis der Sphinx.

Die Sphinx hat den Körper eines Löwen und den Kopf eines herrschenden Pharaos. Sie ist Symbol für die Gesamtnatur des Menschen: Im Menschen verbindet sich die unbändige Kraft des Löwen mit der lenkenden Macht der menschlichen Vernunft. Animalische Triebkraft und urteilender Verstand bilden eine lebendige Einheit.

Im Kopf wird bestimmt in welche Richtung der Kraftstrom fließen soll. Im Kopf wird der Hebel umgelegt.

Die Entscheidung legt den Hebel um.
Die Entscheidung ist Ausdruck des Willens. Die Entscheidung bestimmt ob der Mensch oder das Tier agiert: Vernunft statt Zigarette. Selbstwertgefühl statt Schokolade. Freiheit statt Sklave einer Lust. Vom Verstand bewusst gelenkte Triebe unterscheiden den Menschen vom Tier. Hat man sich entschieden, fließt, mit dem Beschluss, die animalische Kraft des Löwen in die bestimmende Macht des Willens, und untersteht ab sofort - für die Zeit, die man dafür festlegt - der Kontrolle durch den Geist. Dass das funktioniert, ist auf den Nullzeiteffekt zurückzuführen.

Der Zeitfaktor bewirkt, dass der Hebel einrastet.
Der Zeitfaktor ist das Jetzt! Das unmittelbare JETZT. Der Nullzeiteffekt beruht auf diesem blitzartig zündenden zeitlosen JETZT. Der spontane Entschluss: Von JETZT bis heute Abend wird nicht geraucht, oder nicht genascht, oder nichts gegessen, überrumpelt die Triebregungen und überrascht einen selbst. Dem Löwen bleibt keine Zeit, sich dagegen zu stellen. Diät-Yoga nützt diesen Überraschungseffekt zur Selbstbestimmung.

Nimmt man der Zeit nicht die Zeit, rastet der Hebel nicht ein.
Wenn man sich zum Beispiel vornimmt: im neuen Jahr werde ich nicht mehr rauchen, oder ab morgen wird gefastet, oder heute Abend wird nicht genascht, hat das Lustbegehren, also der Löwe mit seinen animalischen Energiekomplexen, genug Zeit sich dagegenzustellen, und die guten Vorsätze schwinden dahin.

- Es kommt nicht auf einen starken Willen an, sondern auf die Entscheidung: "Ich will!"
- In Körperregungen, Leidenschaften, Süchten und Begierden, steckt die gleiche Energie wie in der Willenskraft.
- Jeder kann selbst entscheiden, wofür er diese Energie verwendet:

Für sein Lustbegehren, oder für die Entschlusskraft, die nein sagt und sich den unerwünschten Trieben entgegenstellt.

Der Spontanentschluss löst den Nullzeiteffekt aus und stellt die Weichen zur Durchsetzung des Willens. Das Sphinxphänomen beruht auf diesem psychophysischen Mechanismus, den man immer wieder aktivieren kann.

Es ist erstaunlich, wie leicht sich mit diesem Überraschungseffekt Esslust oder Rauchsucht überrumpeln und verdrängen lassen. Wenn der Löwe erkennt, dass er in den nächsten Stunden garantiert nichts bekommt, zieht er sich zurück, und der Gusto stellt sich erst gar nicht ein.

Wenn Sie Übergewicht haben und abnehmen wollen, und das bereits mehrmals vergeblich versuchten, dann lesen Sie dieses Buch.
Wenn Sie mit dem Rauchen aufhören wollen, es nicht schafften, oder Angst haben, Sie würden ohne Zigaretten mehr essen, dann lesen Sie das Buch.
Wenn Sie es satt sind, Sklave einer Sucht zu sein und endlich wieder selbst über sich bestimmen wollen, dann lesen Sie dieses Buch.

Das Geheimnis der Jojo Kurz Diät
- Das Thermostatgewicht und die Verwirrungstaktik.
- Der Sparmodus, der Verzögerungsmechanismus und der Gewöhnungsfaktor.
- Das Wunschgewicht, das Alarmgewicht und das Höchstgewicht.

Wie man die Rauchsucht besiegt
- Die Blitzentwöhnung mit dem Überraschungseffekt
- Die Stufenentwöhnung als Geistessport
- 20 Hinweise, die es erleichtern, mit dem Rauchen aufzuhören

So verwandelt man eine Sucht in Willenskraft
- Das Sphinxphänomen
- Der Nullzeiteffekt
- Die Arbeit mit der Hypnoscheibe.

Mit dem Buch erhält der Leser eine Hypnoscheibe. Mit diesem geheimnisvoll pulsierenden Mandala kann man sich in eine Art Selbsthypnose versetzen. In diesem besonderen Bewusstseinszustand gelingt es einem, das Unterbewusstsein so zu programmieren, dass Essen, Naschen, Trinken, Rauchen an Bedeutung verlieren.

10. Buch: ANDY MO.

Der Sohn des Gnomenkönigs in der Menschenwelt

Ein Junge findet im Keller seines Elternhauses "Das Buch der Meister" und eine neue Generation tritt das magische Erbe an. Wer "Das Buch der Meister und seine Erben" gelesen hat, wird auch die Fortsetzung dieser Geschichte mit Vergnügen lesen und sich noch tiefer in die Mysterien der geheimnisvollen Welt der Geister und der Macht des menschlichen Geistes einweihen lassen.

Andy Mo ist ein junger Erdgeist, der sich in die Menschenwelt wagt, um dort seinen verschollenen Vater, den Gnomenkönig Andimo, zu suchen. Baphomet, der Herr der Welt, hält ihn irgendwo gefangen. Der Fürst des Schattens will verhindern, dass der alte König das Dokument der "Formel des Nichts" findet und den Menschen das letzte große Geheimnis verrät, nämlich, wie man sich endgültig aus dem Machtbereich des Bösen und der herrschenden Mächte befreit. Andy Mo bleibt nicht viel Zeit, seine Mission zu erfüllen, denn wenn ein Geist zu lange auf der Oberfläche der Erde verweilt, kann er nicht mehr in seine geistige Heimat zurückkehren. Zum Glück findet er unter den Menschen gleichaltrige Freunde, die an Geister glauben und ihn daher sehen können. Sie sind ihm bei der Suche nach seinem Vater behilflich. Dafür hilft er ihnen mit seinen magischen Fähigkeiten und weiht sie nach und nach in die Geheimnisse der Magie und Mystik ein. Dabei stoßen sie auf die Spuren von Dr. Stein und die von ihm verfassten Meisterbücher. Der gescheite Rabe Yks ist natürlich auch mit dabei.

Andy Mo erkennt sehr bald: Die Menschen brauchen keine

Magie und keine Geister zu beschwören. Wer die Regeln des positiven Denkens praktiziert, ist bereits ein Magier, der seine Zukunft auf geheimnisvolle Weise nach seinen Vorstellungen gestalten kann. Jeder Gedanke kann als Hilfsgeist dienen. Gedanken können aber auch zu Dämonen entarten. Deshalb ist es wichtig, dass man seine Gedanken beherrscht, und genau das ist auch der Zweck einer magischen Schulung.

Da Andy Mo für die meisten Menschen unsichtbar ist, gibt es immer wieder Überraschungen und lustige Situationen, wenn er mit seinen magischen Fähigkeiten den Schwächeren zur Seite steht. Aber nicht immer hilft der Zauber. Die irdischen Handlanger Baphomets, scheinbar seriöse Persönlichkeiten, in Wahrheit aber kriminelle Individuen, verschonen auch seine Freunde und ihre Familien nicht. Es wird ein Wettlauf mit der Zeit und ein Kampf gegen die Mächte der Finsternis. Wird es Andy Mo und den Freunden gelingen, den Gnomenkönig zu finden und zu befreien? Kann er seine Mission, die Menschen aufzuklären, erfüllen, oder wird am Ende doch das Böse siegen? Der Druck des Schattens auf die Kinder wird immer größer. Als sich Andy Mo in Miri Li, ein Mädchen aus der Gruppe verliebt und gerne wie die Menschen sein möchte, sieht es so aus, als habe Baphomet gesiegt. Probleme tauchen auf, die ganze Welt scheint sich gegen den sympathischen Erdgeist und seine Freunde zu verschwören.

Die Spannung ist bis zur letzten Seite garantiert. Gleichzeitig wird alles, was man über den Geist und über die geistigen Mechanismen, die das Leben und Sterben der Menschen bestimmen, wissen muss, auf leicht verständliche Weise erklärt. Das Geheimnis der "Formel des Nichts" wird erstmals offen gelegt. Mit diesen überraschenden neuen Erkenntnissen über die Macht des Geistes wird das Fundament für die Magie und Mystik des dritten Jahrtausends gelegt. Damit bricht ein neues Zeitalter für die Menschheit an.

Ursprünglich sollte Andy Mo Kinder und Jugendliche in die Welt der Magie und Mystik einführen. Doch es hat sich herausgestellt, dass auch erfahrene Esoteriker von Andy Mo eine ganze Menge lernen können.

Andy Mo erklärt nicht nur, wie Magie in der Praxis funktioniert, sondern auch, wie man ohne Magie, nur durch die Macht der Gedanken, sein Leben auf wunderbare Weise "magisch" verändern kann. Die Arbeit mit dem Geist und mit Geistern ist tatsächlich möglich.

Zwölf Jahre nach Erscheinen der 10 Bände hat sich Emil Stejnar entschlossen, auch die drei letzten Bücher, die, wegen des brisanten Inhalts, nur seinem engsten Freundeskreis vorbehalten waren, herauszugeben. Die sensationellen Erkenntnisse und provokanten Thesen werden vielleicht manche Leser schockieren oder empören, aber auch zum Nachdenken anregen und das ist der erste Schritt auf dem Weg zu einem wachbewussten ICH.

Es geht um den "lieben" Gott und die Frage, welche Bedeutung die Menschen für die Götter, Genien und Dämonen haben. Und es geht um die Freiheit, um das Erwachen, und um die Geburt des "ICH BIN".

Es geht um die Erkenntnis, dass die Menschen, sowohl die Mächtigen, als auch die Ohnmächtigen, ahnungslose Spielfiguren im Strategiespiel der Götter sind. Und es geht um die Technik, die es ermöglicht, dass man sich emanzipiert und erwacht und von diesem Spielbrett springt.

Die Instruktionen im 11. und 12. Buch führen an das Ziel jeder hermetischen Ausbildung - aber auch an den Anfang - denn für den Erwachten gewinnt die Geistesschulung einen völlig neuen Sinn. Wer einmal erwacht ist, sieht nicht nur sich selbst und sein Leben, sondern auch den Tod und das Jenseits aus einem anderen Blickwinkel. Nichts ist wie zuvor. Den neuen Standpunkt erlebt das Bewusstsein wie eine Geburt. Im 13. Buch wird das Mysterium der Schlange und die wahre Bedeutung der Sexualmagie enthüllt.

11. Buch: AN DER PFORTE ZUR LETZTEN LATERN.

Einweihungsroman

Nicht nur der Titel, das ganze Buch könnte von Gustav Meyrink inspiriert worden sein. Stejnar bedient sich gekonnt der Wortmagie Meyrinks und erweckt seinen Geist wieder zum Leben. Er webt bekannte und unbekannte Zitate von ihm in seine Geschichte, bis er mit ihm zu einer Einheit verschmilzt. Was Meyrink begann, hat Stejnar mit diesem Buch vollendet. Der Leser findet sich selbst und erwacht.

Annika, eine junge Wissenschaftlerin wird entführt. Auch ihr Verlobter, Prof. Berg, der sie verzweifelt sucht, ist in Lebensgefahr. Es geht um die Daten für eine epochemachende Erfindung. Eine fanatische, mitleidlose Sekte will diesen Fortschritt für die Menschheit um jeden Preis verhindern und scheut auch vor Folter und Mord nicht zurück. Auch ein mächtiger, skrupelloser Konzern ist hinter dem Geheimnis her. Es wird ein Wettlauf mit der Zeit. Die Spur führt nach Prag, wo Prof. Berg auf mysteriöse Weise in einem mysteriösen Haus, nach einem Unfall erwacht.

Das "Erwachen" ist das zentrale Anliegen jeder Initiation. Dieser besondere Zustand des Bewusstseins, in dem man erfasst, dass man ist, ist die Grundlage jeder selbstbestimmten Persönlichkeit und das erste Ziel jeder okkulten Tradition. So lange man nicht erwacht ist, hat die Beschäftigung mit Magie und Mystik wenig Sinn. Nur der erwachte Geist ist in der Lage, sich von den Mächten, auf die er angewiesen ist, weil sie ihn tragen, zu befreien.

»Die meisten glauben, dass "Wachsein" ein Offenhalten der Sinne und Augen und ein Aufbleiben des Körpers während der Nacht sei. Von nichts ist der Mensch so fest überzeugt wie davon, dass er wach sei; dennoch ist er in Wirklichkeit in einem Netz gefangen, das er sich selbst aus seinen Gedanken und Gefühlen, dem Hirngespinst, aus dem die Träume sind, webt. Er bleibt ein Träumender.«
Schreibt Gustav Meyrink, der wie kein anderer Geistesforscher, die Mystik des Wachseins erfasste, erklärte und beschrieb.

Man ist gefangen in einem Körper, von seinen Regungen betäubt und von seinen Hirnfunktionen hypnotisiert. Man glaubt, wach zu sein, aber in Wahrheit treiben einen die Gedanken vor sich her und halten einen in der mentalen Tretmühle des Alltags im Vorraum des Bewusstseins fest.

In diesem spannenden Thriller wird das "Erwachen" von unterschiedlichen Standpunkten ausgeleuchtet und auf verschiedene Weise beschrieben, so dass das Geschilderte, tatsächlich jedem einen Zugang zu diesem Mysterium gewährt.

Die suggestive Bildsprache, durchwoben mit bekannten und unbekannten Zitaten von Gustav Meyrink, zieht den Leser, ohne dass er es merkt oder etwas dagegen tun kann, tiefer und tiefer in die Welt des Protagonisten hinein. Eine Welt, in der Wahn und Wirklichkeit nicht mehr zu unterscheiden sind. Irgendwann beginnt man dann selbst zu hinterfragen, ob man sich in der Welt der Lebenden, der Träumenden oder der Toten bewegt.

Es ist eine ungeheuer verblüffende Erfahrung, wenn man nach einigen Kapiteln plötzlich selbst nicht mehr sicher ist, ob man wach ist oder träumt. Aber gerade diese kafkaeske Verwirrung bewirkt schlussendlich das Erwachen, das wie eine Initiation zu einer neuen Selbsterkenntnis führt. Das Gelesene setzt einen Mechanismus in Gang, der das Bewusstsein verändert und dem Selbstbewusstsein völlig neue Qualitäten verleiht.

Wieder einmal beweist Stejnar: Esoterik kann intelligent, aufschlussreich und für das Leben (und Sterben) ungemein hilfreich sein.

Wer Stejnar und Meyrink kennt, muss dieses Buch gelesen haben.

12. Buch: TRÄUMEN KANN GEFÄHRLICH SEIN.

Mystische Erzählungen, Aufregende Kurzgeschichten, Rätselhafte Aufzeichnungen

Es geht um die Abgründe, in die man, sowohl im Diesseits, als auch im Jenseits, stürzen kann. Es geht um die Träume, bei denen man weiß, dass man träumt, und es geht um die Realität, die man, obwohl man überzeugt ist, wach zu sein, verschläft. Und es geht um das Erwachen, um das Wachsein, um die Neugeburt des ICH.

Auch wenn man bei manchen Erzählungen den Eindruck gewinnt, dass sich der Autor über Gott und die Welt und über die Esoterikerinnen und Esoteriker lustig macht, sobald man auch die "Anmerkungen zu den Geschichten" liest, wird man eines Besseren belehrt. Verrückte Weltbilder werden zurechtgerückt. Was geglaubt wird, wird in Frage gestellt, und neue Sichtweisen erhellen, was bisher im Dunkeln lag.

Die revolutionären Thesen über das Mysterium des Bewusstseins, über die Welt der Träume, über das Wesen der Götter und Geister und ihren verborgenen Einfluss auf die Menschen, stellen ein von Grund auf neues Weltbild vor.

Götter werden entthront, Tempelsäulen gestürzt, Moscheen und Kathedralen gestürmt. Ein neuer, gewaltiger, unzerstörbarer Dom, gebaut aus dem Geist des Gedankens "ICH BIN", wird errichtet. Wer in diesem persönlichen Refugium erwacht, hat das Mysterium des Bewusstseins erfasst. Er kann jederzeit der selbstbewusste Beobachter seiner Gedanken, der selbstbewusste Beobachter seiner Gefühle, der selbstbewusste Beobachter seines Wesens und seines Schöpfers sein.

Auf die Frage, was denn seiner Meinung nach in der Magie und Mystik das Wichtigste wäre, antwortete der Schamane Don Eduardo, den man den Magier der Vier Winde nennt, "Humor". Und auch Meyrink bediente sich gerne der Satire, um seine magisch mystischen Erfahrungen einprägsam zu vermitteln. Nun hat auch Emil Stejnar diese Möglichkeit entdeckt und die letzten Erkenntnisse der Geisteswissenschaft in unterhaltsame Geschichten verpackt.

Nehmen Sie also die Geschehnisse nicht so ernst, wie sie eigentlich genommen werden sollten. Aber bleiben Sie wachsam und wach! Denn die Erzählungen entführen Sie in eine andere Welt. In die Welt der Träume, und Träumen kann gefährlich sein.

13. Buch: GNOSIS TANTRA QUABBALAH.

Die Schlange, die Macht und die Kraft

Es gibt Tausende Abhandlungen über Gnosis, Tantra und Quabbalah. Alles nur Theorie. Nun wird endlich auch die Praxis verständlich erklärt und belegt, dass die unterschiedlichen Methoden der unterschiedlichen Traditionen auf den gleichen geistigen Grundlagen und Erkenntnissen beruhen.

- **3 Traditionen, 2 Wege, 1 Ziel.** Alle drei Systeme erklären sich aus dem Mysterium der Schlange.
- **Kundalini Shakti - die Schlange** der Tantriker - ist die Schlange der Gnostiker - ist die Schlange der Quabbalisten - ist die Manifestation der Kraft, die etwas ins Leben ruft: ein Bild, einen Gedanken, ein Gefühl, einen Entschluss.
- **Die Schlange ist die Imaginationskraft,** die Macht der Vorstellung, die Schöpferkraft der Gedanken, mit denen jede Handlung beginnt. Sie ist auch die Manifestation der Kraft, mit der man unerwünschte Vorstellungen und Regungen bezwingt. Sie ist Macht und Kraft zugleich.
- **So bekommt man die Schlange in den Griff.** Am Anfang ist immer das Wort, also der Gedanke. Ein Gedanke kann verführen, befruchten oder sich der Macht eines unerwünschten Gedankens entgegenstellen.
- **Tantra, Yoga und die Sexualmagie.**
- **Gnosis bedeutet Erkenntnis.** Es geht dabei nicht um Erkenntnis von Wissen, sondern um das Erkennen von sich selbst. Nicht wer ich bin, oder was ich bin, oder wie ich bin - es geht um die

Erkenntnis: "Ich **BIN**" als Zentrum und Bewusstseinsträger. Um dieses Zentrum herum ordnet der Erwachte seine feinstofflichen Organe und Glieder.

- **Der Gott der sich selbst recyclen kann.**
- **Das Fleisch von Geist und Seele.**
- **Die Frequenzen der kosmischen Sprache,** mit denen der Quabbalist sich selbst gestaltet und magisch wirkt, beschreibt Franz Bardon als Wirkkraft von Farbe, Ton, Empfindung und Qualität. Diese Mächte werden mit Buchstaben, die als Behälter und Bausteine dienen, verbunden.
- **Der astrologische Code**, als Schlüssel zum Verständnis von Bardons System der Quabbalah.

Die Bücher der "MAGIE & MYSTIK IM 3. JAHRTAUSEND" in 13 Bänden:

1. Buch: DAS BUCH DER MEISTER UND SEINE ERBEN. Ein spannender Einweihungsroman aus der Welt der Magie, Freimaurerei und jenseitigen Mächte.
ISBN 978-3-900721-24-4

2. Buch: EXERZITIEN FÜR FREIMAURER. Instruktionen und Logenvorträge über Magie und Mystik. Einblicke in das wahre Wesen der Freimaurer Tradition und in die geheime Magie der christlichen Mystik.
ISBN 978-3-900721-02-2, ISBN 978-3-900721-06-0

3. Buch: DIE VIER ELEMENTE. Der geheime Schlüssel zur geistigen Macht. Wie man seinen unsterblichen Lichtleib gestaltet, und wie man die geistigen Mächte beherrscht. *ISBN 978-3-900721-22-0, ISBN 978-3-900721-09-1*

4. Buch: AUSSERKÖRPERLICHE ERFAHRUNGEN. Wie man lernt, ohne seinen Körper zu leben. *ISBN 978-3-900721-23-7*

5. Buch: ASTROLOGIE. Navigation für den Lebensweg. Genetischer Code von Geist und Seele. *ISBN 978-3-900721-11-4, ISBN 978-3-900721-12-1*

6. Buch: DER ADEPT FRANZ BARDON. Wer war er? Was lehrt er? Wohin führt sein Weg? *ISBN 978-3-900721-15-2, ISBN 978-3-900721-16-9*

7. Buch: DAS SCHUTZENGELBUCH. Wie erlangt man Kontakt mit den höheren Wesen? Die Genien der Erdgürtelzone, wie sie wirken und was man tun muss, damit sie einem helfen, das Schicksal zu erleichtern.
ISBN 978-3-900721-19-0, ISBN 978-3-900721-05-3, ISBN 978-3-900721-04-6

8. Buch: DER THEBAISCHE KALENDER. Die 360 Vorsteher der Erdgürtelzone und die Gezeiten ihrer Macht. Die Welt der Dämonen, Götter und Geister.
ISBN 978-3-900721-20-6, ISBN 978-3-900721-21-3

9. Buch: DIÄT-YOGA. So schlägt man dem Jo-Jo-Effekt ein Schnippchen: Wie man sein Übergewicht, eine Sucht oder andere Körpertriebe in reine Lebenskraft verwandelt.
ISBN 978-3-900721-07-7, ISBN 978-3-900721-10-7

10. Buch: ANDY MO - Der Sohn des Gnomenkönigs in der Menschenwelt
Ein Fantasie-Roman und trotzdem aufregende, reale Wirklichkeit. Eine Einführung in die Welt der Magie und Mystik. Für Kinder und Erwachsene.
ISBN 978-3-900721-17-6

11. Buch: AN DER PFORTE ZUR LETZTEN LATERN. Ein ungemein spannender Thriller über die verborgenen Mächte, die über das Weltgeschehen, und das Bewusstsein der Lebenden und der Toten herrschen, und wie man erwacht und sich aus diesem geistigen Netzwerk befreit. *ISBN 978-3-900721-00-8, ISBN 978-3-900721-08-4*

12. Buch: TRÄUMEN KANN GEFÄHRLICH SEIN. Außergewöhnliche, aufregende und provokante Erzählungen über das Mysterium des Wachseins und Sterbens, und die Abgründe, in die man, sowohl im Diesseits als auch im Jenseits, stürzen kann. Selbstfindung und Erwachen sind das höchste Ziel des hermetischen Weges.
ISBN 978-3-900721-01-5, ISBN 978-3-900721-03-9

13. Buch: GNOSIS TANTRA QUABBALAH. Die Schlange, die Macht und die Kraft.
ISBN 978-3-900721-13-8, ISBN 978-3-900721-14-5

Emil Stejnar

1939 in Wien geboren, hat sich seit frühester Jugend mit Magie und Mystik beschäftigt. Zahlreiche Publikationen und Medienauftritte machten ihn im In- und Ausland bekannt. Er leitete, neben seinem Juweliergeschäft, zwanzig Jahre lang das Institut für wissenschaftliche Schicksalsforschung und ist Begründer der gnostischen Hermetik, welche die alten Traditionen ins dritte Jahrtausend führt.

Seine besonderen Anliegen sind die Freimaurerei und die Astrologie, weil er dort die Schnittstellen fand, welche die Welt des Geistes mit der Welt der Materie, also die Welt der Esoterik mit der Welt der Wissenschaft verbinden.

Stejnar gilt als Nachfolger des berühmten Magiers Franz Bardon und wird im Vorwort zur Neuauflage des wohl wichtigsten Werkes über die Gnosis "Fragmente eines verschollenen Glaubens" neben Geistesgrößen wie C.G. Jung, Mozart, Hegel, Nietzsche, Rilke, Kafka, neben Eingeweihten wie Jakob Böhme, Papus, Eliphas Levi und Altmeister Aleister Crowley als letzter bedeutender Gnostiker genannt.

WWW.STEJNAR-VERLAG.COM